本书获得教育部人文社会科学研究规划基金项目（一般项目）“构建中国特色的社区矫正制度研究——以西部省区实践为基础的分析”（ 项目号：14YJA820020 ）立项资助。

构建中国特色的社区矫正制度研究

GOUJIAN
ZHONGGUO TESE DE
SHEQU JIAOZHENG ZHIDU YANJIU

廖 斌 何显兵◎著

中国政法大学出版社

2019·北京

图书在版编目（CIP）数据

构建中国特色的社区矫正制度研究/廖斌，何显兵著. —北京：中国政法大学出版社，2019. 4
ISBN 978-7-5620-8963-6

Ⅰ. ①构…　Ⅱ. ①廖…　②何…　Ⅲ. ①社区－监督改造－研究－中国
Ⅳ. ①D926. 7

中国版本图书馆 CIP 数据核字(2019)第 064937 号

出 版 者　中国政法大学出版社
地　　址　北京市海淀区西土城路 25 号
邮寄地址　北京 100088 信箱 8034 分箱　邮编 100088
网　　址　http://www.cuplpress.com（网络实名：中国政法大学出版社）
电　　话　010-58908586(编辑部)　58908334(邮购部)
编辑邮箱　zhengfadch@126.com
承　　印　固安华明印业有限公司
开　　本　880mm×1230mm　1/32
印　　张　10.625
字　　数　250 千字
版　　次　2019 年 4 月第 1 版
印　　次　2019 年 4 月第 1 次印刷
定　　价　49.00 元

序

PREFACE

廖斌教授与何显兵教授合著的新书《构建中国特色的社区矫正制度研究》即将出版，邀我作序。廖斌与何显兵两位教授都毕业于中国政法大学，何显兵教授还是我指导的硕士研究生、博士研究生，我对他们的学术经历都较为了解，两位教授长期在刑法学术领域辍笔耕耘，把学术研究当作快乐生活的一部分，这两位学者在学术研究中有着强烈的家国情怀、研究问题接地气，这是我一直较为欣赏的。我愿在此借作序之机谈点感言。

我国1979年《刑法》即规定了管制、缓刑、假释等刑罚(刑罚执行方法)，但并未建立行之有效的社区矫正制度，监禁刑占据绝对的主导地位。自2002年北京市、上海市开始试点社区矫正以来迄今已有17年；自《刑法修正案（八）》正式规定社区矫正以来迄今已有近9年。社区矫正已经积累了较多的实践经验，但由于对刑罚理念认识的差异，学术界对于社区矫正的本质、社区矫正的功能定位、社区矫正的管辖、社区矫正警察的设置等问题存在重大认识差异，《社区矫正法》迟迟未能获得通过，以至于目前出现两种不同的声音：主流的声音是希望尽快出台《社区矫正法》，以避免目前社区矫正实践中无法可依的尴尬局面；但还有一种声音认为，既然对社区矫正立法存在诸多认识差异，就不能仓促出台《社区矫正法》，按照目前的司法解释，社区矫正基本有章可循，同时还有利于实践中进一步探索适当的工作模式、总结工作经验。

两位作者所著的这本书具有鲜明的实践特色，在总结中国特色社区矫正地方实践经验的基础上，对社区矫正的理念、模式、原则、框架等理论问题和实践经验、运行机制等实践问题进行充分阐述，不仅回应了实践关切的重大问题，也回应了理论争议的焦点问题。我一直主张，社区矫正的观念、制度与技术应当内在统一，特定的观念决定相应的具体制度，而特定的观念、制度需要相应的技术来完成。观念、制度、技术之间应当具有逻辑自洽性、内在统一性、体系完整性，否则可能出现非意图性问题。如何建立具有中国社会主义特色的社区矫正制度？既需要我们学习发达国家的先进经验，又不能盲目照搬照抄其他国家的做法，我们理论工作者所能做的就是将国外一些好的实践做法与理论研究成果介绍进来，在结合我国国情基础上探索我国的社区矫正制度建设，走中国式的理论建构与实践探索相结合的道路。此研究成果理论建构突出，具体有社区矫正的理念、社区矫正的模式、社区矫正制度的基本原则构建等，理论建构的方法主要是通过抽象思维辩证地分析了社区矫正的一些基本理论问题。该研究又非常接地气，对社区矫正制度、国内外的社区矫正模式、我国西部社区矫正实践经验、社区矫正实践中存在的问题、社区矫正制度主要内容的构建、社区矫正工作运行机制的构建进行了较为深入而有针对性的研究，破立并举实现了研究成果的升华。可以说，此书既立足于我国西部基层调研经验，又不拘泥于西部省区社区矫正的具体问题，两位作者更多地是从国家立法到基层司法、执法实践运行机制进行全面展开，他们在研究中注重收集中国西部省区的实践经验，从中找到基层实践存在的问题，我觉得这种视角是符合中国国情的，一项国家立法的出台是需要听取各界的声音、要通过调研总结基层试点的经验与问题，并进行系统地理论研究，将各方面的问题进行梳理提出可行性的方案，西部省区（直辖市）在社区矫正工作中的经验和遇到的问题，恰恰是中国基本国情的具体体现。《社区矫正法》立法是否科学，取决于我们设计的立法方案是否适应以西部省区（直辖市）为代表的中国国情，而两位作者立足西部的研究无疑给我们打开了一扇了解西部地区社区矫正实践效果的窗口，让学界和立法者都能更多地关注西部地区的相关问题。作者在研究中较好地从理论上把握了社区矫正观念、制度、技术的区别性与统一性，既注重社区矫正理论内涵，又关注未来立法价值取向、制度设计的逻辑性，更关切现有规则的实践操作效果和立法改进措施，以实现作者为国家立法、司法实务等机关提供相关决策参考的写作目的。使得该研究成果既适合学术研究者和研究生的阅读，又适合实践部门的同志参考。

中国特色社会主义社区矫正制度的诞生是我国社会主义法治建设的一项新生事物，它是基层社会治理多元化的一个重要组成部分，也是监狱行刑社会化改革的重要组成部分，我国法学理论界和实务界越来越多的人对中国特色社会主义社区矫正制度建设理念有了更深刻的理解，这是件值得高兴的事情，中国特色的社区矫正制度构建未来也必将会对我国的刑罚结构改革起着进一步深化的作用，我欣喜地看到学者们研究越来细致深入，这些研究成果数量的积累必将引起蝴蝶效应，从而产生质的飞跃，最终推动我国的社区矫正制度建设走向成熟和完善。

是为序。

王 平

2019 年 3 月于中国政法大学蓟门桥公寓

目 录

CONTENTS

第一章 CHAPTER1 社区矫正与社区矫正制度概述

一、 社区矫正概念的由来

社区矫正是一个舶来品，直接翻译自外文（英文 Community Corrections），是将已被判决承担刑事责任的犯罪人放在开放型社会环境下矫正其思想及行为的一种非监禁行刑方式，这是在欧美国家率先开展的一种刑事执法模式，其理念始于 19 世纪末西方近代学派的行刑社会化思想，从 18 世纪英国的约翰·霍华德对监狱行刑改革提出自己的改革理论，到 19 世纪 40 年代美国的约翰·奥古斯塔在监狱开展的缓刑实践以及缓刑和假释在美国的广泛推广，社区矫正作为一种重要的刑罚手段在世界范围内开始被接受，1973 年美国明尼苏达州还出台了美国第一部社区矫正法。美国矫正协会（Justice System）对社区矫正给出的定义是："社区矫正是通过提供制裁和服务来促进公共安全并使被害人和被告人处在社区中的司法制度的组成部分。"[1]社区矫正的目的是在对犯罪人实施惩罚的同时又给予其必要的帮助、治疗干预，促使其在回归社会后与原有的社区乃至被害人能和谐相处，社区矫正承认社区对犯罪人回归正常生活与接受社区改造的重要性。

---

〔1〕 转引自吴宗宪：《社区矫正比较研究》（上），中国人民大学出版社 2011 年版，第 2 页。

我国对社区矫正给予的概念还是最高人民法院、最高人民检察院、公安部、司法部（以下简称“两高两部”）联合发布的通知中所作的界定，社区矫正，“是指将符合社区矫正条件的罪犯置于社区内，由专门的国家机关在相关社会团体和民间组织以及社会志愿者的协助下，在判决、裁定或决定确定的期限内，矫正其犯罪心理和行为恶习，并促进其顺利回归社会的非监禁刑罚执行活动”。[1]而《中华人民共和国社区矫正法（征求意见稿）》却未对社区矫正进行定义，仅仅是在第2条确定社区矫正范围适用时，提出其针对的是“被判处管制、宣告缓刑、假释或者暂予监外执行的罪犯”，对这一概念的界定学术界还存在着很大的争议。19世纪90年代，在外国以李斯特为代表的法学家在反对刑罚的报应论和预防论基础上提出刑罚社会化理念。李斯特认为：“以刑罚方式控制犯罪并不能达到最佳效果，对社会秩序的有效治理才能预防犯罪发生，良好的社会政策创造良好的社会环境才是社会治理基础。”[2]社区矫正的对象是被判处管制、缓刑、假释或者暂予监外执行的罪犯（以下统称“社区矫正人员”），[3]所要进行的工作主要是对上述人员在社区实行监督管理、教育帮扶活动。我国在2002年以前的官方文件中没有社区矫正的提法，自从北京、上海两地开展社区矫正试点工作以后，“社区矫正”才开始出现在“两高两部”

---

〔1〕 2003年7月10日最高人民法院、最高人民检察院、公安部、司法部联合发布《关于开展社区矫正试点工作的通知》（司发［2003］12号）。

〔2〕［德］李斯特：《德国刑法教科书》，许久生译，法律出版社2006年版，第63页。

〔3〕 由于学术界和实务界对“社区矫正人员”这一称呼的不统一，笔者在本书写作中引用学者和实务界的文献、部门规章中会出现“社区矫正对象”“社区服刑人员”等不同词语，但都是同义语。笔者在阐发自己的观点时，则用“社区矫正人员”一词。

的官方文件中。根据2003年7月10日"两高两部"联合颁布的《关于开展社区矫正试点工作的通知》（以下简称《通知》），我们可以推导出我国司法与执法机关在实践中认为社区矫正的含义：社区矫正就是将那些不是必需放在监狱、不适宜监禁或者继续监禁的犯罪人放在社区，积极利用社会各种资源，发挥社会各界的综合作用对犯罪人依法进行有针对性的监督管理、教育改造和帮扶，促使其能回归正常社会，不再犯罪。社区矫正思想是伴随着行刑理念从惩罚报应过渡到追求服刑犯罪人矫正复归的刑罚理念，其发展与演进反映了世界各国对现代刑罚理念的探索，而社区矫正制度的产生与发展实际就是各国行刑从单向刑事惩罚走向惩罚与矫治相结合，促使犯罪人的正常复归社会的探索，体现了行刑由严酷走向宽缓的国际趋势。

二、社区矫正的性质

"矫正"是指法定有权对被判有罪者进行监禁或监控的机构所实施的各种处遇措施。[1]随着国家治理、社会治理现代化的政策与行动的推进，国家治理从过去的从上到下的单一纵向一元化管理模式发展到国家主导与社会参与的多元化共治模式，在刑事执法领域也体现出了这种多元化社会治理模式，在犯罪惩罚与罪犯矫治工作上，国家也实现了从完全依赖国家转变为吸收公众参与的治理模式，我国的社区矫正制度也因此应运而生，但是，关于社区矫正的性质，在理论界存在着不同的观点，笔者在此做一分析。

（一）社区刑罚执行说

社区刑罚执行说是指，将犯罪性质比较轻微或者社会危害

〔1〕［美］克莱门斯·巴特勒斯：《矫正导论》，孙晓雳等译，中国人民公安大学出版社1991年版，第27页。

性较小的罪犯放在社区中执行刑罚活动的总称，其内容包括“缓刑、假释、管制、监外执行、剥夺政治权利等”。[1]社区刑罚执行将社区矫正界定为社区刑罚执行，这有效地解决了非监禁刑罚执行说含义不明的缺陷；另一方面，该说认为缓刑也是刑罚执行，坚持了社区矫正的刑罚执行性质。[2]持这一观点的学者认为，社区矫正作为非监禁刑刑罚的执行方式，它必然包含着惩罚与教育的内在属性，它所体现的也应是刑罚的核心功能——惩罚性，这其中就必然包含有剥夺性和威慑性功能，“这是犯罪报应本质与预防犯罪本质在社区矫正领域的必要体现，也是实现社区矫正刑罚公平正义的必然要求”。[3]但是，此类观点也存在缺陷：首先，该说没有明确何谓社区刑罚。社区刑罚与非监禁刑之间到底存在何种区别，相关学者们并没有论述清楚。其次，强调社区刑罚执行性质，而否定社区矫正包含刑罚执行和社会工作双重属性。如有学者认为，教育矫正是刑罚执行的派生属性，不能将其与惩罚并列，但问题在于，我国刑罚一向强调“惩罚为辅、教育为主”的刑事政策。事实上，《中华人民共和国监狱法》第1条就规定：“为了正确执行刑罚，惩罚和改造罪犯，预防和减少犯罪，根据宪法，制定本法。”从《监狱法》的规定来看，惩罚和改造就是并列的。再如，《社区矫正法（征求意见稿）》第2条规定：“对被判处管制、宣告缓刑、假释或暂予监外执行的罪犯（以下统称社区矫正人员）实行监督管理、教育帮扶的社区矫正活动，适用本法。”由前述法律条文可知，社区矫正并不仅仅是刑罚执行，还包括教育帮扶等教

---

〔1〕 刘强：“上海社区矫正的发展与评价”，载《法治论丛》2002年第6期。

〔2〕 刘强：“论社区矫正的社区刑罚执行性质”，载《社会科学战线》2015年第8期。

〔3〕 刘政：“惩罚性与恢复性并重的社区矫正制度重塑”，载《江西社会科学》2017年第12期。

育改造、社会福利活动。因此，社区刑罚执行说虽然揭示了社区矫正的本质，但并不全面。

(二) 保安处分说

这是基于否定缓刑属于刑罚执行这一立场之上的学说。该说认为社区矫正的性质并不是刑罚执行活动，因为刑罚执行是比较严厉的惩罚性活动，社区矫正的真正价值是以教育和帮助为主要手段，来矫正犯罪人的心理和行为恶习，促使罪犯回归社会，而不是惩罚犯罪。“社区矫正措施是对犯罪人的保护管束和保护观察措施，具有限制人身自由的保安处分的性质。”〔1〕站在社会防卫论的立场，赋予社区矫正以保安处分的性质，得到了不少人的支持。但是，保安处分说也受到了学术界的批评：首先，有学者认为，“刑罚执行与保安处分是矛盾的，社区矫正是刑罚执行，就必定不是保安处分”；〔2〕也有学者总体上肯定这种立场，但认为保安处分说有泛化的危险。〔3〕保安处分说有一定的合理性，但也存在疑问。保安处分说强调危险管控与矫正治疗，有利于实现社区矫正的目的，但我国目前尚无专门的保安处分体系，零星的一些措施如强制戒毒等是否属于保安处分学术界并未达成共识，强调危险管控与矫正治疗也不是必须将其界定为保安处分才能达到最佳效果。

(三) 认为社区矫正是一种具有教育性质的管理制度

该说认为，社区矫正是一种不使罪犯与社会隔离并利用社区资源改造罪犯的方法，是所有在社区环境中管理教育方式的

---

〔1〕 程应需：“社区矫正的概念及其性质新论”，载《郑州大学学报（哲学社会科学版）》2006 年第 4 期。

〔2〕 刘强：“论社区矫正的社区刑罚执行性质”，载《社会科学战线》2015 年第 8 期。

〔3〕 李正新：“我国社区矫正的性质反思：从刑罚到刑事政策”，载《江西科技师范大学学报》2013 年第 5 期。

总称。[1]

（四）认为社区矫正具有救济监督性质

该说认为，社区矫正是在社会环境下，由国家有关部门联合社区组织与社会志愿者，对符合条件的犯罪人或者有犯罪危险的人进行行为矫治、生活扶助的活动。[2]

（五）社区矫正具有福利性质

该说认为，社区矫正是“行刑、矫正和福利性质”的综合性矫正工作，其中既有刑罚执行活动，又有监督管理、安置帮教、社会福利或社会救济活动。[3]

（六）非监禁刑罚执行说

这是得到最高司法机关承认的权威观点。2003 年 7 月 10 月，“两高两部”联合发布的《通知》指出：“社区矫正是与监禁矫正相对的行刑方式，是指将符合社区矫正条件的罪犯置于社区内，由专门的国家机关在相关社会团体和民间组织以及社会志愿者的协助下，在判决、裁定或定确定的期限内，矫正其犯罪心理和行为恶习，并促使其顺利回归社会的非监禁刑罚执行活动。”非监禁刑罚执行说得到了较多学者的认同，且在司法实践中具有较大影响，但是该学说也受到了如下批评：①非监禁刑罚执行说没有揭示出社区矫正的本质。社区矫正的本质，不仅仅是单纯的设施外处遇，而是要依靠社区的力量、组织和发动社区资源参与矫正，促进罪犯与社区的融合，最终使其顺利回归社会。同时，我国刑罚体系中的非监禁刑罚种类很多，死刑、

---

〔1〕参见康树华：“社区矫正的历史、现状与重大理论价值”，载《法学杂志》2003 年第 5 期。

〔2〕参见王利荣：“从司法预防视角谈社区矫正制度的发展思路”，载《法治论丛》2004 年第 2 期。

〔3〕参见王顺安：“社区矫正的法律问题”，载《政法论坛》2004 年第 3 期。

财产刑、社区刑等都属于非监禁刑，简而言之，除拘役、有期徒刑、无期徒刑之外的都是非监禁刑。因此，非监禁刑罚执行说虽然并没有错误，但是界定过于宽泛，没有揭示出社区矫正的本质。②非监禁刑罚执行说与现行刑罚体系相悖。例如，有人认为，缓刑就不是刑罚执行。其理由是，根据《刑法》第77条的规定，缓刑考验期满，如未出现法定撤销情形，则原判刑罚不再执行；如出现法定撤销情形，则撤销缓刑，执行原判刑罚。可见，缓刑并不是刑罚执行。〔1〕非监禁刑（Non-custodial Penalty）是国际刑法学界通用的一个术语，它是将服刑人员放在监狱之外进行刑事制裁的一种刑罚制裁的总称，这类刑种从外延来讲可以包括罚金、没收财产、剥夺生命、社区服务等刑种。在一些国家非监禁刑内容包含有“社区服务”“社区制裁”等刑种，而我国目前没有此刑种，对于社区矫正，一些国家还是属于刑罚执行措施的范畴。

当然还有其他学者的各种对社区矫正的性质的不同视角阐述，在此不一一列举。学者们对社区矫正的性质认识不同，所做的定义侧重点也就有差异，但各自观点中都有的共性要素是：社区、专门国家机关、社会志愿者、由监禁到非监禁、刑罚执行活动、教育、矫治，这些要素的连接形成了各自交叉的不同定义。由此笔者认为，上述不同的学术观点对社区矫正性质的认识都具有一定的合理性，但各自所界定的广义与狭义的社区矫正概念不同就导致对社区矫正性质认识的五花八门，最后落脚于社区矫正的制度建设与实践上都存在着各自的不足。

应该如何认识社区矫正的性质？根据《社区矫正法（征求意见稿）》第1条规定：“为了规范社区矫正工作，正确执行刑罚，帮助社区矫正人员顺利回归社会，预防和减少犯罪，制定

---

〔1〕屈学武：“中国社区矫正制度设计及其践行思考”，载《中国刑事法杂志》2013年第10期。

本法。”[1]我们可以认定社区矫正的性质应当是一种具体的刑罚执行方式。但是，社区矫正不等于社区刑罚，社区刑罚是“人民法院或刑罚执行机关确定犯罪人在社区中服刑的非监禁或半监禁的刑罚方法或刑罚执行方法”。[2]而社区矫正则是刑罚制度在社区执行时所体现出来的具体工作运行机制和工作方式，最终实现刑罚所要达到的目的——对犯罪人的矫治和促进犯罪人回归社会。社区矫正的机制涉及人民法院、人民检察院、公安机关和其他有关部门的工作职责分工、社区工作机构、社会公益机构与人员的参与方式、犯罪人的家庭成员、监护人、保证人、所在单位或者就读学校在社区矫正工作中的职责定位等。社区矫正的方式则更是涵盖思想教育、心理疏导、工作技能训练、不良生活习惯矫治等一系列工作内容。所以社区矫正是刑罚执行的一种具体方式，但其内容并不是强化刑罚的“惩罚性”，而是强化对矫正人员的思想、心理和行为的矫治，通过外在的法律规范性约束和社会力量再教育实现其回归社会，消除其再犯罪危险性以及社会公众对其所产生的不信任甚至敌意情绪。所以社区矫正工作需要专门的社区矫正法来规范，制定社区矫正法的目的就是为了规范社区矫正工作，正确执行刑罚，帮助被实行社区矫正的人员顺利回归社会，预防和减少犯罪，而社区矫正法也不能简单地理解成为社区刑法（或社区刑罚）。

综上所述，笔者认为，社区矫正的性质具有双重性。首先，它是刑罚执行活动。管制是刑种，缓刑、假释、暂予监外执行是刑罚执行方式，这些刑罚措施的具体执行都属于刑罚执行活动，都必须体现出刑罚执法的严肃性、专门性和规范性，必须

---

〔1〕 参见2016年12月1日《中华人民共和国社区矫正法（征求意见稿）》，载 http://www.chinalaw.gov.cn/，访问时间：2016年12月2日。

〔2〕 何显兵：《社区刑罚研究》，群众出版社2005年版，第4页。

于法有据，不能随意为之。其次，社区矫正具有人文关怀性。社区矫正工作更多地是通过各种人文关怀手段给社区矫正人员提供更多的帮助和综合社会服务，使其能回归社会，诸如采取心理辅导、情感关怀、行为矫治、生活帮助等已经不能简单地等同于刑罚执行活动，其更多地体现着一种“治病救人”的人道主义关怀，它立足于让矫正人员能尽早正常回归社会，将犯罪人放在社会接受监督与社会帮教的环境里。在制度的设计上充分考虑让社会各类主体参与社区矫正工作，体现着对矫正人员开放式处遇中社会各界力量的参与作用，在社区矫正制度设计上除了包括对社区矫正人员的管理监督、犯罪危险控制、行为矫正以外，还要规定矫正工作者队伍职责与队伍建设等领域，不仅有社区矫正的总体框架设计，体现社区矫正的理念，还应包括各项具体内容的制度设计，将社区矫正的具体方法落实在制度中。所以，笔者认为社区矫正既是对犯罪人实行的一种监督，又是对其进行人道化社会复归的执行工作。因此可以把社区矫正界定为：国家执法机关与社会组织依法对社区矫正人员在社区中进行监管、改造和帮扶，实现其正常回归社会的非监禁刑罚执行制度。笔者认为，社区矫正作为刑罚执行制度的组成部分，应同监禁执行相统一，即由司法行政部门统一负责执行。

三、社区矫正制度的优势

（一）有利于犯罪人再社会化

最早实施社区矫正制度时也是基于让犯罪人避免因监禁而出现行为上的交叉感染，监狱行刑不可避免地会产生服刑犯罪人在犯罪思想和行为上的互相交流，西方学者曾对 19 世纪欧美监狱行刑作过悲观描述：“现行刑事司法是一部庞大的机器，吞噬并吐出大量的人。这些人轮番失去生命、荣誉、道德感和健康。因而留下不能消除的创伤，流入不断增加的职业犯罪和累犯队伍中去，一般没有希望复原。”〔1〕现代监狱行刑要尽可能在监狱行刑中避免这种现象的发生，要使已被追究刑事责任的犯罪人能从思想上回归正常社会，行刑社会化就是一种重要选择，而社区矫正就是以有利于犯罪人的再社会化作为其追求的主要目标价值而产生的一种社会化行刑或改造犯罪人的方式。传统监狱行刑的主要弊端就在于监狱与社会的隔离，监狱行刑的目的也更多地立足于惩罚性，在满足惩罚性的基础上才考虑犯罪人再社会化的问题，两者的冲突也很难实现犯罪人的正常复归社会。

随着现代监狱行刑的观念转变，无论是监狱行刑还是社会化行刑的任务重点放在对犯罪人的反社会、反政府、漠视社会良知的人格改造上，最终促成犯罪人的再社会化转变。对犯罪人的再社会化改造是社会化的一种特殊形式。社会化的含义就在于“个人通过学习群体文化、学习承担社会角色，来发展自己的社会性”。〔2〕“个人的社会化就是人对社会的适应、改造、再适应、再改造的矛盾运动过程，其中心内容包括教导生活技能、传递社会文化、完善自我观念、培养社会角色等。可见，社会化是离不开社会环境的，人的社会化也只能在社会中完成。个人的社会化受到各种因素的影响，很可能不能正常完成，甚至在社会消极因素的影响下形成反社会心理。尤其是在现代社会，社会文化日趋多元化、利益主体日趋多元化的情况下，个人对社会主流文化的学习更加难以完成。”〔3〕一个正常遵纪守法

---

〔1〕［意］恩里科·菲利：《犯罪社会学》，郭建安译，中国人民公安大学出版社 2004 年版，第 294~295 页。

〔2〕参见吴增基、吴鹏森、苏振芳主编：《现代社会学》（第 2 版），上海人民出版社 2002 年版，第 118 页。

〔3〕何显兵：“建立社区犯罪防控系统的基本构想”，载《福建公安高等专科学校学报》2006 年第 1 期。

的人在快速发展的现代社会里，都很难保持在思想上和行动上与社会时刻同步，都需要各种力量来帮助其不断进行社会化，而对那些在监狱不能完成正常复归社会的服刑犯罪人，政府对社会的管理者也会主动采取各种自认为有效的措施促使其再社会化，即通过创造各种有利于社会化的环境，使需要再社会化的人“有意忘记旧的价值观和行为模式，接受新的价值观和行为模式”。[1]可见，再社会化的完成，必要的条件就是需要新的价值观和行为模式的指引，监狱的封闭式行刑环境，导致难以为犯罪人提供合理的新的价值观和行为模式，其再社会化的行刑目标自然难以完成。[2]国家通过设立法律划定罪与非罪的界限，再依此认定犯罪人的行为构成犯罪并处以刑罚，监狱行刑的目的有惩罚、威慑和剥夺犯罪人的人身自由，在一定程度上产生其精神之痛苦，让其对自己的行为感到后悔，但是这绝不是监狱行刑的唯一价值取向，对犯罪人的思想灵魂进行矫正无疑也是其最重要的目标之一。但是，监狱行刑与矫正犯罪人在现实中又是很难有效体现：犯罪人在正常社会中由于长期积累的反社会型人格，在正常社会教育下都不能完成对其适应社会的改造，在监狱这种远离社会的封闭式环境中，要想在较短的服刑期限内实现对其人格上的再社会化，应当说是缺乏再社会化必要的社会环境，但是又要把服刑犯罪人再社会化作为监狱改造的重要目标，实际上效果是不明显的，这种理想与现实显然是难以完全统一的。监狱虽然剥夺了罪犯反社会的价值观和固有行为模式，但是在监狱中政府对服刑人员的改造所提供的

---

〔1〕 参见［美］戴维·波普诺:《社会学》（第10版），李强等译，中国人民大学出版社1999年版，第166~167页。

〔2〕 参见［美］戴维·波普诺:《社会学》（第10版），李强等译，中国人民大学出版社1999年版，第166~167页。

正面的价值观更多的是在说教上，即传统的灌输式教育和强制性的养成教育，但这种能触及犯人灵魂的正面教育时间远远少于服刑犯人之间的私下交流，其效果就可想而知了。我们应该认识到，社会化也不是仅仅依靠简单地说教就能够完成的，而需要特定的社会环境。从另外一个角度看，监狱行刑通过强制力剥夺了罪犯固有的价值观和限制了其行动自由，隔绝了罪犯原来所接触的不良社会环境，但不等于就彻底消除了其反社会型的人格，可是监狱固有的行刑环境又为罪犯新的不良行为模式和价值观的形成创造了一定的机会，有可能促使其在“破罐子破摔”的基础上形成新的犯罪价值观。各国的监狱行刑实践中所普遍存在的对罪犯自由的限制和剥夺、对罪犯活动的僵硬安排、对罪犯权利的漠视，大多是彻底摧毁了罪犯的自尊心、自信心和社会责任感，反而促进了罪犯之间相互不良学习，一定程度上使得服刑罪犯变得更坏，这为监狱对罪犯的正面矫正力图实现犯罪人正常复归社会的目标制造了更大的障碍。

社区矫正制度的设立旨在通过改变部分犯罪人的监管环境、扩大犯罪人与外界社会在一定范围内的正常交流，通过强化犯罪人与再社会化所需要的社会正常各种环境要素的联系，可以在一定程度上满足罪犯再社会化所需要的社会条件，促进犯罪人在政府和社会监督下实现再社会化并缩短这一进程的时间。同时，社区矫正制度的实施还可以促使罪犯树立积极接受和主动参与矫正的信心，有利于犯罪人从思想上和行动上做到自觉自愿积极矫正，实现犯罪人在社会上与邻里、政府的和谐相处。

（二）有利于行刑处遇的人道化

行刑处遇的人道化从监狱行刑开始并逐步铺开到社区行刑，是理论界与实务界从理论探索到实践落实形成的一个现代行刑活动的重要成果，也是当今世界刑罚现代化的重要内容。社区矫正保留了犯罪人一定程度的社会活动自由，增加了罪犯生活的自主性，维系了其家庭生活的温暖，从而使犯罪人的生活获得感与人格尊严重塑的自信心增强，促使其更愿意主动配合政府和社会各界进行自我思想与行为上的矫正，这就是行刑处遇人道化在结果上的具体体现。

现代刑罚理念追求的已经不再是单纯地从肉体上或精神上来惩罚犯罪人，实现狭义的对犯罪人的报应；也不仅仅是通过对罪犯的严厉的惩罚来剥夺犯罪人的行为能力，甚至犯罪人生命来震慑社会上潜在的犯罪人，以图实现所谓的刑法一般预防功能。现代刑罚的理念应当是追求报应、威慑、剥夺、矫正一体化的综合行刑目的。当今世界的刑法立法与执行也是朝着行刑人道主义的方向一点一点地向前发展，例如俄罗斯在刑事立法中，就充分反映了其遵循联合国刑事司法准则中关于罪犯人权保护的规定要求，“《刑事执行法》关于刑罚执行和履行程序所设定的序列上，按照从较轻到较重刑罚执行的顺序进行排列，提倡优先适用轻刑，设定依法变更适用非监禁刑种或行刑方式的行刑机制，大力推行社区矫正。微观方面，在社区矫正法律规范的制定、修改中亦坚持人道主义原则，如规定对患有严重疾病、残障达到法定标准、怀孕或有未成年子女罪犯有权经社区矫正机关或监禁行刑机关，向法院递交延期履行刑罚、免除其继续履行刑罚或附条件免除其继续履行刑罚的申请；社区矫正执行地点、劳动场所的确定或改变等事项应当尽量考虑罪犯的要求，甚至依法免除刑罚”。[1]可以看到，刑罚人道化不仅是实现刑罚综合目的的必然要求，也是现代法治国家保障人权的基本要求。犯罪人实施了危害社会的行为，理应受到社会道德

〔1〕 栗志杰、李玉娥、田越光：“俄罗斯社区矫正制度评述与启示”，载《河北法学》2014 年第 1 期。

和法律的谴责与制裁；但是根据犯罪生物学、犯罪心理学、犯罪社会学的研究结论，任何一个人的犯罪原因都是多种因素促成的结果，其犯罪机理是复杂多样的，而不仅仅是犯罪人自由意志选择的结果。从犯罪学角度讲，犯罪人也是被害人——不良社会环境造就了被害人。犯罪人大多数是来自于社会所谓的“草根阶层”，他们接受国家与社会正面教育的机会远低于社会平均水平；他们的生活环境比社会一般成员更恶劣。即使有些人表面看来物质生活环境优越，但是因外部原因也能使其精神生活缺乏阳光的目标和社会基本公平正义的良知。因此，犯罪人一方面应当受到道德和法律的谴责与惩罚，另一方面也不能因为其是犯罪人，而将其打入另类成为正常社会所边缘化的“贫民窟”——不被社会温暖阳关照射的死角，接受法律制裁的犯罪人也应当受到正常社会的关爱与同情。事实上，任何一个正常社会想要与之切割以谋求彻底抛弃犯罪人是不可能的——除死刑和不可假释的终身监禁外，所有的犯罪人最终都要回归社会，对犯罪人过于严厉的制裁和道德上的抛弃将会带来其更加疯狂地报复社会，导致我们追求社会和谐与稳定的目标反而会落空。

行刑处遇的人道化也有利于对犯罪人的矫正。陈士涵研究员对此做了详细的分析与论证，他指出：“人道主义的改造机理就是感化，这主要是通过罪犯人格中的情感、需要和良心而发生作用、实现其功能的。（1）人道主义包含的感化教育首先作用于罪犯人格世界中的情感，推动罪犯改恶从善。‘情感与人的社会活动密切相关：肯定的积极的情感能够有力地推动人所从事的社会活动；而否定的消极的情感则能极大地阻碍人所从事的社会活动。’罪犯本来基于特定的身份而被道德和法律所否定、谴责与制裁，因而总体的情感是消极的、自卑的，与监狱管理人员之间容易存在情感上的对立。而人道主义的行刑处遇，将有效化解这种对立，感受到自己仍然受到社会的尊重、感受到社会的关心、感受到自己的价值，这种积极的情感将有效推动罪犯改恶从善。（2）人道主义直接作用于罪犯的人格动力系统，使罪犯的需要得到满足，从而为罪犯需要层次的提升奠定基础。人道主义的行刑处遇关心罪犯的日常生活，关注罪犯的情感世界，尊重罪犯的自尊和人权，为罪犯的学习和提升创造条件，从而有效推动罪犯的需要层次的提升。（3）人道主义作用于罪犯的道德良心，实现‘用爱交换爱。用信任交换信任’的过程。监管人员的人道主义感化将有效促使罪犯麻木的灵魂得到软化，萌生爱、关心、信任、尊重、感激等情感、情绪过程，从而促使罪犯再社会化。”[1]社区矫正工作作为行刑社会化进而体现人道化的重要成就和内容，其优势之一在于提供的矫正环境更接近于正常社会生活，从而有利于罪犯矫正，社区矫正让受刑事制裁的犯罪人继续生活在社区，使其未离开家庭生活，从而产生一种归属感，有利于他们真心反思自己的问题，通过社会帮教、家庭成员的温情感化，加上其可以在正常的生活环境中通过反省自己和自食其力，增加了犯罪人与社会的正常接触，缩短其再社会化的时间，也使其更容易改邪归正和形成发自内心的良好习惯，而不是应付管教、对抗政府和社会。

我国当代社会是一个风险社会，市场经济矛盾的交织、社会利益的诱惑、个人感情的冲动，都会使每一个公民因故意或过失而步入犯罪的法网，而法网的日趋严密，刑事政策的变化都会让人稍有不慎就可能因种种原因触犯法律，沦为犯罪人。人人都可能成为犯罪人，人人都需要保护，虽然这一部分人是

---

〔1〕 参见陈士涵：《人格改造论》（下），学林出版社 2001 年版，第 670~675 页。

少数，但是，我们却不能忽视其可能带来的新的潜在风险。习近平新时代中国特色社会主义思想在司法领域要求“促进社会公平正义是政法工作的核心价值追求。司法机关是维护社会公平正义的最后一道防线。政法战线要肩扛公正天平、手持正义之剑，以实际行动维护社会公平正义，让人民群众切实感受到公平正义就在身边”。〔1〕“要努力让人民群众在每一个司法案件中都感受到公平正义，所有司法机关都要紧紧围绕这个目标来改进工作，重点解决影响司法公正和制约司法能力的深层次问题。”〔2〕习总书记这些要求不仅仅针对法院的司法裁决，还包含了所有的司法执法机关。笔者认为，如何才能做到习总书记的要求，这是对犯罪人进行惩罚、教育改造促使其复归正常社会的过程中的每一个刑罚执行者都必须要认真思考的问题，这里包含着需要我们立法与执法活动理念和内容上的创新要求。否则我们的监狱是不够用的，大量的监狱经费投入，也会影响到我们正常社会的济困扶贫工作和全面实现小康的目标。保障犯罪人的人权就是保障我们所有人的人权。在这个意义上，实现罪犯行刑处遇的人道化是现代法治社会保障人权的必然要求。无论是从矫正犯罪人的功利价值出发，还是保障人权的本身价值出发，行刑处遇的人道化都是必需的。社区矫正也是监狱行刑制度发展到一定阶段所出现的必然、积极的行刑人道化的产物。

（三）有利于节约国家行刑资源

由于中国特色社会主义市场经济的快速发展，我国经济总量已跃居世界第二，伴随而来的各种犯罪也是在总量上剧增，但在不同类型的犯罪中存在着轻重罪之分，这就需要分流处理，大量判处自由刑，也会导致监狱规模的膨胀，国家监狱管理支

〔1〕参见习近平总书记在2014年中央政法工作会议上的讲话。

〔2〕参见习近平：《习近平谈治国理政》，外文出版社2014年版，第145页。

出成本的上升。对轻微的犯罪判处缓刑通过社区矫正方式达到惩罚与教育相结合显然是一种较好的选择。社区矫正制度由于在一定程度上恢复了犯罪人在社会上的正常生活交流活动，增加了犯罪人自由活动的空间与时间，既降低了因监狱行刑出现的犯罪人相互传授经验的交叉感染风险，从长远来看又降低了国家对刑事犯罪打击的经费投入，而将在监狱内进行矫正改造的服刑犯罪人分流成监狱设施内矫正与放归社会进行社会化综合改造矫正相结合，从而可以降低国家在刑罚实施上所投入的行刑经济成本，有利于节约国家综合资源，实现行刑过程与结果的社会和谐。

一个国家为打击犯罪而支出的刑罚成本是必需的，但是刑罚的执行也不能不考虑其经济性和效益性，即对犯罪人的刑罚执行及其后续处遇的投入量，由此而产生的对犯罪人回归社会的实际效果，如果投入量太大，就会降低刑罚所追求的目的，这时的效益就会降低或者出现负效益。因为国家的资源总体上是有限的，将过多的资源投放到监狱行刑中将可能影响国家发展的整体规划与社会和谐稳定发展，因此投放的行刑资源必须要受到经济性和效益性的制约，用尽可能轻的刑罚量取得最佳的惩治犯罪、教育矫治犯罪人的效果，我们既要遏制犯罪又要预防犯罪，但不能造成国家刑罚资源的浪费也是一个重要的前提。推行社区矫正制度可以有效降低监狱行刑的高成本，有利于国家将行刑资源集中到应当给予严厉惩罚的犯罪人身上，实现监狱行刑的效益提升，通过对犯罪人的分流教育矫治，最大限度的实现多数可以救药的犯罪人从心智和行动上能回归正常社会。

（四）社区矫正有助于一般预防，提升全民守法的意识

建设中国特色的社区矫正制度体系，是中国特色社会主义

刑事执行制度的本质要求和重要保障，其中所蕴含的行刑法治文化是非常丰富的，它不仅让现代行刑意识、行刑观念、行刑方式在国家司法体系和执法者执法观念中完整建立起来。同时，社区矫正还有助于实现对社会的一般预防的要求，一般预防是通过对罪犯适用刑罚来威慑或儆戒社会上潜在的犯罪分子，防止他们走上犯罪道路，实现一般预防离不开行刑的公开性。只有公开执行刑罚，才能使公众知晓刑罚是否适当，罪犯是否得到应有的惩罚，从而使公众感受刑罚威慑与教育。社区矫正可以通过公开透明的刑罚执行、公众参与帮教，让社会公众零距离接触、直观感受刑罚的威严，让社会公众敬畏刑法，从而减少部分人犯罪的欲望。

我国刑罚执行的一项重要功能是惩罚犯罪，保障国家安全和社会公共安全、维护社会主义社会秩序和公民人身与合法财产安全，而要实现预防和减少社会各类人的犯罪行为，就需要我们既注重对犯罪人本人的特殊预防，即严惩犯罪和教育帮扶服刑犯罪人，实现其回归社会并且防止其再犯罪，更关键的是通过刑罚执行活动对公众形成守法意识的效果，即通过刑罚执行对违法犯罪行为的惩戒产生良好的一般预防效果，只有公众相信刑罚执行对犯罪人的刑罚惩戒改造是公正适当的，刑罚执行是罪犯为自己罪行付出代价的应有法律后果，公众才能信任刑罚权威，才能让刑罚的教育指引功能去影响公众自觉遵守法律保护的各种秩序。在社区矫正活动中，由于犯罪人能对自己受监管的感受进行现身说法，同时，社会志愿者也有参与矫正活动的感受，加上社区矫正执法者的威严管理，可以让社会更多的人直接了解社区矫正并不是普通公众所想象的给了犯罪人多么大的“福利”，反而是会让更多的人了解到一个人犯罪后接受刑罚制裁所产生的“痛点”来自方方面面，从而提升全民敬畏刑法的意识。有人担心将犯罪人放在社会这种“福利”是对犯罪人及其犯罪行为的放纵，甚至会刺激他人效仿犯罪人去犯罪，会加深公众对政府惩治犯罪人的不信任，而我们认为，通过公众了解社区矫正的内容及其规范性恰恰可以让公众消除上述疑虑，并且还可以让执法者和法治教育者借此推动对公众现代刑事法治的深入了解，可以提升公众对国家大安全观的认识，我们的社区矫正体系就是立足于国家大安全观而对刑罚制度进行完善的一种探索，我们要通过对罪犯的惩治、教育、帮扶，实现其再社会化，完成和谐中国建设的这种综合治理体系，就应当在执法中让公众感受到并能正确理解和支持这些现代刑罚制度。这些理念的形成和行动的落实不能仅停留于国家的静态法律制度层面，也不能停留于执法者具体办案和学者的研究层面，而是以案说法地影响到接受社区矫正人员周围的更多群众，让社会公众接受新时代中国特色社会主义先进法律文化的影响，进而实现自觉学法、守法和积极参与法治建设活动。

四、社区矫正制度的构成

社区矫正制度应当是以社区矫正法为基础的，其他法律规范相配套一系列法律制度的总和。笔者认为，社区矫正制度的构成除了社区矫正法、刑法 、刑事诉讼法、监狱法等基本法律制度外，还应包括社区矫正工作机构组织制度、社区工作主体制度、社区矫正经费保障制度、社区矫正人员教育矫正制度、未成年犯社区矫正制度、社区矫正人员人格调查与风险评估制度、刑罚替代转处等行刑制度、社区矫正监督与效果评估制度等。我们可以将社区矫正视野放宽，将凡是基于社区矫正支持的罪犯矫正方式都纳入社区矫正制度的构成内容，诸如《社区矫正实施办法》《暂予监外执行规定》《关于全面推进社区矫正工作的意见》《关于组织社会力量参与社区矫正工作的意见》

《关于对判处管制、宣告缓刑的犯罪分子适用禁止令有关问题的规定（试行）》《关于办理减刑、假释案件具体应用法律若干问题的规定》等“两部”规章和“两高”司法解释，今后还会涉及地方性法规、民族自治地方条例等都是社区矫正制度的组成部分。在此，笔者也试图以《社区矫正实施办法》为主线，结合《社区矫正法（征求意见稿）》国务院部委其他规章、“两高”司法解释和各地方法规对我国的社区矫正制度和运行机制的构建进行研究。

五、我国社区矫正制度立法概述

（一）我国的社区矫正法立法发展

我国社区矫正制度立法是自2003年7月10日“两高两部”《通知》开展全国社区矫正试点工作，2009年9月2日“两高两部”发布《关于在全国试行社区矫正工作的意见》（司发通［2009］169号），社区矫正工作开始在全国全面试行。经过八年试点工作的经验积累，2011年2月25日由第十一届全国人民代表大会常务委员会第十九次会议通过的《中华人民共和国刑法修正案（八）》（以下简称《刑法修正案八》）正式确认了社区矫正制度，标志着社区矫正制度作为我国的一项行刑措施正式以法律形式予以确立。2013年11月12日，党的十八届三中全会通过的《中共中央关于全面深化改革若干重大问题的决定》提出：“废止劳动教养制度，完善对违法犯罪行为的惩治和矫正法律，健全社区矫正制度。”这一表述对推进社区矫正立法起了政策性指导作用。2014年党的十八届四中全会通过的《中共中央关于全面推进依法治国若干重大问题的决定》进一步明确提出“制定社区矫正法”，体现出党中央对前期社区矫正试点工作的肯定和对尽快制定社区矫正法的高度重视，在党中央的两个《决定》的政策指导下，原国务院法制办牵头起草的《社区矫正法（征求意见稿）》于 2016 年 12 月 1 日发布并进入面向全社会征求意见的程序。

我国社区矫正立法所走的路径是采取了先由部委规章作指引，推动社区矫正试点工作，在总结试点经验基础上，在上升到党的文件中在全国范围内形成统一的政策指引，以此推动立法部门开展社区矫正立法起草工作。全国人大在立法中也并没有急于出台一部社区矫正法，而是先解决作为其上位法的《刑法》和《刑事诉讼法》在实体和程序制度设计中体现社区矫正的内容，2011 年 2 月 25 日第十一届全国人民代表大会常务委员会第十九次会议通过的《刑法修正案八》明确将判处管制、拘役、缓刑、假释的犯罪分子的监管内容作了修改，增加了社区矫正的内容，此次相关条款的修改将改变过去交由公安机关执行或监督、考察此类犯罪人的做法，主要是考虑公安机关其他任务繁重、精力有限，由其开展社区矫正工作可能达不到应有的效果。《刑法修正案八》规定了社区矫正，明确了社区矫正的刑罚性质，从而解决了社区矫正的执法依据，从刑事实体法制度层面奠定了社区矫正法律制度建设的走向。2012 年 3 月 14 日的第十一届全国人民代表大会第五次会议通过的《全国人民代表大会关于修改〈中华人民共和国刑事诉讼法〉的决定》，对刑事诉讼法中涉及社区矫正的内容进行了修改，2012 年《刑事诉讼法》第 258 条规定："对被判处管制、宣告缓刑、假释或者暂予监外执行的罪犯，依法实行社区矫正，由社区矫正机构负责执行"，进一步从刑事司法程序制度上落实了《刑法修正案八》规定的社区矫正执行程序问题，将社区矫正工作交由司法行政机关来行使到此基本无争议了。2010 年 12 月司法部成立了社区矫正管理局，地方各级司法行政机关也相应成立了社区矫正管理机构，社区矫正的执行权不再由公安机关行使。2013 年党的十八届三中全会《关于全面深化改革若干重大问题的决定》提出，“完善对违法犯罪行为的惩治和矫正法律，健全社区矫正制度”，2014年党的十八届四中全会《关于全面推进依法治国若干重大问题的决定》进一步提出要“制定社区矫正法”。在党中央的统一领导和部署下，2016年12月1日原国务院法制办将几经各界专家研讨后制定的《社区矫正法（征求意见稿）》发布并到面向全社会征求意见，社区矫正法立法进入到法定程序，为进一步提交全国人大常委会讨论迈出了重要一步，但是该法至今尚未出台，反映出其内容的复杂性。

笔者认为，社区矫正法是一个集实体、程序、组织于一体的法律，内容广泛，迟迟不能出台，反映出参与立法的部门以及实践部门对各种利益、责任的平衡都极其慎重，这是一种好现象，毕竟该法涉及人民群众的切身利益，一个良法的诞生必须要听取广大群众的声音，需要有广大社会公众的民主参与，对具体争议问题应当提出不同的选择方案，有利于公众和立法者从更广的范围去认识其利弊，从而制定科学可行、符合常理的法律规定。我们应当看到，我国社区矫正制度体系建设，首先从工作试点开始，初步建立了自上而下的领导管理机构和工作体制，各地方在工作中积累大量的实践经验为国家科学立法提供了重要的基础数据，一部高质量的社区矫正法在不远的将来面对公众应当是水到渠成之事。

（二）关于社区矫正法的特征

社区矫正法作为《刑法》与《刑事诉讼法》的配套性制度规范，笔者认为其应当具备以下基本特征：

第一，社区矫正法作为刑罚执行制度的补充，其体现刑法的惩罚性和社会防卫职能。社区矫正既然是刑罚执行活动的体现，社区矫正法的内容就应体现相应的惩罚性，这包括两个方面，一方面是对社区矫正人员实体上的义务，具体包括有限制社区矫正人员一定范围和生活方式的选择自由，如不得离开居住地一定范围空间、不得去一些特定的娱乐场所等，同时还要承担一定时间的补偿社会或者受害人的社区义务劳动等。另一方面是通过设定严格的管理程序监督约束社区矫正人员，体现社区矫正程序制度上的监管严肃性和刑事执行法律制度的威慑力。

第二，社区矫正法体现着使社区矫正人员的社会复归功能。社区矫正除了体现其惩罚性功能外，还有透过司法处遇系统，输送各类社会资源给予社区矫正人员一定的帮扶，修复与家庭、社会公众的正常关系，使其能正常重返社会、减少再犯罪。社区矫正制度的最终目的是让犯罪人能再社会化，实现正常复归社会，其具体内容更多的是关注社区矫正人员应如何接受社会的思想帮教、心理辅导、就业技能训练、生活习惯的矫正等。

第三，社区矫正法是实体法与程序法的融合，体现着刑事执行法的独特性。在实体法内容上，它应当规定社区矫正工作的主体范围、社区矫正工作主体的权利、社区矫正人员的义务、法律责任。在程序法内容上，它必然要规定社区矫正的工作程序、矫正前的社会风险调查评估程序、社区矫正人员的申诉机制、争议的解决等。从当前社区矫正工作实践的来看，由于我国参与社区矫正工作的主体是多元化的，它包括刑事司法和行政执法与监管主体：各级人民政府、司法行政部门、人民法院、人民检察院、公安机关、监狱；还涉及社区的居民委员会、村民委员会、企事业单位、社会组织与社会工作者、志愿者、社区矫正人员的家庭成员、监护人、保证人等，这就需要从制度上严格规范社区矫正各类主体的权利、义务与职责，规范其工作程序，从具体工作制度内容上实现社区矫正立法的理念。

第四，社区矫正法体现着人道主义精神。随着社会文明程度的提高，刑罚的惩罚强度会逐渐降低，而刑罚的轻缓化大量出现，这是让执法者思考行刑中人道主义的必要因素。行刑人道化在现代文明社会中具有非常重要的价值，“它是判断功利目的与手段是否合理的与正义的尺度”，〔1〕“其不仅对矫正犯罪人的反社会型人格、打破犯罪心理结构、促使犯罪人在社会化具有重要的工具性价值；而且人道化本身就是一个独立的价值，即使其对于矫正犯罪人格没有帮助，仍然不能因此而完全否定人道化的实体价值”。〔2〕贝卡里亚说过：“刑罚的目的既不是要摧残折磨一个感知者，也不是要消除业已犯下的罪行”〔3〕“刑罚的规模应该同本国的状况相适应。在刚刚摆脱野蛮状态的国家里，刑罚给予那些僵硬心灵的印象应该比较强烈和易感。为了打倒一头狂暴地扑向枪弹的狮子，必须使用闪击。但是随着人的心灵在社会状态中柔化和感觉能力的增长，如果想保持客观与感受之间的稳定关系，就应该降低刑罚的强度。”〔4〕这些话语中闪耀着一个智者的人性光辉，一个假释犯人以什么样的精神状态来面对他即将重生的世界，还有那些被判缓刑的人员，如何将惩罚与人道相结合，这是社区矫正法要面对的。社区矫正是把面临刑罚处罚或者已经在执行中的犯罪人，通过改变影响其思想的生活环境作为主要措施，力图实现在其人格尊严充分受到尊重的环境下正常回归社会，它旨在发动社会各界，包括犯罪人自己在内都来参与这个社区矫正的过程，作为法律关系中罪犯就是主体之一，使犯罪人从中体会到做人的尊严，执法者应

〔1〕 曲新久：《刑法的精神与范畴》，中国政法大学出版社2003年版，第559页。

〔2〕 廖斌：《监禁刑现代化研究》，法律出版社2008年版。

〔3〕 ［意］切萨雷·贝卡里亚：《论犯罪与刑罚》，黄风译，中国法制出版社2002年版，第49页。

〔4〕 ［意］切萨雷·贝卡里亚：《论犯罪与刑罚》，黄风译，中国法制出版社2002年版，第51页。

当从中更多地体现出人道主义精神。所以，刑罚人道化促使了社区矫正法出台，而社区矫正法又以其非监禁性、开放性、社会参与性等行刑社会化特征，体现了立法者的刑罚人道主义精神。

第二章 CHAPTER2 社区矫正的理念

任何制度的建构，都必须以特定的理念为出发点。不同的理念，会带来不同的制度设计；即便是相同的制度，在不同理念的指导下，其实际工作重心、工作方案也会有所不同。因此，讨论社区矫正的基本理念不是“凭空想象”，更不是“无的放矢”。

一、关于社区矫正概念之争

社区矫正的概念一度比较混乱，除了“两高两部”发布的《关于开展社区矫正试点工作的通知》给出的概念以外，不同的学者对社区矫正都有不同的解读，以至于有些人认为没有必要对社区矫正的概念研究投入过多的精力。笔者认为，要准确把握社区矫正的概念，需要厘清如下问题：

（一）是“矫正”还是“惩罚”

研究社区矫正的概念，遇到的第一个问题，就是此处的“矫正”到底是指何种含义。曾经有学者对比美国与欧洲社区刑罚执行活动的概念，认为美国通常叫“社区矫正”而欧洲通常叫“社区惩罚”，原因有两点：一是美国注重对犯罪人的矫正，二是英文“correction”本身即包含惩罚与矫正多重含义，并因此认为社区矫正的本质是惩罚、矫正与服务。[1]这种观点有一定道理，但也值得商榷：

---

〔1〕 刘强主编：《社区矫正制度研究》，法律出版社 2007 年版，第 7 页。

（1）英国为何叫“社区惩罚”？实际上，英国的社区矫正被称为“社区惩罚”，乃是近年来刑罚观转变的结果。在较早期的英国，以社区为基础的刑罚更多地被叫作“社区判决”，而晚近以来，受到刑罚民粹主义的影响，由于公众对刑事司法执法不满意的政治宣传促使民粹派的惩办主义增强。1999年英格兰和威尔士将缓刑服务的名称变成“社区惩罚和更生服务”，2001年又改变为“国家缓刑服务”。〔1〕在这种刑罚观的影响下，2000年《英国刑事司法及法庭服务法》正式将社区服务令变更为“社区处罚令”。〔2〕因此，英国之所以把社区判决称为“社区惩罚”，其背景是随着惩罚主义观的发展，是对过于松散的社区监督的一种调整，但实际上，美国自身也经历了这种刑罚观的调整，逐渐从松散的社区监管发展为一系列强化的社区监督形式。因此，惩罚还是矫正，在美国与英国并没有本质的区别。

（2）是社区矫正还是社区惩罚。我们有没有必要将社区矫正的本质界定为惩罚与矫正的结合呢？换句话说，是否需要在中国社区矫正的内涵中强调惩罚观念？毋庸置疑，社区矫正主要是社区刑罚的执行，因而必然包含惩罚的因素，但是否有必要对此进行强调，甚至将惩罚与矫正并列，笔者认为这有待商榷。教育刑理论与实践产生以后，“矫正”逐渐成为国际上通用的法律术语，而“改造”则是我国长期以来使用的法律术语。但近年来，不少学者开始反复使用“矫正”一词，从“劳动改造”到“教育改造”，从“改造”到“矫正”，法律术语的演变从一个侧面反映了我国刑事立法技术的成熟，反映了我国刑罚执

〔1〕［英］皮特·雷诺、莫里斯·范斯顿：《解读社区刑罚——缓刑、政策和社会变化》，刘强、王贵芳译，中国人民公安大学出版社2009年版，第69页。

〔2〕［英］詹姆斯·迪南：《解读被害人与恢复性司法》，刘仁文等译，中国人民公安大学出版社2009年版，第196页。

行活动的内容与形式正逐步走向法治化、科学化、现代化。[1]中国古代有重刑主义的传统，民间的报应思想也很强烈，在这样一个过渡时期，如果在社区矫正的本质中强调惩罚，甚至将惩罚与矫正并列，对社区矫正的开展可能会产生不良影响。实际上，对罪犯的矫正措施根据其人身危险性的评估等级完全可能从客观上限制罪犯的人身自由等多项权利，必然具有一定的惩罚性，但显然为了惩罚而惩罚的观念已经不符合现代刑罚观。如果将矫正视为必需，则惩罚可以称为手段；如果不需要矫正，则惩罚不能作为独立的社区矫正的目的。

综上所述，笔者认为社区矫正的本质不在于强调惩罚，直言矫正足矣。基于此，我们不支持那种将社区矫正等同于非监禁刑的最广义的社区矫正概念。道理很简单，例如，罚金刑对于罪犯来说更多具有的是惩罚性，而其缺乏在社区中矫正的含义，因而罚金刑的执行显然不能认为是社区矫正。

（二）是“刑罚”还是“矫正”

社区矫正的本质，按照《通知》的规定，主要是刑罚的执行。但是，不少论著在研究社区矫正的时候，都没有注意社区矫正与社区刑罚的区别。“社区刑罚就是指由人民法院或刑罚执行机关确定犯罪人在社区中服刑的非监禁或半监禁的刑罚方法或刑罚执行方法。”[2]社区刑罚与社区矫正的主要区别在于社区刑罚主要是从刑罚制度上研究管制、剥夺政治权利等刑种以及缓刑、假释、监外执行等刑罚执行方法，而社区矫正则是研究被判处或决定适用上述社区刑罚的罪犯在社区内服刑的具体矫正方法与矫正过程。简单地类比，就是监禁刑与监狱行刑的区

---

〔1〕 王平：“社区矫正：用语的改变与意义的翻新”，载王珏、王平、杨诚主编：《中加社区矫正概览》，法律出版社2008年版，第1~3页。

〔2〕 何显兵：《社区刑罚研究》，群众出版社2005年版，第4页。

别。研究社区刑罚，主要是从刑事法律的层面对制度的设计、制度的完善进行讨论；研究社区矫正，则要包含法学、心理学、教育学、社会学等多学科的知识背景，着眼于如何促使社区矫正人员成功地再社会化。

研究社区矫正制度，当然离不开对社区刑罚的研究，但是在界定社区矫正概念的时候，不能忽视其与社区刑罚的细微差异。总体来说，社区矫正就是社区刑罚的执行。所谓社区刑罚，“就是指由人民法院或刑罚执行机关确定犯罪人在社区中服刑的非监禁或半监禁的刑罚方法或刑罚执行方法”。〔1〕不少学者在谈到社区矫正的时候，习惯于从比较广泛的视角来讨论；实践部门在讨论社区矫正的时候，也总是有意无意地将社区刑罚与社区矫正相提并论。许多同志在谈及社区矫正管理体制时，总是谈法院、检察院、公安局、司法局、监狱、民政局、劳动局等机构的“分工合作”，这其实就是一种混淆社区刑罚与社区矫正的思维。〔2〕但实际上，社区矫正的本质就是“刑罚的执行”，其落脚点还是在“执行”上。很少有人在谈到刑事执行体制的时候去讨论法院如何、检察院如何；一旦谈到社区矫正，往往大谈特谈法院、检察院等机构的“分工”。表面看来，这不过是讨论角度的不同，实际上却反映出学界、实务界对社区矫正制度在某种程度上的不自信。

（三）刑罚执行：关于缓刑本质的悖论

有关社区矫正的本质，比较权威的定义是：“社区矫正是与监禁矫正相对的行刑方式，是指将符合社区矫正条件的罪犯置于社区内，由专门的国家机关在相关社会团体和民间组织以及社会志愿者的协助下，在判决、裁定或决定确定的期限内，矫

---

〔1〕何显兵：《社区刑罚研究》，群众出版社2005年版，第4页。
〔2〕参见王珏、王平、杨诚主编：《中加社区矫正概览》，法律出版社2008年版。

正其犯罪心理和行为恶习，并促进其顺利回归社会的非监禁刑罚执行活动。”[1]这一定义获得了比较广泛的认同，成为学界探讨社区矫正本质的基础。但是，将社区矫正的本质界定为“刑罚执行活动”，将存在一个悖论，即缓刑的本质是量刑制度还是行刑制度？几乎所有学者都将缓刑列入“量刑制度”中。也就是说，这些学者认为，缓刑的本质就是量刑制度，或者说主要是一种量刑制度。张明楷教授曾经写道：“从裁量是否执行原判刑罚的意义上说，缓刑是量刑制度；从刑罚执行的意义上说，缓刑也可谓刑罚执行制度。”[2]尽管如此，他仍然是将缓刑列入“量刑制度”中，也就是说，他可能认为缓刑主要还是一种量刑制度。

与上述通行的学术观点相矛盾的是，很少有学者对社区矫正的本质提出质疑：既然社区矫正是“刑罚执行活动”，而缓刑的执行是社区矫正的一种，那么缓刑的本质与社区矫正的本质是否是矛盾的？有些研究死缓的学者提出：“从规范的角度来看，死缓和缓刑的本质都可以归结为‘有条件地暂缓原判决的执行’。”[3]但是，中国社会科学院的屈学武教授对此观点进行了批评，她提出：死缓就是刑罚的执行，但缓刑不是刑罚的执行。缓刑的本质是有条件地暂缓原判决的执行，就是说没有刑罚执行。屈学武教授的观点代表了学界的普遍认识：缓刑的本质应当是量刑制度而非刑罚执行制度。既然如此：把缓刑放在社区矫正体系中，是否存在逻辑上的悖论呢？如果按照张明楷教授所说，缓刑的执行也可谓刑罚执行制度，但缓刑的本质就

---

〔1〕 参见最高人民法院、最高人民检察院、公安部、司法部《关于开展社区矫正试点工作的通知》2003 年 7 月 10 日。

〔2〕 张明楷：《刑法学》（第 3 版），法律出版社 2007 年版，第 459 页。

〔3〕 何显兵：《死缓制度研究》，中国政法大学出版社 2013 年版，第 25 页。

是“暂缓原判决的执行”，既然原判决未执行，何来的“刑罚执行”？解决问题的关键，最终只有一条：缓刑的监督是否就是刑罚执行？要解决这个问题，还需要对刑罚本身进行阐述，尚需要进一步研究。值得注意的是，除我国学界外，其他不少国家和地区的学者都将缓刑列入“刑罚执行制度”。例如，我国台湾地区学者林山田就将缓刑作为其著作《刑法通论》的第十八章“刑罚的执行”之第四节；[1]日本学者大塚仁也将“刑罚的执行犹豫”列入“刑罚的执行”中。[2]

综上所述，笔者认为，缓刑既是量刑制度，又是刑罚执行制度。缓刑犯虽然暂时没有执行有期徒刑或者拘役，但其在缓刑考验期内接受社区矫正机关的考察，其本身也是刑罚执行活动。在这个意义上，必须扩展刑罚执行的内涵与外延，即由于被判处某种刑罚，但在符合法定条件的情形下，在暂缓执行原判刑罚期间，罪犯接受的监督仍然是刑罚执行。这个问题有些人很可能想不通，但其实只要援引假释的本质即可理解。假释的本质就是刑罚执行，这一点学界几乎无人提出责难。但实质上，假释犯在社区中接受监督，到底是服什么刑？显然不是服有期徒刑，因为有期徒刑要在监狱中服刑。当然有学者可能会反驳：立法拟制这种情况为服刑，因为刑法明文规定“如果没有本法第八十六条规定的情形，假释考验期满，就认为原判刑罚已经执行完毕”。但是，这种意见仍然存在问题：假如存在撤销假释的情形，则需要收监执行。那么，在撤销假释的情况下，假释犯在假释考验期间接受监管，到底是什么性质？拟制说不能解决这个问题。实际上，德国等国家就将假释称之为“余刑

---

〔1〕 林山田：《刑法通论》，北京大学出版社 2012 年版，第 521~528 页。

〔2〕［日］大塚仁：《刑罚概说（总论）》（第 3 版），冯军译，中国人民大学出版社 2003 年版，第 486~493 页。

的缓刑”，缓刑、假释不存在实质上的差异。因此，最终的结论就是：扩展刑罚执行的外延，将刑罚执行犹豫期间接受的社区监督，也界定为刑罚执行活动。

（四）单纯的刑罚执行还是社会内处遇

按照“两高两部”的《通知》，社区矫正的本质显然主要就是刑罚执行。但是，社区矫正的本质能否进一步拓展？直白地说，就是延伸至包含一切社会内处遇的范围？以我国台湾地区为例，社区处遇方案的形态包括：①监督方案，包括社区服务、罚金、震撼观护三种；②居留方案，主要是将毒品犯、少年犯安置于宽松监督的管理机构，着重实施药物治疗、就业训练等工作；③释放方案，包括监外作业、返家探视、中途之家、与眷属同住等监狱的短期性社会化处遇方案；④观护处遇，包括受自由刑之前的观护处遇和受自由刑之后的观护处遇；⑤社区监督与控制方案，包括密集观护监督、在家监禁、电子监控等。[1]再如日本，社会内处遇制度，包括保护观察、紧急改造保护、假释、缓刑、恩赦、时效及社会服务命令等一切“不将犯罪人收容于设施之内，而让其在社会上一边过一般生活，一边用指导、援助等使其改造自新的措施”。[2]我国已有学者主张除《通知》规定的管制、剥夺政治权利、缓刑、假释、监外执行等五种常规措施以外的开放式处遇制度、出狱人社会保护制度列入社区矫正的范畴。其理由是：①社区刑罚的本质就是给予犯罪人社会内处遇，只要符合这个特征，就可以纳入社区刑罚的研究范畴；②出狱人保护与社区矫正都可以站在同一基点上——社区；加之在我国出狱人保护陷入困顿境界而又亟须开

---

〔1〕蔡德辉、杨士隆：《犯罪学》，五南出版公司2004年版，第351~356页。

〔2〕［日］大谷实：《刑事政策学》，黎宏译，法律出版社2000年版，第258页。

展的情况下，应当将社区矫正与出狱人保护工作相融合。〔1〕

笔者认为，社区矫正的外延应适当扩展至一切社会内处遇的范畴。开放式处遇制度是监狱行刑社会化的体现，在沟通设施内外行刑的过程中，还需要社区矫正机关的配合与协助。为发挥整体合力优势，应当将开放式处遇制度纳入社区矫正的视野。至于出狱人保护制度，将其纳入社区矫正的视野也具有一定的合理性。不少国家都规定犯有重罪的罪犯出狱后仍然可能受到一定程度的社区监督，例如英国所有被判处监禁刑的未成年罪犯和所有被判处12个月以上监禁的成年犯都被要求在释放后接受一定的社区监督，期限从释放后的几个月到终身不等。〔2〕但是，出狱人保护在我国毕竟仅属于“安置帮教”的对象，尽管公安机关重点人口管理中将出狱人列为重点人口进行了一定的监控，事实上接受了一定社区监督，但是出狱人社会保护与社区矫正的含义毕竟有所区别，这个问题还需要进一步研究。

（五）单纯的刑罚执行还是包括社会工作在内

对于社区矫正的内涵到底是什么，学界也存在一定的争论。一般认为，社区矫正是一项严肃的刑事执法工作，与一般的社会工作是不同的。〔3〕学界大多数学者对此持赞同意见，强调社区矫正的法律属性、强制性。但是，在社区矫正的具体实践中，却往往将工作重点集中到福利性措施上，笔者也曾听到不少社区矫正工作者抱怨：“我们干的尽是些民政局干的事情!”《中加社区矫正概览》一书收集了社区矫正试点省市的“监督管理和

---

〔1〕何显兵：《社区刑罚研究》，群众出版社2005年版，第5~6页。

〔2〕［英］皮特·雷诺、莫里斯·范斯顿：《解读社区刑罚——缓刑、政策和社会变化》，刘强、王贵芳译，中国人民公安大学出版社2009年版，第131页。

〔3〕刘强：“社区矫正的定位及社区矫正工作者的基本素质要求”，载《法治论丛》2003年第2期。

教育矫正”措施，从文字上看基本上都是“法律性、强制性”措施，但具体工作中却并非如此，福利性质的措施占了相当大一部分。笔者认为，有必要强调社区矫正的福利性、社会工作性，实践部门大可不必对此遮遮掩掩，“犹抱琵琶半遮面”。越是在社区矫正制度比较发达的国家和地区，社区矫正工作的福利性越强，反而降低了严肃的、冷冰冰的强制性。当然，这并不是说，社区矫正不需要监督、管理，甚至惩罚，而是说社区矫正应当以一种比较温和的面孔出现。譬如在我国台湾地区学者就曾总结道：“少年观护工作类似于社会工作；少年观护工作类似于辅导工作；少年观护工作类似于教育工作；少年观护工作类似于行政工作。”〔1〕即使是成年观护工作，其监督重点也主要是集中于极少数性犯罪人、职业犯罪人、习癖性犯罪人，绝大多数犯罪人都可以给予较为温和的处遇方案。

在笔者看来，社区矫正走向福利化是一个必然的趋势。接受社会内处遇的服刑人员绝大多数都面临一定的生活困难，有些是物质生活的困难，有些是情感生活的困难，还有些是社会适应性困难。一方面，社区矫正要促使他们重返社会，另一方面还要尽可能地保障他们的人道性处遇，社区矫正就必然包含大量的社会服务性工作、福利性工作。正因如此，有学者强调社区矫正中应当包含惩罚、矫正、服务三个要素，强调惩罚笔者不赞同，强调服务却是笔者所积极支持的。某些研究社区矫正的官方人士或者学者总是对社区矫正的福利性抱着遮遮掩掩的态度，生怕受到指责，在笔者看来大可不必。社区矫正人员其实在物质上或者体力上并不一定就是“弱势群体”，但在社会地位、社会道德评价上必然属于“弱势群体”，不注意对他们权

---

〔1〕 刘作揖：《少年观护工作》（增订5版），五南出版公司2007年版，第18～20页。

利的保障、不注意对他们生活的支持与帮助，社区矫正也就很难实现其预定目标。

综上所述，笔者认为，可以进一步拓宽思路，将社区矫正界定为：社区矫正机关依法对社区矫正人员实施的促进其能正常回归社会的思想与行为矫正执法活动以及向其提供的社会帮扶服务的总称。

二、社区矫正包含的基本要素

（一）社区矫正机构

社区矫正的执行主体应为社区矫正机构。这个要素表明，要建立完善的社区矫正制度，必须首先建立完善的社区矫正管理体制，确定专门的社区矫正机构和社区矫正工作者。

管制、剥夺政治权利、缓刑、假释，这些刑罚制度是我国1979年《刑法》就已经明文规定的制度；监外执行，也是我国《监狱法》明文规定的制度。既然如此，为何我们要将我国社区矫正的起点从上海市社区矫正试点工作算起呢？我国《刑法》在1979年就规定了社区刑罚，但规定了社区刑罚并不表明就有社区矫正。任何一项严肃的刑事执法活动，不可能没有特定的执法主体。尽管1979年《刑法》以及相关的司法解释、部门规章规定公安机关是社区刑罚的执行主体，但是公安机关并非专门的社区矫正机构，公安机关内部也从未设立专门的社区矫正机构。因而从1979年起，实际上的社区刑罚就缺乏实际的执行主体，故社区矫正也就无从谈起。如果公安部曾经专设社区矫正局甚至是社区矫正处，各级公安机关曾经建立过社区矫正的专门内设机构，我们也可以承认社区矫正制度在中国已实行三十多年，但是公安机关从未有这一内设机构或者部门。目前，司法部已经正式设立了社区矫正局，大部分省已经设立社区矫正处（部分省由基层处或者安置帮教处负责），市县司法局也设立了专门的社区矫正执法部门；与此同时，司法所专门负责社区矫正的日常工作。从当前的趋势来看，不少地方大力推进社区矫正中心的建设，将社区矫正中心建设成社区矫正人员集中统一教育、开展就业能力培训等社区矫正工作的平台。总之，我国已经初步形成了系统性的社区矫正机构体系，具备了社区矫正的基本要素。

（二）社区矫正人员

正在服刑的人员应当如何称谓？西方国家早期，在监狱服刑的人通常被叫作“囚犯”（prisoner），这与当时监禁机构大多被叫作监狱（prison）有关；后来随着教育刑理念的发展，人们逐渐用矫正机构（correctional facility）取代监狱，相应地，“囚犯”一词被“在机构内居住者”（inmate）取代，即“在矫正机构中服刑的人员”。[1]在中国漫长的封建社会中，在监狱服刑的人通常都被叫作“囚犯”；到清末法律改良，《大清监狱律草案》受外域法制的影响，将在监狱服刑的人员叫作“在监者”；1946年颁布的《监狱行刑法》则将在监狱服刑的人叫作“受刑人”，这个词一直沿用至我国台湾地区的“监狱行刑法”。“受刑人”这个词，比较接近“服刑人员”的含义。中华人民共和国成立后，法律法规中对正在服刑的人有“犯人”“罪犯”“劳改犯”“犯罪分子”“服刑人员”等不同称谓。比如，1954年政务院公布的《劳动改造条例》，1982年公安部通过的《监狱、劳改队管教工作细则》称其为“犯人”；1979年《刑法》将其称为“犯罪分子”；1981年全国人民代表大会通过的《关于处理逃跑或者重新犯罪的劳改犯和劳教人员的决定》称其为“劳改犯”；2004年由司法部出台的《监狱服刑人员行为规范》则将其称为

---

〔1〕 参见吴宗宪：《当代西方监狱学》，法律出版社2005年版，第24页。

“服刑人员”。目前，我国社区矫正的官方文件一般称其为“服刑人员”，也有的直接叫作“社区矫正对象”。

笔者认为，社区中服刑的人员宜叫作“社区矫正人员”。理由在于：①“社区矫正人员”是比较中性的用语，而其他称呼如“犯罪分子”等则容易产生歧义，有时候还指事实上犯罪的人、犯罪嫌疑人等，存在概念模糊、界限不清等问题，容易使人产生误解。②“社区矫正人员”的称呼不含贬义，体现了对犯罪人的人格尊严在开放性社会环境下的一种保护，而“犯罪分子”“罪犯”“犯人”等称呼则带有歧视、人格贬低的含义，不适合在开放的社会环境下对服刑人进行称呼。在保障基本人权的大环境下，对服刑人员人格权利的尊重和保护不应当成为被现代法治社会遗忘的角落。同时，这种语言表述也有利于对犯罪人进行再社会化改造教育，有效的教育矫正必须以尊重服刑人员的人格为前提，没有基本的人格尊重，就谈不上理解、沟通，就不会有理想的教育矫正。

（三）矫正与服务

社区矫正人员是犯过罪的人，有初犯、偶犯、过失犯，也有累犯、惯犯；大多是轻罪犯，也有少数重罪犯；有些人身危险性比较小甚至没有，但有些还带有一定的人身危险性。不论如何，社区矫正人员的法律地位是“服刑人员”，这就意味着他们曾经至少有或稳定或不稳定的犯罪心理结构，也意味着在尊重他们人格的同时还要谴责他们，要求他们对自己的罪行负责。因此，社区矫正的首要内容，就是矫正。矫正或许包含惩罚，但绝不仅仅为了惩罚，因而笔者不赞成将惩罚与矫正并列为社区矫正的本质。矫正，是指根据社区矫正人员的人格特征以及其他易诱发犯罪的因素，对社区矫正人员发布指示，要求其遵守一定的禁令（禁令不是为了单纯的惩罚，而是为了隔断其不良的社会联系)、履行一定义务(履行义务不是为了单纯的惩罚,而是为了尊重其人格、要求承担应当承担的责任)、接受一定的治疗(治疗不是贬低其人格,而是对酒精依赖者、吸毒成瘾者、心理偏差者、精神障碍者等服刑人员的治疗,增强其独立自主的生活能力,降低、消除其人身危险性)。

尽管社区矫正人员曾经犯下罪行,但是完全将责任推卸给服刑人员也是不科学的。犯罪学的研究结论告诉我们,诱发犯罪的因素多种多样,要求社区矫正人员对罪行承担彻底、全部的责任,是古典自由意志论的复活,而这已经被证明为是不妥当的假设。社区矫正人员曾经犯下罪行,但只要是人,只要诚挚悔改,就应当给予其生的希望。但社区矫正人员本身在社区中,可能面临各种各样的生活困难,这些困难既可能是物质上的,也可能是心理上的,还可能是人际交往上的。如果不注意对社区矫正人员的生活困难给予帮助,不对其脆弱的心理给予支持,社区矫正人员要么可能沦为被抛弃的对象,要么可能重新强化其反社会心理或者退避心理,带来新的社会不安定因素。因此,不论是基于社会主义精神文明建设的要求,还是宽恕、仁慈、怜悯的人道主义精神,国家都应当为社区矫正人员提供一定的服务项目,以帮助其度过生活困难期,重塑其适应社会的能力。

三、社区矫正的特征

(一)社区矫正工作内容的复杂性

社区矫正的基本含义就是在社区中矫正犯罪人,在不剥夺犯罪人与社会正常联系的情况下矫正犯罪人。[1]犯罪人如何矫

---

〔1〕社区矫正是从西方国家传来的名词,而在这些国家的犯罪概念比我国的犯罪概念的外延要宽,我国的一些治安行政违法行为在西方国家的刑法中也被纳入犯罪范畴之内。因此,从犯罪预防的角度来看,我国的社区矫正应当把视野放得更加开阔一些,也可以把治安行政违法行为纳入社区矫正的范畴。

正？要搞清楚这个问题，就必须首先明白犯罪的原因何在。

目的刑主义和教育刑主义都认为，犯罪是以社会因素为主的多种因素综合作用的结果。犯罪原因大体上包括：①犯罪的人类学因素。人类学因素又可以分为罪犯的生理状况如颅骨异常、脑异常、主要器官异常、感觉能力异常、反应能力异常等；罪犯的心理状况如智力和情感异常尤其是道德情感异常等；罪犯的个人状况如种族、年龄、性别等生物学状况和公民的地位、职业、住所、社会阶层、训练、教育等生物社会学状况。②犯罪的自然因素。自然因素是指气候、土壤状况、四季、温度等状况。③犯罪的社会因素。社会因素包括人口密集、公共舆论、公共态度、宗教、家庭情况、教育制度、工业状况、酗酒、经济和政治、公共管理、司法、警察、一般立法状况、民事和刑事法律制度等。〔1〕对上述不同原因的研究就构成了犯罪生物学、犯罪心理学、犯罪社会学的不同研究路径，在这些学派内部又存在极端对立的派别，同一派别内部也存在着细微的学说差异，这都说明，犯罪是一种非常复杂的生理、心理、社会反应过程，对犯罪人的矫正也必须综合考虑这些因素。

监狱对矫正犯罪人到底有没有效果还没有实证依据证明，而且整个矫正论都受到质疑。尽管如此，笔者认为，矫正无论能否成功，它都是我们这个社会义不容辞的责任，对矫正论的怀疑和否定，意味着我们将彻底抛弃人道主义赋予我们的拯救人民从邪恶心灵中摆脱出来的道德义务。犯罪的多因性与复杂性决定了社区矫正工作将是一项非常复杂的工作，它涉及心理学、医学、社会学、法学等多方面的知识，不仅需要高度的责任感，而且需要严肃的人文关怀。只有从各个角度认真分析犯

〔1〕［意］恩里科·菲利：《犯罪社会学》，郭建安译，中国人民公安大学出版社1990年版，第41~42页。

罪人的致罪心理，才可能成功矫正犯罪人。社区矫正工作者只有在准确诊断犯罪人的“犯因”前提下，才可能“对症下药”，研究切实可行的矫正方案。

心理学的研究结论也告诉我们，人确定自己的人格、选择自己的行为，都是在遗传与环境的双重影响下形成的，人格的总遗传率大约为40%。随着遗传和经验作用的不断展现，研究者已经区分出三种情况：①同样的环境经验对有不同遗传构成的个体有不同的作用；②具有不同遗传结构的个体可以唤起不同的环境反应；③具有不同遗传结构的个体会寻求、改变和创造自己的环境。总之，个体既是环境影响的相对被动的接受者，又可以通过自己唤起的反应在环境事件中起作用，还可以在选择和创造环境中发挥积极作用。每一种情况都有天性和环境的交互作用。[1]犯罪行为形成的复杂内在心理机制和社会机制决定了要矫正犯罪人的反社会性人格将是一项多因素综合的复杂的工作，它涉及医学、心理学、社会学、行为学、法学等多个学科的知识，而且需要较强的社会工作能力。

（二）社区矫正性质的多重性

社区矫正的性质是什么？一般认为，社区矫正是一项严肃的刑事执法工作，与一般的社会工作是不同的。[2]这是从刑罚意义的角度来看待社区矫正的，这种意义上的矫正还未能意识到罪犯的再社会化需要全社会的共同努力。笔者认为，社区矫正就是对犯罪人以及虞犯进行矫正，矫正可以分为犯罪前的预防矫正、犯罪后的刑罚矫正以及刑罚执行完毕后的后续矫正和

---

〔1〕［美］L. A. 珀文：《人格科学》，周榕等译，华东师范大学出版社2001年版，第153~179页。

〔2〕刘强：“社区矫正的定位及社区矫正工作者的基本素质要求”，载《法治论丛》2003年第2期。

帮助。从统合刑事政策的角度来看，应当将社区矫正的范围拓宽，以成功达到预防和控制犯罪的目的，从这个基本看法出发，社区矫正的性质具有多重性。

第一，社区矫正是刑罚执行活动。管制、剥夺政治权利是刑种，缓刑、假释、监外执行是刑罚执行方法，不论是刑种还是刑罚执行方法，其具体的执行都属于刑罚执行活动。既然是刑罚执行活动，就必须强调刑事执法的严肃性、专门性。对罪犯权利的剥夺、对罪犯自由的限制，都必须于法有据，而且必须由专门的刑罚执行机关的国家工作人员来实施。因此，尽管社区矫正强调要运用社区资源、发动社区群众，但涉及具体的执法活动，则必须由社区矫正机关的国家工作人员负责实施，社区矫正志愿者对社区矫正人员在社区矫正期间的活动主要负责进行监督、报告。同时，既然是刑罚执行活动，就必须强调执法的严肃性。涉及对罪犯权利的剥夺、限制等措施的运用，必须严格依照法定程序，不能随意任性而为。

第二，社区矫正还是社区社会工作。前面已经谈到，在某些国家或地区，已经基本上不采用“社区矫正”一词，而采用“社区处遇”这个概念，例如日本和我国台湾地区。笔者前文谈到，从“劳动改造”到“教育改造”，从“改造”到“矫正”，用词的变化反映了我国对刑事执法性质认识的逐渐转变过程，从中也体现了对罪犯人格的尊重。但是，即使“矫正”这个词，也存在一定缺陷。“矫正”的英文是“correction”，这个词的法律含义就是指惩治、惩罚以及教养、改造。〔1〕而“处遇”的英文是“treatment”，其初始含义是指治疗，后引申为待遇、对待，指某人或某物受到对待的方式。〔2〕美国 19 世纪末到 20 世纪中

〔1〕 薛波主编：《元照英美法词典》，法律出版社 2003 年版，第 328 页。

〔2〕 薛波主编：《元照英美法词典》，法律出版社 2003 年版，第 1356 页。

叶，在刑事执法领域中占统治地位的是医学心理学决定的“刑罚—福利”或者叫作“医学—福利”模式。矫正主义犯罪学的主要观点认为，犯人是弱势或社会化不良的人，国家有责任通过社会和刑罚政策采取治疗式的积极举动，促使偏差者回归社会，这一思想强调自由、人道与宽容的价值。[1]“处遇”这个词，比“矫正”显得更中性、更人道，没有对犯罪人高高在上的训示态度。当然，词语的变化并不一定导致具体实践的颠覆性变化，但它至少代表了一种倾向、一种希望、一种目标。“社区处遇”的概念，代表了对社会内的服刑人员给予帮助、保护、支持的一种正面积极引导的价值观，其背后隐藏的就是福利模式。因而，社区矫正在我国要想真正取得开拓性的成果，必须要正面承认社区矫正除法律性质以外，还具有丰富的社会福利性质。社区矫正工作者所做的工作当然包括社区监督，但重点应该放在对社区矫正人员的帮助、保护、支持、辅导等社区福利性工作上，促使服刑人员能够重新融入社会，并倡导一种博爱、关怀、仁慈、宽恕的价值观，将社区矫正工作融入社区道德共同体的重建工作中，将能够取得更大的成绩。

（三）社区矫正手段的多样性

社区矫正是改造犯罪人的社会系统工程，具有高度的复杂性。引起犯罪人走上犯罪道路的原因是多方面的，不同的犯罪人、不同的犯罪类型，都是各自不同的特殊原因和综合作用过程。社区矫正面临那些具有高度人身危险性的潜在犯罪人、在社区中矫正的现实犯罪人以及那些出狱后需要保护、帮助或监督的人，这些人的思想动态、犯罪原因等各不相同。因此，社区矫正要能够成功改造这些人，就必须具有灵活多样的改造

〔1〕［英］戈登·休斯：《解读犯罪预防——社会控制、风险与后现代》，刘晓梅、刘志松译，中国人民公安大学出版社 2009 年版，第 52~55 页。

手段。

对待社区中的危险分子，社区警务工作人员要运用重点控制的工作方法对其进行监督、掌握其日常行为活动，社区矫正机构需要对他们进行保护、帮助，分析其原因、解决其困难；对在社区中矫正的服刑人员，社区矫正机构不只是对他们的活动进行监督，而且还要区分情况并提供帮助，充分运用社会工作的各种手段对他们进行个案分析，制定矫正方案；对在社区生活的刚出狱的受刑人，要根据情况为他们提供适当的帮助和保护，帮助他们成功地度过出狱之后的适应期，尽快回归社会正常生活。社区矫正中的“矫正”，不能仅仅理解为刑事执法活动，而且更要着重理解为通过各种心理咨询、心理分析、物质帮助、情感关怀等手段将其成功地改造为适应社会主流文化的人。社区矫正中的“矫正”，既包括刑事执法活动的矫正，还应当包括社会工作中的矫正。

如前所述，社区矫正想要取得成功，社区建设是前提和基础。社区矫正的实质就在于通过整合专门机关与社区的力量来矫正犯罪人，因犯罪人走上犯罪道路的原因是多方面的，其矫正手段也是多方面的。尽管目前社区矫正的试点在强调其严肃的“刑事执法”特点，但是没有综合的帮助、保护等救助手段，社区矫正就只能成为对犯罪人的一种宽容，而难以起到真正的矫正作用。

（四）社区矫正的专门性与群众性

首先，社区矫正是一项专门机关的工作。无论是对潜在犯罪人和那些违法青少年的矫正和教育，还是那些在社区中执行非监禁刑罚的犯罪人，或者是那些刚出狱的犯罪人，都需要政府将其作为一项专门工作加以实施以扎实推进社区治安的稳定。在日本，有专门的法务省保护局、地方改造保护委员会和保护观察所来负责执行社会内处遇；在美国，有专门的缓刑局和假释委员会等机构负责执行缓刑和假释，有专门的缓刑官和假释官来负责社区矫正工作。在我国上海市社区矫正试点工作中设立了社区矫正工作领导小组，下设办公室在市司法局。因此，社区矫正工作首先是政府机关的专门工作。尤其是我国正处于社会的转型期，政府机关还掌握着社会绝对多数的资源，真正体现市民社会本质的社会自治团体、社会福利机构等中介组织还处于萌芽阶段，我国的社区建设真正取得成绩也只在极少数经济文化发达的地区，多数地区的社区建设包括社会中介组织建设仍然处于艰难的起步阶段。我国现阶段的缓刑、假释、管制等刑罚执行情况不好，关键原因就在于市民社会的基础还未成熟，掌握的资源过于匮乏。在这样的情况下，必须首先强调社区矫正工作的专门性，否则社区矫正工作必将处于软弱涣散的状态。

其次，社区矫正具有浓厚的群众性。社区矫正的实质，就在于将犯罪人、虞犯或者其他刑满释放人员放在社区中进行矫正，这必然要求充分利用各种社区资源，动员社区内各种群众力量参与改造和矫正工作。在世界其他推行社区矫正的制度国家，都非常重视社区的参与力量。日本实施社会内处遇的人有保护观察官、保护司、改造保护法人及民间志愿者。保护观察官是地方改造保护委员会的国家公务员，从事“基丁医学、心理学、教育学、社会学以及其他改造保护的专门知识，进行保护观察、人格调查及其他与犯罪人的改造保护及与犯罪预防有关的事务”，1994 年编制为 89 人；保护司是“具有社会奉献精神，在帮助犯罪人改过自新的同时，努力启发有关犯罪的舆论，从而净化地域社会，为个人及公共利益做贡献”的民间志愿者，编制为 52 000 人之内；改造保护法人是从事改造保护的民间团体，从事持续性保护事业、一时性保护事业、联络促进事业等工作；民间协助组织，包括各种以民间立场参与改造保护的民间自愿组织。[1]从这些组织就可以看出，尽管社区矫正是一项严肃的官方事业，但是社区在矫正工作中发挥着更为积极的作用，民间力量是社区矫正的主要资源。我国台湾地区的“更生保护法”和“更生保护法实施细则”也专门规定了民间人士参与更生保护的方法、程序，而且从其实践来看，其更生保护主要的基础工作就是由社区力量来完成的。其他如英国、美国等国家的社区矫正也是积极运用社会力量参与改造保护事业，取得了良好效果。在我国社区矫正试点过程中，也要积极探索适合我国国情的利用社区资源参与社区矫正的具体方式和途径。充分发挥国家专门机关的业务优势，积极组织社会力量参与社区矫正事业，增强矫正的力量，促进社区矫正的专门性与群众性相结合。

社区矫正工作的性质与特征决定了社区矫正工作必须广泛吸纳社区群众性力量参与。矫正对象生活在社区，社区群众对矫正对象的生活、学习与工作情况最为了解，对矫正对象的生活方式、行为模式、心理动因等方面都远比专门机关的工作人员了解得更深刻。同时，矫正对象生活在社区中，社区成员对一个犯过罪的人通常都带有某种敌意、鄙夷或者恐惧。只有让社区成员参与社区矫正工作，才能从根本上消除社区成员的种种疑虑，而且社区参与也能够最大限度地保证矫正工作的公开操作，防止矫正工作出现不适当的失误。社区矫正工作的本意，就在于通过整合社区力量，号召社区民众参与，既为矫正对象创造和谐的社会生活氛围，也节约国家刑事司法资源——司法

〔1〕 参见［日］大谷实：《刑事政策学》，黎宏译，法律出版社2000年版，第262~264页。

所主要负责制定矫正方案、协调相关部门参与矫正工作；而社区矫正辅助力量则主要负责对矫正对象的监督、帮助、保护。这样，既可以节约行刑资源，又能够充分调动各方面的积极性。

但必须注意的是：社区矫正工作的内容主要包括两大部分：一是监督、管理，二是帮助、保护。社区矫正辅助力量主要参与帮助、保护工作，除非经社区矫正机关明确授权，一般不能参与监督、管理的具体工作。对矫正对象的监督、管理，是一项明确的刑罚执行工作，具有很强的原则性与专业性，并且涉及矫正对象的一系列权利。社区矫正辅助力量不是具有法定职责的专职从事社区矫正工作的执法人员，而是社会各界热心公益的人士，由这部分人参与监督、管理工作，有违国家的法律准则。当然，包括社会人士在内的一切公民，都有权将自己观察到的矫正对象的活动情况，尤其是可能涉及违法犯罪的活动情况及时报告给社区矫正工作者及社区民警。但是，社区矫正辅助力量在矫正对象没有从事现行违法犯罪活动的时候，不能随意采取措施限制矫正对象的人身自由以及其他权利。而对于矫正对象的帮助、保护工作，社区矫正机关在对社区矫正辅助力量进行一定筛选后，可以放手让社区矫正辅助力量参与，甚至主导帮助、保护工作。

三、社区矫正可能存在的缺陷

（一）社区矫正面临的批评

在20世纪60、70年代以来，社区矫正逐渐受到越来越多的批评。批评者认为，社区矫正未能成功降低重新犯罪率，矫正未能获得预期的成功，社区矫正也并非是人们想象的那种人道行刑，花费也并非很少。

1. 社区矫正没有减少累犯率

研究者们认为，目前没有任何证据表明社区矫正在减少犯罪率和降低累犯率方面获得了成功，“尚未证实任何社区替代措施和（通过预防累犯）减少犯罪中比传统的监禁更为有效”。“没有任何证据证明广泛采用社区方案减少了犯罪率或减少了对矫正机构的利用……（或者）……社区方案通过降低累犯率有助于减少要求扩大矫正系统的压力。”〔1〕

缓刑和假释是社区矫正方案中的主要措施，但是学者们现在的研究都倾向于认为它们对减少犯罪率和降低犯罪率是没有效果的。在20世纪50年代，人们倾向于认为缓刑是有效果的，能够降低累犯率；但是80、90年代学者们的研究似乎表明，缓刑对降低累犯率没有什么效果。〔2〕关于假释，也有许多批评者认为，假释是没有效果的，假释委员会的任意决定导致大量罪犯涌入社会，反而增加了社区的危险性。

对社区矫正不能减低累犯率的最有力的理论批评在于激进派犯罪学家，他们指出：“当犯罪是从体制上产生时，你如何通过个别矫正来消灭犯罪呢？这种含义是显而易见的：如果犯罪主要不是个人反常和变态的产物，而是体制导致的，那么其有效控制途径也必须是体制上的。犯罪控制只有在经历了为消除那些产生犯罪的社会条件所必需的体制改革和历史变革的社会中，才可能真正有效。”〔3〕这些犯罪学家们从与恩里科·菲利等矫正论相似的对犯罪原因的认识出发，得出了与矫正论不同的结论。其实，这种不同不是真正的“不同”，矫正论是在否定刑罚的基础上提出的，而社区矫正是不是刑罚呢？

〔1〕 参见［美］D. 斯坦利·艾兹恩、杜格·A. 蒂默：《犯罪学》，谢正权等译，群众出版社1989年版，第564页。

〔2〕 参见刘强编著：《美国刑事执法的理论与实践》，法律出版社2000年版，第211页。

〔3〕 参见［美］D. 斯坦利·艾兹恩、杜格·A. 蒂默：《犯罪学》，谢正权等译，群众出版社1989年版，第566页。

2. 社区处遇并非比机构处遇更加人道

一些学者认为，尽管人们普遍接受一个假定——社区矫正比监狱机构矫正更加人道，但是在许多情况下，这一假定并不成立。例如，居住治疗机构与过渡性训练所往往只是在社区中简单重复监禁的形式。这些“监禁的替代形式”往往演变成“替代的监禁形式”，社区矫正方案同样被官僚机构所制度化。社区矫正制度化的一个重要原因在于地方社区的压力。为了使矫正方案获得地方社区及邻里的支持，矫正官员不得不放弃“治疗”而实施监督、防卫与控制。同时，社区矫正系统中处理罪犯的过程带有高度的随意性，往往在没有程序限制的前提下剥夺当事人的自由，这是对“人道主义”的践踏。同时，自由主义的人士倾向于认为，社区矫正是一张更加严密的社会控制网络，最终将我们生活的某个社区变成一个“惩罚城市”。[1]社区矫正表面看来是将受刑人置于社区之中，降低了对受刑人行为的社会强力控制。但是，在某种意义上来说，社区矫正不仅没有弱化社会控制，反而通过将受刑人置于社区编织的一张更加严密的社会控制网络之中——通过社区矫正，国家的控制网络从监狱延伸到社会——社会控制网络不仅没有缩小，反而延伸至原来国家权力可能还不能及于的领域。这对国家权力时刻保持警惕的自由主义者来说是不能接受的。事实上，自由主义者的担心不是没有一点道理，如果社区矫正工作者更多采取“防范和监督”措施而较少采用“治疗和沟通”措施，社区矫正工作者对受刑人生活的过度干涉就有可能发生。

3. 社区矫正的花费并不少

表面上看来，社区矫正似乎比监禁花费更少，但这个数字

〔1〕 参见［美］D. 斯坦利·艾兹恩、杜格·A. 蒂默：《犯罪学》，谢正权等译，群众出版社1989年版，第566~569页。

可能是不可靠的。原因在于：许多社区方案很少甚至没有向罪犯提供改造服务，做得很少或者什么也不做当然完全没有花费。它们完全没有向其当事人提供为履行职责而作出的有关咨询、教育、职业或就业服务的诺言所必需的费用。然而，为了继续存在，它不得不在资金来源者面前显得节约费用，它们通过向大量的人提供最低限度的服务来达此目的。〔1〕往往一个缓刑官负责100个以上的案件，缓刑犯每月平均仅仅受到1次或2次15分钟的会见。这种情况下有关负责部门几乎没有做任何工作——当然不用花钱。同时，研究者们提出，社区矫正表面看来降低了花费，但是实际上降低的仅仅是“直接矫正费用”，许多证据表明，过度依赖社区刑罚的使用很可能导致犯罪率或重新犯罪率的增长。〔2〕犯罪率或重新犯罪率的增长给社会财富可能带来更大的损害，如果将犯罪所造成的损失计算在社区刑罚的成本中，显然其“降低”成本的希望没有实现，这也产生了如何把握社区刑罚适用的幅度问题。

4. 社区矫正可能出现不公正

社区刑罚由于基本上没有建立在报应论的基础上，因此并未强调罪刑均衡原则。社区刑罚基本上建立在以矫正论为主的综合论基础上，比较强调受刑人的人身危险性，而不太重视受刑人原有犯罪行为的社会危害性。因此，一些批评者认为，社区刑罚的使用，导致罪刑均衡原则的破坏，而这是对正义的践踏。人身危险性的评价目前仍然没有取得令人满意的进展，评价失误的情况经常发生。如果将具有较强人身危险性的受刑人

〔1〕 参见［美］D. 斯坦利·艾兹恩、杜格·A. 蒂默：《犯罪学》，谢正权等译，群众出版社1989年版，第569~570页。

〔2〕 参见刘强编著：《美国社区矫正的理论与实务》，中国人民公安大学出版社2003年版，第69~71页。

评价为人身危险性较弱，就可能出现对社会大众的不公正；如果将人身危险性较弱甚至没有人身危险性的受刑人评价为人身危险性较强而不给予社区处遇，责可能出现对受刑人的不公正。

人身危险性评价的不确定性是问题的一个方面，另一个方面在于，人身危险性的评价可能与受刑人自身道德素质以及其他自身情况无关，而可能受到家庭、种族、职业、社会阶层身份等其他因素的影响。几乎所有国家的社区刑罚决定机关或矫正机关，在考虑是否给予犯罪人社区处遇、何种处遇以及在被决定社区处遇后矫正工作者如何采取行动的时候，受刑人的家庭状况、职业状况、经济状况、受教育状况等受刑人自身以外的其他情况都被视为非常重要的考虑因素。一般来说，一个受过高等教育、举止斯文、家庭健全、经济收入较好的白领阶层人士，比一个没有受过良好教育、缺乏气质、经济收入低下的社会底层人士获得社区处遇的可能性要大得多，而且在具体的社区矫正的过程中，也更有可能获得矫正工作者礼貌而文雅的对待。这种差异在社区刑罚发展得较为成熟的欧洲国家和美国、日本，都表现得比较明显。我国社区矫正的试点工作也是最早在大城市推行，尽管有其合理性和必然性，但是实际上也说明实施同样犯罪行为的犯罪人被决定给予何种刑罚的时候，要受到地域环境的差别对待。如何保障受刑人在被决定是否给予社区处遇、给予何种处遇以及在矫正过程中的公正对待等问题，是社区矫正在发展过程中必须解决的，否则可能引发一定程度的社会危机。

（二）社区矫正可能出现的弊病

上文简单介绍了有关学者对社区矫正的批评，这些批评尽管显得有些绝对，但是却非常深刻地指出了社区矫正可能出现的弊病。我国是在中国共产党领导下的社会主义国家，不存在美国那样多的社会弊病，社区刑罚的推行也将必然具有比美国等资本主义国家更多的优势。但是，在中国阶层迅速分化、社会转型期矛盾较为突出，尤其是在我国的法治状况还相对落后的情况下，社区刑罚同样可能面临一系列问题。推行社区刑罚制度，我们必须事先对可能出现的弊病进行预测，以避免那些“可能”变成“现实”，找到避免那些弊病的方法。前面已经讨论过在是否给予社区处遇，给予何种社区处遇时存在不公正的问题，这里主要讨论社区刑罚执行过程中，社区矫正工作者在具体开展矫正工作时，可能出现的弊病。

1. 矫正工作者对被矫正对象生活的过度干预

社区矫正，是将犯罪人置于社区之中以对之进行改造保护。社区矫正的本义，就是避免短期自由刑带来的“监狱化”弊端，而将犯罪人置于正常社会关系中，以促进其再社会化。一些学者反对矫正的一个重要理由，就是“矫正的成功必须以被矫治者的配合与积极参与为前提”，而罪犯自身“没有理由自愿接受与配合矫治”。[1]这种从本质上认为教育的不可能性的反对理由虽然显得有些绝对，但是却告诉我们一个道理：矫正应当在可能的情况下，尽量促进犯罪人的内心觉醒，而不应过度干预其生活。尽管为数不少的学者反对矫正论，认为矫正不可能获得成功，但是矫正仍然在世界主要国家的刑罚根据论中占据重要地位，而在现行刑罚执行的目的中也很少真正排除矫正的目的。

作为改造保护犯罪人的社区矫正，不可能不面对来自其他刑罚根据论者的批评。正是为了达到使犯罪人重新社会化的目的，社区矫正才将犯罪人置于社区之中给予改造保护，而尽量减少官僚化的机构对犯罪人施加的标签效应和给犯罪人带来

---

〔1〕参见邱兴隆：《关于惩罚的哲学——刑罚根据论》，法律出版社 2000 年版，第 229 页。

“监狱化”的负面效应。因此，社区矫正应当避免矫正工作者过度干预被矫正对象的生活，影响其正常融入本地社区。但是，由于矫正工作本身的随意性和社区矫正的自身特点，很容易出现矫正工作者对被矫正对象生活的过度干预现象。这种现象具有如下负面效果：

（1）过度干预被矫正对象的生活，可能使被矫正对象随时感受到自己的“被矫正对象”的特殊身份，影响其参与社会生活的正常、健康心理，同时可能促使被矫正对象对自己的身份逐渐认同，出现更加严重的反社会情绪或者自卑消极的不良情绪。接受社区矫正的受刑人，本以为在社区处遇下能够相对正常地融入社会生活，但是，干涉过度或限制过于严格的社区矫正，可能令受刑人长期处于“罪犯”这一身份标志下，其心理上也认同自己的受刑人身份，可能导致出现各种消极不良情绪，不利于其重返社会。

（2）过度干预被矫正对象的生活，可能给被矫正对象带来“标签效应”，令社区对被矫正对象施加有形或无形的压力或歧视，让被矫正对象感到被社会无形的隔离，这不仅违背社区矫正的本义，也将给被矫正对象的再社会化和重返社会带来巨大的阻力。而且可能引起被矫正对象的逆反心理，使其自暴自弃，不能树立重返社会的决心和信念。由于社区矫正机关和社区过于强调受刑人的身份，将可能给予受刑人强烈的心理暗示——自己是需要矫正的“坏人”，社区矫正机关热心的矫正工作，很有可能促使受刑人变得更坏。[1]

（3）过度干预被矫正对象的生活，可能令矫正工作者具有侵犯被矫正对象的各种合法权益的便利，引发职务滥用或其他

---

〔1〕 参见吴宗宪：《西方犯罪学》，法律出版社 1999 年版，第 531~532 页。

腐败行为。同时，还可能恶化与被矫正对象的关系，酿成信任危机，从而引起对矫正的反抗，引发更加严重的反社会意识。社区矫正工作由于相对较强的随意性，矫正工作者在工作中具有较大的自由处理问题的权力，这些缺乏监督的权力行使空间，可能会衍生出滥用职权的行为。社区矫正本身就比较强调树立矫正工作者的人格魅力与社会权威，试图以社区中符合社会权威意识形态的正常的行为模式来消解矫正对象原有的犯罪心理结构。如果社区矫正工作者利用职权实施违法行为或不道德行为，将大大破坏社区矫正本来就有限的价值。再社会化的本来含义就是破除矫正对象原有的心理结构，学习和树立新的符合社会权威意识形态的行为模式，如果矫正对象看到最接近的制度权威遵从非法的或者反社会的行为模式，再社会化就会变得困难。

2. 矫正工作者对被矫正对象的放任自流

强调矫正工作者对被矫正对象生活不能过度干预，也要防止其走向另一个极端——对被矫正对象放任自流。社区矫正尽管是将被矫正对象置于社区之中进行改造保护，而且要利用这种正常的社会关系并发动社区各种资源参与矫正工作，但是社区矫正不是仅仅让被矫正对象生活在社区，“自动完成矫正”。被矫正对象无论其人身危险性如何、犯罪的轻重程度如何，都具有一定程度的不良心理，它需要矫正工作者对于矫正对象的程度不同的帮助、关心、教育才能完成再社会化的目标。换言之，矫正机构和矫正工作者不仅要积极参与矫正工作，而且还要组织社会力量参与矫正工作。一些地方现实中的缓刑、管制、假释、监外执行等各种非监禁刑罚，往往等同于没有刑罚，主管机关既不给予监督管理，也不给予改造保护。这种情况显然就是美国学者艾兹恩和蒂默所谈到的“花费便宜”的真相——

什么也不干，当然不花钱。矫正工作者对被矫正对象的放任自流，将可能引起如下弊端：

（1）被矫正对象不能得到应该得到的帮助和保护，令其在面临生活困境时极易再次走上犯罪道路。犯罪的根源在于社会，许多犯罪人实施犯罪行为的直接原因就在于面临实际的生活困难——当然不仅限于经济困难，也包括情感危机、心理障碍等。如有学者在研究流动人口犯罪时指出，流动人口犯罪的重要原因之一在于其缺乏相应的利益保障环境和保障机制。[1]如果引发受刑人实施犯罪行为的外在和内在压力没有及时得到消解，很难说矫正就能够取得成功，再犯率就能够得到遏制。

（2）被矫正对象不能得到应有的教育和监督，令其不能成功完成再社会化的过程，反社会意识没有消灭。同时，极易因为不良的社会交往或面临犯罪诱因时重新犯罪，影响改造效果。一些受刑人尤其是未成年犯罪人，虽然其犯罪心理结构并未定型，但是其人身危险性实际上比成年犯罪人要相对更大一些——如果其犯罪心理结构不及时得到消解，未成年人实施的犯罪行为往往对社区具有更直接的破坏性——未成年人多实施抢劫、盗窃、寻衅滋事、性犯罪等，而这些传统犯罪往往就发生于所在社区或者附近，对社区居民的情感造成的冲击非常强烈。犯罪人固有的犯罪心理结构不会自动消解，反社会意识不会自动消失，不良行为模式不会自动被合法行为模式取代——如果不给予合理的教育、帮助、矫正、保护，社区刑罚面临失败的尴尬结果就非常可能出现。

（3）被矫正对象不能得到适当的监督、控制，部分被矫正对象可能给社区带来巨大的危险，引发社区居民的恐慌，从而

---

〔1〕 参见黄子均："新时期加强流动人口治安管理的理性思考"，载《浙江公安高等专科学校学报》2002 年第 6 期。

使社区矫正面临合法与合理之生存危机。如上所述，受刑人的人身危险性不会自动降低，在没有得到合理及时的矫正帮助的情况下，受刑人又处于行为不受控制的自由放任状态，其再次实施犯罪的可能性极大。实践中经常出现被给予社区刑罚处遇的受刑人因再次实施犯罪而被取消社区处遇的情况，虽然犯罪人得到了“及时”的处理，但是再次实施犯罪就说明社区刑罚执行过程中的“矫正”或者“监督”工作出现了问题。既然这样，社区居民支持社区刑罚的理由何在？

（4）矫正工作者对被矫正对象放任自流，公民将会对刑罚产生疑问，对国家改造保护责任产生疑问，可能使政府面临严重的信任危机。受刑人在自由放任的状态中再次实施危害社会、扰乱社区安宁的犯罪行为，不仅破坏社区刑罚在公民心目中的形象，而且可能引发对于整个刑罚体系的信任危机。缺乏社区居民支持、理解与配合的社区刑罚甚至整个刑罚制度的执行，都不可能取得真正的成功。

3. 社区矫正对矫正工作重点分配的不平衡

社区矫正的主要任务是什么？笔者认为，无非就是两点：监督管理和帮助保护。只有两者并重，才可能获得矫正工作的成功。应当注意：现代各国的刑罚目的大多都采用多元论，社区矫正的目的绝不仅仅是教育，也不仅仅是惩罚，而应当在可能的情况下，充分涵盖各个利益群体的合理要求。社区矫正工作要注意避免两个极端：重视监督管理而忽视帮助保护，或者重视帮助保护而忽视监督管理。社区矫正的主要内容之一，就是刑罚的执行，如果仅仅重视帮助保护而忽视监督管理，刑罚的惩罚性就不能得到体现，就可能引起被害人或社区的不满；如果仅仅重视监督管理而忽视帮助保护，矫正工作就难以达到预期的目的，被矫正对象重返社会的计划就可能受阻。

（1）社区矫正重视对被矫正对象的监督管理而忽视帮助保护可能引起如下弊端：如果不能建立矫正工作者与被矫正对象之间的和谐与信任关系，那矫正可能无法得到被矫正对象的内心认同，这必将影响矫正的实际效果；如果不能在被矫正对象面临经济或思想或其他困境时提供适当的帮助保护，将可能使其重新走上犯罪道路，令改造保护的前期工作毁于一旦。

（2）社区矫正重视对被矫正对象的帮助保护而忽视监督管理可能引发如下弊端：令部分人身危险性高的被矫正对象脱离于监管之下，可能给当地社区的安宁生活造成破坏，引起社区居民的恐慌情绪，从而导致社区矫正无法获得社区的支持，面临破产的绝境；令潜在犯罪人不能感受到刑罚的威慑，从而无助于一般预防，令社会安全受到威胁；同时，可能引发被害人和社区的不满，导致私人刑罚的产生。

当然，强调监督管理和帮助保护两者兼顾，不是说矫正工作中对具体的被矫正对象的工作方法没有区别，或者没有一定灵活性，而是强调矫正工作必须随时注意自己面临的多重使命，避免可能出现的任何一种危机。

4. 社区矫正工作的随意性

社区矫正工作最大的弊病，就在于其具有极大的随意性，从而对被矫正对象或受害人都不公平。

美国社区矫正工作受到的最大的批评也是因为其随意性带来的对正当程序的违反和对公民权利的侵害。[1]美国的假释经历了一个限制与反限制的过程，原因也在于其严重的官僚化和高度的随意性对正义的践踏和侵蚀。尤其是社区刑罚的执行，基本上是一种行政工作。涉及判断缓刑、假释、管制、监外执

〔1〕参见［美］D. 斯坦利·艾兹恩、杜格·A. 蒂默：《犯罪学》，谢正权等译，群众出版社 1989 年版，第 568 页。

行等受刑人的人身危险性而决定其监管的严厉程度；涉及可能导致被收监执行的判断，缓刑、假释违反相关管理规定的严重程度；涉及对出狱人给予保护帮助的方式和程度；等等。在上述情况下，矫正工作者实际上具有较大的自由裁量权或对最终结果具有重要的影响。这些权力如果不受到一定限制或给予一定的监督，就可能导致权力的滥用以及侵犯当事人权利的事件发生。

四、社区矫正的功能定位

可以预见，社区矫正未来将会在中国行刑实践中占据半壁江山，或者说至少占有重要的一席之地。[1]但是，社区矫正的优势也是有限的，并非那么完美无缺；同样，监狱行刑的弊端虽然客观存在，但是监狱行刑的优势却也无法抹杀，而且随着开放式处遇制度的完善，监狱行刑的弊端会得到相当程度的克服。因此，这就存在一个社区矫正的功能定位问题，即社区矫正承担什么样的职责、承载什么样的目标，必须有一个限定，否则反而可能因为无法承载导致社区矫正在实践中出现重大的偏差。

（一）调查

调查包括审前调查、释放前调查两部分内容，在英美等社区矫正制度发达的国家，调查是社区矫正机关的重要职责之一。例如，在英国除了向社区中服刑的罪犯提供服务以外，国家缓刑局每年要为治安法官、法官提供大约 246 000 份审前报告和 20 000份保释报告。[2]再如，美国阿肯色州社区矫正局的基本

---

〔1〕 但短期内不可能像欧美国家那样比监禁刑的比例还高，主要是因为欧美国家的犯罪圈非常宽泛，而我国的犯罪圈比较狭窄，被纳入我国犯罪圈的非法行为的社会危害性都比较严重，因而社区矫正的比例尽管会增长，但不太可能超越监狱行刑的比例。

〔2〕 参见 http://www.probation.homeoffice.gov.uk/output/page 2.asp，访问日期：2017 年 9 月 19 日。

职责之一，就是负责鉴别囚犯是否适合假释，确定假释听证会的日程安排，根据州假释委员会的决定释放囚犯。[1]在我国，不少学者都建议引入量刑前调查制度和释放前调查制度，但是量刑前调查与释放前调查到底由谁负责呢？笔者认为，在社区矫正初步推开以后，应当由社区矫正机关负责。理由在于，社区矫正机关是立基于社区运作的刑事执行机构，与社区联系紧密，这样的社区矫正机关有特定的资源足以帮助其调查到涉案罪犯的准确信息。但是，实践中可能存在一个小小的问题，这就是对于流动人口作案的，是由罪犯的经常居住地社区矫正机关负责调查还是由罪犯的户籍所在地进行调查？笔者认为，为获取最完善的信息，应当由两地的社区矫正机关各自分别出具调查报告，最后由法官确认该信息的有效性。

不论是量刑前调查还是释放前调查，调查都不仅是为法官提供涉案罪犯的信息，而且也是为社区矫正机关自身的后续工作奠定基础。在可预见的将来，缓刑、假释的适用率都将有一定程度的提升。量刑前调查和释放前调查为将来对服刑人员的社区监督提供了前期资料，也便于社区矫正机关能够提前介入。同时，调查也能在社区中制造话题，促使社区居民通过支持、反对、批评、赞扬或以其他态度，充分调动其参与社区矫正的热情，并能通过这种共同的话题强化社区共同体意识，将社区矫正与社区建设有机融合起来。

（二）矫正

尽管当前欧美主要发达国家的社区矫正机构都公开宣称“保护公众”是他们工作的首要责任，在刑罚平民主义的压力下，在所谓精算式司法理念的推动下，缓刑、假释机构都被迫

---

〔1〕参见 http://www.dcc.arkansas.gov/programs_ services.html#overview，访问日期：2017年9月20日。

表态将“保护公众”作为社区矫正的首要任务，并为此发展出一系列强化的社区监督形式。但在我国开展社区矫正之初，切不可盲目跟风，将矫正抛之脑后而过于重视惩罚。实际上，仅仅是出于对服刑人员的怜悯与仁慈，就不能彻底抛弃服刑人员。抛弃与隔离的政策只可能通过标签效应制造更多的障碍及不安全感。矫正主义犯罪学并没有真正过时，而仅仅是社会大众对以往治疗主义刑罚模式的一种反动，其结果是在矫正主义犯罪学的基础上微微回调，而这种回调带来的结果并不如某些学术标签如“惩罚的冲动”“报应模式”等所标榜的那样巨大。

社区矫正的花费更便宜，但我国社区矫正绝不能单单考虑经济效益，不能简单地将服刑人员抛弃于社区之中而不对其给予任何矫正项目，那样的话，就回到了开展社区矫正试点之前的刑罚空白状态。基于此认识，我国缓刑、假释的适用率不能急剧地、大幅度地提高。我们必须考虑到社区矫正机关的负担情形，过于强调提高社区刑罚的适用率，将导致社区矫正机关由于负担过重而无法开展工作。社区矫正机关应当力求确保每一个社区矫正人员不脱管、不漏管，不论社区矫正人员的人身危险性如何，社区矫正机关应当确保对其信息的准确把握。

（三）保护

笔者将保护列为社区矫正的第三个任务，并非认为保护的地位次于矫正，而仅仅是顺序的排列。实际上，妥当的矫正本身就应当蕴含保护的色彩，保护措施本身也是矫正的一种。矫正并非单纯的惩罚，而是通过监督社区矫正人员履行一定义务、参与一定活动来促使其产生悔罪意识、责任意识及自尊意识，帮助其重塑社会适应性人格。保护也并不单纯就是社会慈善事业，社区矫正机关的保护是有针对性的保护，是通过对社区矫正人员面临的社会适应性障碍给予一定的帮助、支持，从而化解其内心的反社会意识。人道主义本身就是最好的矫正方法之一。

中国改革开放四十年来，刚刚进入社会快速转型时期，中国特色的社会主义法治建设初获成效。在这样的时代中，参考国外的法治发展轨迹固然有其必要性，但却绝不能是拿来主义。在笔者看来，当前我们虽然要强调人道、宽容、怜悯、仁慈，要强调对社区矫正人员人权的保障，但不能盲目追随国外的做法人云亦云。例如，美国有"梅根法案"，执法部门必须向社区公布性犯罪人的具体信息，以"保护社区安宁"。这样的法案我们绝不能学习，这样做的直接结果就等于将服刑人员从和谐社会大家庭中彻底抛弃。

总之，社区矫正相对于监狱行刑来说，有其自身独特的优势，然而这优势不能过分夸大，不能单纯地将再犯率作为考察社区矫正效果的唯一指标。即使社区矫正对于降低累犯率并无实际效果，社区矫正体现出来的人道以及对同类的"不抛弃、不放弃"，也具有凝聚社区道德共同体意识的重要价值。社区矫正本身也面临某些批评，这些批评客观存在，只有时刻以此为警醒，尽可能发挥中国社区所具有的独特优势和中国司法制度的综合执法优势、减少社区矫正工作出现的负面效果，社区矫正才具有生命力。

第三章 社区矫正的模式

CHAPTER3

所谓模式，就是指事物的标准样式，具有一般性、简单性、重复性、结构性、稳定性、可操作性等特征。社区矫正制度是逐渐形成、发展而来的刑罚执行方式之一，制度设计者最初并没有统一构建的模式，国内国外均如此。社区矫正的模式，往往是通过丰富的实践逐渐形成并稳定，通过各种不同模式的比较，有利于逐渐完善社区矫正制度，推进行刑理念的科学化、人道化。

一、国外社区矫正模式

国外社区矫正内容丰富，各种矫正方案层出不穷。有的学者将其概括为公众保护模式（以美国、加拿大、澳大利亚为代表）、刑罚模式（以英国为代表）、更生保护模式（以日本为代表）。〔1〕这种概括有一定道理，但也存在可商榷之处，例如将英国社区矫正概括为刑罚模式，其理由是“社区矫正已融入其刑罚体系中，完全把社区矫正作为一个刑种予以广泛适用，而并不特别强调执行社区矫正要有回归社会的目的或者是对出狱人的特别保护”，这并不符合英国社区矫正的实际情况，英国社区矫正仍然强调矫正目的。例如，英国内政部网站对缓刑（proba-

〔1〕李明：“国外主要社区矫正模式考察及其借鉴”，载《中国司法》2008年第1期。

tion，此处的缓刑与社区矫正相似，其包含社区判决与假释）进行了介绍："当你处于缓刑期，你可能不得不从事公益劳动，完成教育或者培训课程，接受毒品或酒精成瘾的治疗，与监管者的规律的会见。"〔1〕显然，笔者对照上述四项缓刑犯应当遵守的义务，英国并非不强调矫正目的。笔者认为，社区矫正的模式可以从不同角度予以概括总结。从社区矫正目的来看，可以分为公众保护模式、更生保护模式、双向保护模式。

（一）公众保护模式

公众保护模式的特点在于：强调对社会公众的保护，因而倾向于强调对社区矫正人员的监管以控制其人身危险性，发展中间制裁。公众保护模式主要是对过度矫正主义的纠偏，其目的在于强调矫正的同时，也兼顾公众的惩罚需求。因此，公众保护模式也可以称之为惩罚模式，主要代表是美国。

在20世纪70年代之前，美国经历了社区矫正的高速发展时期。这一时期的社区矫正，是以矫正主义犯罪观为主要指导思想。资本主义发展到19世纪末，主要资本主义国家都进入帝国主义时代。丰富的物质文明被创造出来，实证主义占据社会科学研究的主导地位。自19世纪末到第二次世界大战期间，发展于英国和其他西方国家的科学实证主义犯罪学理论主要采用了医学心理学的方法进行研究。它关注的是犯罪人或违法者个体，并与戴维·加兰所称之为"刑罚—福利"模式的行为矫正主义观念紧密联系。这一理论假设了一种核心角色的存在，它表现为经过国家授权的对社会生活领域的干预不断扩大的力量，它一方面是强有力的，另一方面却表现出仁慈的家长式角色。在这一理论背景下，"医学—福利"型专业化犯罪预防机构不断增

〔1〕 参见 https://www.gov.uk/guide-to-probation，访问日期：2017年12月13日。

长，并逐渐发展出包括正常化机制、行为矫正机制与犯罪人隔离机制在内的犯罪人分类预防系统。[1]相应地，在社区矫正中，矫治模式代替了早期的唤醒个人良知式的宗教感化模式。正如加兰所述，当犯罪学的支持公共的观点和基督教新派的善恶观的基本原则遭到反对，科学和宗教的重估，就像一场代表犯罪学项目要求的改革运动，控制了 20 世纪上半叶的社区监管的理论与实践。[2]矫正成为一种专业技术，国家在雄厚的财富的支撑下，在日益专业化的矫正技术的协助下，发展出复杂多样的矫正模式。矫正模式关注犯罪发生的原因，并基于对原因的分析提出个别化的罪犯处遇机制。在这一指导思想的全力支持下，社区矫正获得了高速的发展，各种社区监管的新方式不断涌现。

到了 20 世纪 70 年代，盛行于英美的矫正模式破产，公众和学者对矫正的效果持强烈的怀疑态度，矫正无效一时成为普遍接受的观点。在对美国 231 项犯罪矫治计划进行考察以后，马丁森在 1974 年发表了著名的“矫治无效”的论断，这直接导致矫正模式面临最为激烈的批判。随之而来的是刑罚平民主义的兴盛，建立在“唯惩罚论”基础上的“刑罚主义”和“新古典主义”取代矫正主义成为主导刑罚执行活动的核心指导思想，一个旨在重建法制体系和社会秩序的新保守主义政治观占据了理论的前沿。[3]到 20 世纪 70 年代，美国的尼克松开始“向犯罪宣战”，这一计划甚至取代了“向贫穷宣战”的政策；在英国保守党和新工党政府都选择了强硬的刑事政策。公众认为，既

---

〔1〕 参见［英］戈登·休斯：《解读犯罪预防——社会控制、风险与后现代》，刘晓梅、刘志松译，中国人民公安大学出版社 2009 年版，第 52~54 页。

〔2〕 参见［英］皮特·雷诺、莫里斯·范斯顿：《解读社区刑罚——缓刑、政策和社会变化》，刘强、王贵芳译，中国人民公安大学出版社 2009 年版，第 49 页。

〔3〕 参见［英］戈登·休斯：《解读犯罪预防——社会控制、风险与后现代》，刘晓梅、刘志松译，中国人民公安大学出版社 2009 年版，第 59 页。

然监狱无法取得矫正的效果，那么监狱就不需要矫正计划而仅仅是将罪犯与社会隔离以剥夺其再犯能力；既然社区矫正难以取得降低累犯率的效果，那么社区矫正的首要目标将不再是矫正与重返社会，而是确保社会公众的安全。在这样的宏观大背景下，社区矫正进入调整期。一些学者坚称，传统的报应式刑事司法逐渐将被精算司法所取代。精算司法指的是对犯罪机会和风险分布的管理而非对个别犯罪人和行为的管理，一些学者将此描述为以减灾战略如零容忍、目标加固、监视、选择性行为能力剥夺和排斥等为特点的“犯罪控制的保险概念”。〔1〕精算式司法认为，新刑罚学较少关注个体犯罪人的责任、过错、道德感、诊断、干预或处理，而是关注被认为是危险群体的识别、分类和管理，其任务是管理性的，而不是改造性的，它寻求的是对越轨行为的管控水平，而不是对个体违法者或社会异常的干预或回应。〔2〕在这样的思想背景下，社区矫正的挑战被认为是精算式司法占据主流地位的一种现实表现。

公众保护模式的主要特点，是强化社区监督，发展中间制裁。在英国，1977 年发展出社区服务令，并得到前所未有的重视，2000 年《英国刑事司法法》将社区服务令修改为社区惩罚令，更强调其惩罚性的一面。英国创设了日报告中心制度，这一制度要求社区矫正人员经常性，甚至每日都必须向社区矫正中心报到，以确保对其行踪的完全掌控。在美国，发展出所谓“中间制裁”，包括强化监督的缓刑、震惊式监禁、电子监控、家庭监禁、社区矫正中心居住等一系列强化监督的社区矫正形

---

〔1〕 参见［英］海泽尔·肯绍尔：《解读刑事司法中的风险》，李明琪等译，中国人民公安大学出版社 2009 年版，第 1 页。

〔2〕 参见［英］海泽尔·肯绍尔：《解读刑事司法中的风险》，李明琪等译，中国人民公安大学出版社 2009 年版，第 31 页。

式出台。在美国，甚至出台了极具争议性的“梅根法案”。1994年，一名7岁的美国小女孩梅根·坎卡被住在她家附近的一名性犯罪分子绑架并奸杀。梅根失踪89天后，新泽西州长签署了美国第一个“梅根法案”，强制居住在新泽西州内刑满释放的性罪犯向州警察登记。对于那些对公众危害不大的罪犯，执法机关将通知学校和各社区组织；而对于那些危害较大的罪犯，执法机关不但要通知学校和社区组织，还要通知街道居民。另外，州政府将建立统一的资料库，将这些罪犯的姓名和住址等资料公之于众，民众可随时通过电话和互联网查询。1996年5月17日，当时的总统克林顿签署了“梅根法案”。法案规定：将正式建档的性犯罪案件资料放到网上以供读取；且此等罪犯被释放后必给予以备案存档。迄今为止，美国50个州已拥有自己的“梅根法案”，似乎已经形成天罗地网。[1]刑满释放的性罪犯只有离开美国才能逃避登记和自己的资料被公之于众的命运。不过，各州的“梅根法案”规定不尽相同，有宽有严。在路易斯安纳州，公众可以随便查询性罪犯搬家的资料，甚至有私人公司通过电子邮件随时向用户提供性罪犯的最新住址，以警告用户最近有刑满释放的性罪犯搬到当地居住。在华盛顿州，如果一名刑满释放的性罪犯乔迁新居，警察则会挨家挨户打电话通知邻居罪犯的姓名和住址。最严格的当属俄勒冈州，搬到俄勒冈州居住的刑满释放的性罪犯必须在家里窗户上张贴醒目的记号，以警告邻居自己的身份。[2]“梅根法案”是美国刑事政策转向公众保护与隔离政策的重要标志，尽管这个法案直接导致

---

〔1〕 例如，加利福尼亚州专门有一个“梅根法案”网站，公布性犯罪人的相关资料，载 http://www.meganslaw.ca.gov/index.aspx? lang = ENGLISH，访问日期：2017年10月15日。

〔2〕 载 http://baikc.baidu.com/view/2471845.htm，访问日期：2017年10月15日。

性犯罪人被社会彻底抛弃，但仍然受到刑罚平民主义者的强烈支持。在社区矫正发展的高速期，社区矫正奉行矫正模式，即将其注意力集中于通过各种方案、发展各种项目矫正社区矫正人员，使其重返社会；而转处模式则是指社区矫正的目的不再着眼于矫正，而是作为监禁刑的替代措施。社会大众既厌恶监禁刑的弊端，又怀疑社区矫正的效果。当然的结果是社区矫正如缓刑等制度仍然被使用，但其目的已不再以人道主义作为其指导思想。英国之所以将社区处遇称之为社区惩罚，其核心含义在于试图发展出社区判决自身的惩罚性，并以罪刑均衡的原则来判断监禁刑与社区刑罚之间的分配，将最为严重和危险性最大的罪犯留在监狱，而将一般的罪犯用社区刑罚来处理。〔1〕这也正是精算式司法风险管理模式的代表性体现。

对公众保护模式需要有正确的认识。公众保护模式似乎强调中间制裁，但这更多仅仅是关注重心的一个变化趋势，并未成为主流。例如，尽管出现了所谓的中间制裁，但根据1997年的统计，87.8%的人仍然给予的是一般的监督，12.2%的人给予了中间制裁。〔2〕但是，1997年的缓刑犯就有3 261 888人。〔3〕从这个比例可以看出，美国有250万左右的缓刑犯处于几乎没有监管的地位。我们再看更新的数据：〔4〕

---

〔1〕 参见［英］皮特·雷诺、莫里斯·范斯顿：《解读社区刑罚——缓刑、政策和社会变化》，刘强、王贵芳译，中国人民公安大学出版社2009年版，第71~72页。

〔2〕 刘强编著：《美国社区矫正的理论与实务》，中国人民公安大学出版社2004年版，第127页。

〔3〕 参见 http://www.ojp.usdoj.gov/bjs/pub/press/papp97.pr，访问日期：2017年10月18日。

〔4〕 参见 https://www.bjs.gov/index.cfm? ty = kfdetail&iid = 494，访问日期：2017年10月18日。

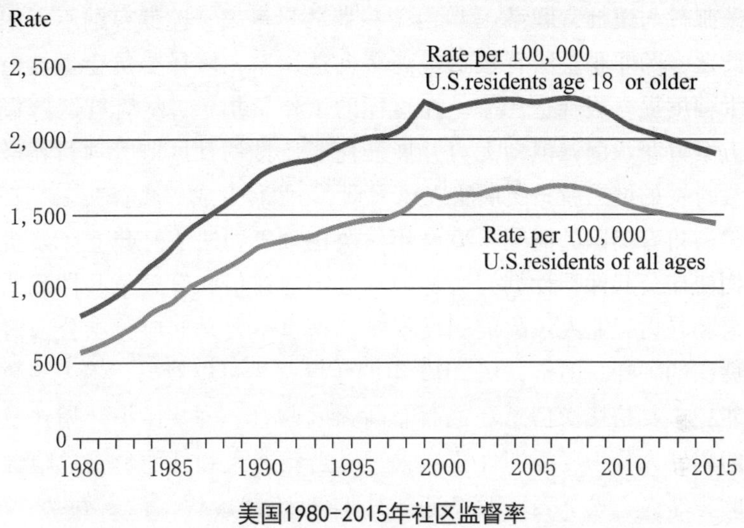

美国1980-2015年社区监督率

Source:Bureau of Justice Statistics,Annual Probation Survey,Annual Parole Survey;and U.S.Census Bureau,postcensal estimated resident population for January 1 of the following year,1981-2016.

从上图可以看出，美国社区监督的比率从 1980 年开始显著上升，到 2005 年前后达到巅峰，之后逐渐下降。实际上，我们以前经常批评中国的缓刑几乎等于“无刑”，但在美国的实际情况与此相差不大，绝大多数的缓刑犯仍然仅仅是接受形式上的监管。按照有关学者的研究，1 个社区矫正工作者管理的罪犯原则上不宜超过 35 人，但缓刑犯中轻罪犯的 76%和重罪犯的 67%以上的案件负荷超过了 100 人。[1]还有些学者列举的数字更为惊人，从全美范围来看，每名缓刑官平均负责监督的成年缓刑犯是 260 人，有些工作量甚至达到数百名。在洛杉矶，有 2/3 的缓刑官监督 1000 人以上的缓刑犯，而缓刑犯只需要每个月用电

〔1〕 参见刘强：《美国社区矫正演变史研究——以犯罪刑罚控制为视角》，法律出版社 2009 年版，第 131～132 页。

子邮件与缓刑官联系。[1]由于犯罪数量激增，监狱容纳不下如此之多的罪犯，法官被迫提高缓刑适用率，假释委员会也被迫大幅度提高假释适用率。在这样的工作负担下，尽管社区监督方案五花八门，但却无力开展任何实质性的社区监管项目。最为直接的结果就是缓刑变成“无刑”，假释变成“真释”。

再看英国的情况。2000 年《英国刑事司法法》建立了多机构协作公共保护计划，这是一套法定的评估和管理某些性犯罪人和暴力犯罪人风险的制度安排。这也主要是回应英国公众对惩罚的呼吁。但是，从 2012 年的年度报告可以看出，绝大多数罪犯主要是接受信息登记而非高强度监管。公共保护计划涉及的犯罪人分为三类即性犯罪人、暴力犯罪人和其他具有危险性的犯罪人，见下表（2013 年 3 月 31 日统计）：[2]

监管等级	注册性犯罪者	暴力犯罪者	其他危险犯罪者	合计
一级	42 685	15 332	0	58 017
二级	914	763	354	2031
三级	65	45	35	145
合计	43 664	16 140	389	60 193

可见，强化社区监督，主要针对的是一小部分人身危险性较大但监狱又无法容纳的罪犯。强化的社区监督，原本就是应

〔1〕 参见［美］罗纳德·J. 博格等：《犯罪学导论——犯罪、司法与社会》（第 2 版），刘仁文等译，清华大学出版社 2009 年版，第 586 页。

〔2〕 参见 Ministry of Justice Statistics Bulletin：Multi-Agency Public Protection Arrangements Annual Report 2012/13，p. 8，https://www.gov.uk/government/uploads/system/uploads/attachment_ data/file/253983/mappa-annual-report-2012-13.pdf，访问日期：2017 年 12 月 13 日。

当关押在监狱中的罪犯，但监狱容量不足或者刑罚到期无法继续关押。所以，社区矫正的公众保护模式虽然带来了社区矫正一定程度的变化，但从总体而言，只占较低比例。

（二）更生保护模式

更生保护模式的特点在于：强调对社区矫正人员的矫正、保护，促使其回归社会。因此，与惩罚模式相对应，更生保护模式也可以称之为保护模式。更生保护模式的主要代表是日本，其主要精神要义体现在《更生保护法》中。2007年，在整合旧有法律的基础之上，日本出台了《更生保护法》。《更生保护法》第1条即明确规定，本法主要系针对犯罪者及非刑少年实施社会内处遇，预防其再犯罪或消除该非行，使该等保护观察者以社会善良的一员而自立、扶助其改善更生，同时在期望恩赦的适正运用之外，亦实行促进犯罪预防活动，依此而保护社会、增进个人及公共为目的。从立法目的来看，该法的主要目的即为强调被保护者的更生（回归社会）。尽管法律条文也宣示了保护社会，但这是通过对被保护者的更生保护以求降低再犯率来实现的。需要注意的是，日本的更生保护对象，既包括缓刑、假释等社区服刑人员，也包括出狱人。

《更生保护法》中的保护，既包括保护观察（赋予部分缓刑犯、假释犯特定义务），也包括更生紧急保护。从字面来看，保护观察这个概念的表述中，“保护”在前而“观察”在后；从内容来看，保护观察首先包含了对保护观察对象的指导监督，同时又包含了对保护观察对象的辅导援助，应当说“指导监督”与“辅导援助”并重。日本学者认为：“人们逐渐意识到仅仅依靠传统的刑罚不可能实现远离犯罪的愿望，社会应该勇敢地承担起责任，正视犯罪现象与犯罪人的存在，公民应该做的不是远离和排斥犯罪人，而是向犯罪人伸出援助之手，将他们容纳在这个社会中，给予应有的监督、教育和辅导，帮助其作为一个健全的社会人回归社会。”保护观察制度正是在这种意识下产生发展起来的。[1]可见，日本保护观察制度最初是从欧美国家引入，但自引入之初开始就一直坚持矫正主义的福利国家模式，且未受到20世纪70年代美国刑事政策转向的明显影响，矫正主义、福利主义一直占据日本行刑理念的中心位置。保护观察作为一种法律制度，其间的指导监督具有保安处分性质，而辅导援助则具有明显的福利性质。保护观察或更生保护被认为是社会福利诸领域中的一种形式，日本学者濑康子在论及社会福利时提到社会问题的类型，并把社会问题归纳为以下几个方面，即贫困人群、儿童、妇女、老年人、疾病、身体残疾、精神衰弱、少年越轨行为、战争被害、灾害。[2]

日本的更生保护模式对于平息我国关于社区矫正性质的争论具有借鉴意义，以刘强教授为代表的一部分学者，长期坚持社区矫正的唯一本质属性为社区刑罚执行，强调社区矫正的惩罚性，而对主张社区矫正具有社会工作属性、社会福利属性持明显的批判态度。这种主张实际上是美国新保守主义刑罚观的一种继受，并不符合我国社区矫正的实际，也未注意到社区矫正的本土文化特征。当然，还必须强调，日本社区矫正带有明显福利主义特征的更生保护模式，一方面受到日本传统儒家文化的影响，另一方面也是因为日本的犯罪率很低，受保护观察、更生紧急保护的对象总量并不大。例如，2002年日本全国处于保护观察状态的人数是69 601人，其中被假释者为15 854人；[3]而

---

〔1〕 苏明月：“日本保护观察制度研究”，中国政法大学2007年博士学位论文，第21页。

〔2〕 转引自苏明月：“日本保护观察制度研究”，中国政法大学2007年博士学位论文，第67页。

〔3〕 王珏、鲁兰：“日本更生保护制度”，载《中国司法》2007年第11期。

与此同时的美国，缓刑犯总数为 3 995 165 人、假释犯总人数为 753 141 人。[1]美国社区矫正的总规模是日本的 68 倍以上。由于日本整体犯罪率低，社区矫正规模也低，因此对于政府的财政负担并不大，民众对于犯罪尤其是轻微犯罪的容忍度也较高，这也是现实原因之一。

（三）双向保护模式

所谓双向保护模式，即既注重对社会公众的保护，又注重对社区矫正人员的保护。欧洲社区矫正多倾向于双向保护模式，北美洲的加拿大、大洋洲的澳大利亚、新西兰等国家也多倾向于这种双向保护模式。本来，较早期的欧洲是矫正主义的发源地，较为强调对人权的保障，福利国家的性质比较明显。但欧洲与美国呈现出较为明显的互动，20 世纪 70 年代美国刑罚观的转向对欧洲也产生了一定影响。不过，欧洲的犯罪率相对于美国较低，监禁压力不如美国大，因此尽管公众也有一定的惩罚需求，但对刑事政策的影响并不是特别大。在这种思想背景下，欧洲国家以及北美洲的加拿大、大洋洲的澳大利亚、新西兰等国家的社区矫正在原有矫正主义的基础上，适当兼顾公众的惩罚需求，呈现出明显的双向保护特征。

德国的社区矫正并没有统一的法律，而是零散地分布在刑法、刑事诉讼法中予以规定。从法律条文来看，似乎德国的社区矫正倾向于公众保护，因为规定了一定条件下的附加监督的缓刑（包括余刑缓刑即假释）。例如，《德国刑法典》第 56 条详细地规定了缓刑犯的各种义务（缓刑犯并非都必须附加监督、义务）：[2]

---

〔1〕 参见 Lauren E. Glaze BJS Statisician，“Probation and Parole in the United States，2002”，https://www.bjs.gov/content/pub/pdf/ppus02.pdf，August2003，NCJ201135.

〔2〕《德国刑法典》，徐久生、庄敬华译，中国法制出版社 2000 年版，第 60~62 页。

（1）义务。包括：①弥补犯罪行为造成的损害；②向公益机构支付一定的金额；③提供公益劳动；④向国库支付一定的金额。只有当受审判人不能弥补其对损害造成的补偿时，才能规定后面三种义务。同时，如果受审判人自愿以承担适当的工作来补偿其违法行为时，原则上法院也不规定上述义务。

（2）指示。为防止受审判人重新犯罪需要指示，法院可以指示其在缓刑考验期间应当遵守的事项，包括：①遵守关于居住、培训、工作或业余时间或者调整其经济关系的规定；②定期向法院或者其他机构报告；③不得与可能提供再犯机会或者诱惑其再犯的特定人或团体交往、受其雇佣、教导和留宿；④不得持有、携带或保管可能向受审判人提供再犯机会或诱使其再犯的特定物；⑤履行赡养义务。同时，还可指示被缓刑人接受治疗或者戒除瘾癖的治疗；收留于适当的教养院或者其他执行机构的，必须征得被缓刑人的同意。如果被缓刑人对其将来的生活方式能够作出适当的允诺，且可期望其遵守诺言的，法院原则上可不做指示。

（3）考验帮助。如被缓刑人接受帮助可预防犯罪的，法院应当将其置于考验帮助人的监督与指导之下。

从上述规定可以看出，德国缓刑制度区分了义务和指示，设定的义务就是一种类似刑事制裁的义务，以期对已经实施的违法行为实现补偿任务，避免违法行为没给行为人任何可感知的结果；〔1〕设定指示的目的仅在于，防止被缓刑人将来实施犯罪。〔2〕可见，德国社区矫正制度既重视给予社区服刑人员一定

〔1〕［德］汉斯·海因里希·耶塞克、托马斯·魏根特：《德国刑法教科书》，徐久生译，中国法制出版社2001年版，第1007页。

〔2〕［德］汉斯·海因里希·耶塞克、托马斯·魏根特：《德国刑法教科书》，徐久生译，中国法制出版社2001年版，第1009页。

的制裁，但同时其关注点又在于特殊预防。1977 年颁布的《自由刑和剥夺自由的矫正及保安处分法》，确立了德国刑罚执行的根本原则，这就是将优先考虑犯罪人的再社会化作为刑罚执行的目的，其次是保护公众免受进一步犯罪的侵害。〔1〕从社区矫正的具体执行来看，德国社区矫正也体现了双向保护的原则，一方面对被缓刑人的监督考验被置于重要位置，违反者可能被撤销缓刑；另一方面，服刑人员的再社会化始终是其主要目标，如黑森州的缓刑帮助者协会与法院、检察院、监狱、社会局、劳动局、健康局、移民局、医院、房屋出租单位、缓刑帮助促进会、债权基金会、青年局、学校、公共事业处等多个部门建立工作关系，形成多方面协调配合的缓刑帮助工作局面。〔2〕

法国是矫正主义色彩浓厚的国家，但与德国不同，法国自 20 世纪 80 年代以来，逐渐受到惩罚导向的刑事政策影响。选民政治的现实，要求政治家必须充分考量选民对于惩罚、安全、秩序的呼吁。因而矫正主义在一定程度上也遭受到惩罚主义的冲击。一系列法规的制定，充分体现了“信奉刑罚的威慑效力”。法国学者对此忧心忡忡，认为法国已经从“自由民主国家”转变为“专制自由国家”。〔3〕但笔者认为，法国刑事政策的转变虽然受到惩罚主义的冲击，但从总体上讲，更多是影响法国的刑事立法，在刑事执行过程中，矫正主义仍然占据中心地位。同时，法国学者所批评的惩罚色彩强烈的一些刑事立法，正体现了双向保护的思维。例如，法国缓刑犯不仅有需要遵守的义务、监督指示，同时也可以获得帮助。《法国刑法典》第二

〔1〕 姜爱东：“德国社区矫正概览”，载《中国司法》2005 年第 11 期。

〔2〕 姜爱东：“德国社区矫正概览”，载《中国司法》2005 年第 11 期。

〔3〕［法］雅克·博里康、朱琳编著：《法国当代刑事政策研究及借鉴》，中国人民公安大学出版社 2011 年版，第 272~323 页。

章第二节专门规定了“刑罚个人方式”，这个标题就代表着充分贯彻矫正主义的立场，这包含了半释放、刑罚的分期执行、普通缓刑、附考验期的缓刑、附完成公共利益劳动的缓刑、刑罚的免除与推迟宣告。〔1〕《法国刑法典》第132-43条规定：考验期内，被判刑人必须遵守第132-44条规定的监督措施并履行第132-45条规定其必须履行的特别义务；此外，被判刑人得享有旨在有利于其重返社会的救助性措施。第132-46条规定：救助性措施的目的在于对被判刑人重返社会的努力给予支持协助。此种措施，主要采取社会性帮助的形式，必要时，采取物质帮助的形式，由考验监督机构实施；相应场合，各公立或私立组织参与实施。可见，法国社区矫正的内容有三项：

（1）监督措施，这主要是指监督的手段。包括：①服从执行法官或指定的社会工作者的传唤；②接受社会工作者来访，并向社会工作者通报有助于对其生活状况及履行义务进行监督的情况或材料；③将其工作之改变通知社会工作者；④如改变其居所，或者打算外出15天以上，应通知社会工作者，在其返回时，也应通知社会工作者已返回；⑤前往国外，应事先得到执行法官的批准，如其改变工作或居所有碍于其履行义务，应事先得到执行法官的批准。上述监督措施，与我国刑法规定的监督内容基本相似。

（2）强制义务履行，这主要是指社区矫正的实体内容，包括：①从事一项职业活动，或者参加职业教育或者职业培训；②在特定地点安置居所；③接受医疗检查，采取治疗措施或护理措施，甚至接受住院治疗；④证明其承担了家庭抚养、扶养

〔1〕《法国新刑法典》，罗结珍译，中国法制出版社2003年版，第32~45页；相应的解读可参考［法］卡斯东·斯特法尼等：《法国刑法总论精义》，罗结珍译，中国政法大学出版社1998年版，第599~692页。

费用，或者按规定履行了作为债务人的扶养、抚养义务；⑤根据其承担义务的能力，赔偿全部或者部分因其犯罪造成的损害；⑥证明其按承担义务的能力向国库支付了因其被判刑应当支付的款项；⑦不驾驶按《交通法典》规定的驾驶执照种类确定的特定车辆；⑧不从事其在职业活动或进行职业活动时实施了犯罪的那种职业活动；⑨不在专门指定的任何地点出现；⑩不参与赌博，尤其是不参加赛马赌博；⑪不出入零售酒馆；⑫不与某些被判刑的人来往，尤其不同罪犯或共犯来往；⑬不同特定人员进行联系，尤其不与犯罪的受害人进行联系；⑭不持有或者携带武器；等等。但需要注意的是，并非所有缓刑犯都需要遵守上述义务，缓刑犯是否需要遵守上述义务，需要根据矫正的需要而有选择性地在法院的指示下确定遵守义务的范围。

（3）获得帮助保护。包括物质帮助与其他社会帮助。与美国相邻的加拿大，在社区矫正方面却与美国有很大不同，加拿大社区矫正是典型的双向保护模式。在20世纪70年代末期开始，美国刑事政策倾向于“严打”，惩罚导向的新保守主义刑罚观占据统治地位，“三振出局”法案开始流行。但加拿大在1982年颁布了《加拿大权利与自由宪章》，加快了法治与自由改革的步伐。在这一宪章指导下，加拿大刑事法律也进行了一系列改革。1992年，加拿大制定《矫正与有条件释放法》取代了1868年的《感化院法令》与1959年的《假释法令》。《矫正与有条件释放法》第3条明确，联邦矫正系统的目的是通过下列手段促进维持一个公正、和平和安全的社会：（a）通过安全和人道地监管和监督罪犯来执行法院作出的判决；（b）通过在监狱和社区提供矫正计划来帮助罪犯自新并作为守法公民回归社会。第4条对第3条规定的目的实现规定了一系列原则，尽管其第（a）条断然宣称“保护社会是矫正过程中的最高考虑”，但对此不能理解为是满足公众的惩罚需求。因为“通过积极鼓励和协助犯人成为守法公民，加拿大叫证据为保护社会而工作”，〔1〕所以这里的“保护社会”不是如美国刑事政策那般强力发展中间制裁以实现满足公众惩罚目的的需要，而是通过最近罪犯自新来降低累犯率从而最终保护社会，两者具有本质的差异。加拿大矫正当局认为：“保护公众安全的最佳方法就是让犯罪人安全地回归社会，最大限度地减低重新犯罪的可能性，使其成为守法公民。”〔2〕从《矫正与有条件释放法》第 4 条规定的 13 条原则来看，基本上都是以帮助、保护的内容为主；从该法的其余条文来看，加拿大社区矫正也高度重视罪犯的人身危险性评估与分类，这是避免社区矫正人员再次犯罪从而继续危害社会的公众保护措施。“对罪犯进行正确的分类从而控制社区服刑人员的人身危险性并施加不同程度的监督，是社区矫正的重要内容，按程度级别监督释放的犯人是保护社会免受犯人新罪侵害的最安全的策略。”〔3〕加拿大社区矫正当然也高度关注社区矫正人员的人身危险性，但并没有对新保守主义刑罚观倡导的惩罚策略予以盲从，而是根据人身危险性的程度给予妥当的矫正监督计划，而且这些监督的方式方法与美国的中间制裁的方式方法也存在较大差异。通过一系列监督程度不同的缓刑令、工作释放、暂时离监、白天假释、完全假释、法定假释、长期监督令，加拿大社区矫正较好地实现了双向保护的目的。

〔1〕［加拿大］杰夫·克里斯琴：“加拿大矫正和附条件释放概述”，载王珏、王平、杨诚主编：《中加社区矫正概览》，法律出版社 2008 年版，第 189 页。

〔2〕刘武俊：“加拿大社区矫正制度巡礼”，载《中国司法》2008 年第 9 期。

〔3〕［加拿大］拉里·莫蒂尤克：“犯人风险评估：关键作用”，载王珏、王平、杨诚主编：《中加社区矫正概览》，法律出版社 2008 年版，第 252 页。

二、我国社区矫正模式

我国从2002年开始在北京市、上海市试点社区矫正，2003年在全国部分省市试点社区矫正，2009年正式开展社区矫正，至今已有17年。在社区矫正试点工作以及社区矫正正式开展过程中，各地积累了不少地方经验，形成了地方特色，逐渐形成了不同的社区矫正模式。前期，学者主要对试点过程中的北京模式与上海模式进行了总结。[1]对社区矫正模式的概括，可以有不同的分类。同时，还必须注意到，模式之间的差别并不绝对，不宜夸大，但从总体上讲，仍然可以作出一定的概括与总结。

（一）根据社会力量的参与程度，可以分为政府主导型模式与多边治理型模式

1. 政府主导型模式

所谓政府主导型模式，是指政府主导社区矫正的全过程。尽管社区矫正长期强调发动社区资源，但由于中国非政府组织并不发达，社区资源基本上掌握在村委会、居委会手中，而村委会、居委会尽管依据《村民委员会组织法》《居民委员会组织法》的规定属于自治组织，但在实践中，村委会、居委会并未完全成为自治组织，由于大多数村委会、居委会财力有限，村委会、居委会的运行长期依靠政府财政拨款，因而村委会、居委会的参与可以称之为政府主导型。

政府主导型社区矫正模式的典型代表是北京市。有学者指出，强调社区矫正的监管力度和改造力度，以符合维护首都稳定的目的，成为北京社区矫正模式的基本理念和特征。[2]北京

〔1〕 但未丽："社区矫正的'北京模式'与'上海模式'比较分析"，载《中国人民公安大学学报（社会科学版）》2011年第4期。

〔2〕 张荆："北京社区矫正模式特色与问题点分析"，载《中国人民公安大学学报（社会科学版）》2013年第3期。

市社区矫正的性质为“非监禁刑罚执行活动”，强调“行刑”，注重社区矫正的惩罚性、强制性、专业性和严肃性。在这一理念支配下，北京市社区矫正队伍中的社会工作者并非一般意义上的社会工作者，而是司法局直接管理下的协管员队伍。

2005 年 2 月，北京市东城区成立了首家阳光社区矫正服务中心。“北京市东城区阳光社区矫正服务中心”成立后，“东城区社区矫正职业技能培训基地”“惠泽心理矫正工作室”也随之正式建立。该中心受东城区司法局的业务指导，以“政府出资，团体运作，面向社会招聘，购买专业服务，实行资源共享”为模式，面向东城区社区服刑人员开展回归社会辅导、心理矫正、教育培训、临时救助和项目研究与开发等工作。〔1〕从新闻媒体对首家“阳光社区矫正服务中心”的介绍来看，这是典型的政府购买法律服务的运行方式。继东城之后这一做法被推广到 11 个区县。但是，2006 年 9 月，北京市社区矫正工作领导小组办公室下发了《关于加强阳光社区矫正服务中心建设的通知》。按照该通知，社区矫正服务中心的“社会工作者”不再是政府购买的社会服务，而是政府主导下的“雇员”。因为“社工由街道统一管理，工资除去五险一金后大约 2000 元，由政府财政支出”。〔2〕此后“民间组织”参与社区矫正功能被弱化，社区矫正服务中心工作站逐渐成为司法行政机关的一部分。北京市的主要做法是依托社区公益性就业组织，从街道 40 至 50 岁失业 1 年以上的下岗职工中，通过笔试或面试，招聘具有一定文化程度和工作责任心，能胜任社区矫正工作岗位的人员担任协管员。

〔1〕 李京华：“北京首家民间社区矫正机构 21 日正式挂牌成立”，载《法制日报》2005 年 2 月 23 日。

〔2〕 廖明：“社区矫正中社会工作者参与的问题困难与对策建议——以京沪为主要考察对象”，载赵秉志主编：《刑法论丛》，法律出版社 2013 年版，第 445~446 页。

协管员上岗之前由行政司法机关对其进行2周左右的业务培训，培训合格后颁发《协管员聘书》。[1]有学者将北京市社区矫正服务中心也界定为政府购买服务，是对这种运行模式的误解。[2]之所以社区矫正社会工作者的工资收入比较低，是因为北京市将社会工作者界定为“40、50人员”的再就业项目，这些人较多从事信息填报等辅助工作，其工作实质并非是社区矫正社会工作。

北京市这种政府主导型的社区矫正模式，是中国大多数地区社区矫正的运营特质。以社区矫正社会工作者名义招聘的人员大多属于“协管员”的类型，与以往的“联防队员”“辅警”等没有本质区别。例如，地处新晋一线城市的成都市，经济较为发达，其也多采取聘用人员的方法从事社区矫正。“成都市司法局指出，应以个案补贴等形式提高聘用人员待遇，基本达到与政法专编人员相当的水平。”[3]

2005年1月20日“两高两部”联合颁发的《关于扩大社区矫正试点范围的通知》中明确提出：“社区矫正工作是将罪犯放在社区内，遵循社会管理规律，运用社会工作方法，整合社会资源和力量对罪犯进行教育改造，使其尽快融入社会，从而降低重新犯罪率，促进社会长期稳定与和谐发展的一种非监禁刑罚执行活动。”从权威文件来看，社区矫正要求整合社会资源和力量，但这种政府主导型社区矫正模式，似乎并不符合“整合

[1] 张荆：“北京社区矫正模式特色与问题点分析”，载《中国人民公安大学学报（社会科学版）》2013年第3期。

[2] 罗玲、范燕玲：“试论社区矫正社会工作的本土发展”，载《社会工作》2015年第5期。

[3] 成都市社区矫正执法工作实证研究课题组：“社区矫正执法工作中的经验、问题及对策研究——以成都市社区矫正工作为样本”，载《中国司法》2015年第9期。

社会资源”的要求，因为当政府包揽一切的时候，显然就仅仅利用了政府资源而没有过多挖掘社会资源。

2. 多边参与型模式

所谓多边参与型模式，是指在政府主导和指导下，一方面利用政府资源，另一方面利用政府购买法律服务的方式，充分整合社会资源，共同参与社区矫正。多边参与模式的典型代表是上海市，上海市在社区矫正试点之处，就充分注意整合社会资源、多机构协作、共同推进社区矫正。

在上海市，矫正社工是依托政府主导培育的社团组织——新航社区服务总站（以下简称“新航”）开展工作的，社工的聘用、培训、管理都由新航负责，只在业务上受司法行政部门指导，政府通过购买社团服务与新航发生联系。新航注册的社工基本上都是通过社会招聘组建的队伍。上海对矫正社工采取的是由社团组织管理的形式，即矫正社工的招聘、工资关系、培训、任用、考核、评估等所有管理内容都由社团组织负责。[1]这种政府购买法律服务的方式也在其他省市有一定运用。例如，2016 年 8 月，宁夏回族自治区司法厅、民政厅、财政厅、人力资源社会保障厅联合下发了《关于通过政府购买社会工作服务建立社区矫正社会工作者队伍的意见》（宁司发［2016］45 号），确定了政府购买社区矫正社会工作服务的基础原则、各部门职责及工作任务，明确了政府购买社区矫正社会工作服务的目的和内容。2015 年至 2017 年，银川市司法局投入 53 万元购买宁夏中科博爱心理咨询公司社区服刑人员心理矫正服务，对全市 1352 名社区服刑人员提供心理知识讲座，开展心理矫正服务 65

---

〔1〕 但未丽：“社区矫正的‘北京模式’与‘上海模式’比较分析”，载《中国人民公安大学学报（社会科学版）》2011 年第 4 期。

期，对不同犯罪类型社区服刑人员进行团体辅导。[1]

通过政府购买服务的方式来整合社会资源参与社区矫正，不仅符合社区矫正的本意，而且符合国家社会治理的新方针、新政策。民政部、财政部2012年就出台了《关于政府购买社会工作服务的指导意见》，该《意见》指出："政府购买社会工作服务，是政府利用财政资金，采取市场化、契约化方式，面向具有专业资质的社会组织和企事业单位购买社会工作服务的一项重要制度安排。建立健全政府购买社会工作服务制度，深入推进政府购买社会工作服务，是加强社会工作专业人才队伍建设、促进民办社会工作服务机构发展的内在要求；是创新公共财政投入方式、拓宽公共财政支持范围、提高公共财政投入效益的重要举措；是改进现代社会管理服务方式、丰富现代社会管理服务主体、完善现代社会管理服务体系的客观需要；对于加快政府职能转变、建设服务型政府、有效满足人民群众不断增长的个性化、多样化社会服务需求，具有十分重要的意义。"2014年，由司法部、中央综治办、教育部、民政部、财政部和人力资源社会保障部联合出台《关于组织社会力量参与社区矫正工作的意见》，其中提到，社会力量广泛参与是社区矫正工作的显著特征。"新形势下，进一步鼓励引导社会力量参与社区矫正，是完善我国非监禁刑罚执行制度，健全社区矫正制度的客观需要；是提高教育矫正质量，促进社区服刑人员更好地融入社会的客观需要；是创新特殊人群管理服务，充分发挥社会主义制度优越性，预防和减少重新犯罪，维护社会和谐稳定的客观需要。"

---

〔1〕"宁夏社区矫正社会工作者队伍建设迈出了新步伐"，载 http://www.nxsft.gov.cn/201706/1810.html，访问日期：2017年12月18日。

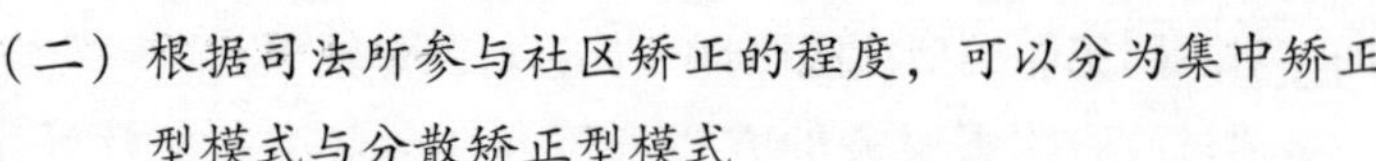

（二）根据司法所参与社区矫正的程度，可以分为集中矫正型模式与分散矫正型模式

司法所是否适宜承担社区矫正日常工作，学术界存在不同的争论，实务中也有不同的做法。根据司法所参与社区矫正的程度，社区矫正模式可以分为集中矫正型模式与分散矫正型模式。

1. 分散矫正型模式

所谓分散矫正型模式，是指由区县司法局派驻街道、乡镇司法所作为社区矫正的主要机构，由司法所承担社区矫正日常工作。由于社区矫正人员居住在不同的社区，司法所最贴近社区，而社区矫正的本质特征之一，就是发动和利用社区资源，遂由司法所承担社区矫正的日常工作或者主要工作，具有理论和现实的合理性。因此，在 2003 年“两高两部”联合颁布的《通知》中就指出：街道、乡镇司法所要具体承担社区矫正的日常管理工作。2012 年“两高两部”颁布的《社区矫正实施办法》第 3 条也规定：司法所承担社区矫正日常工作。2016 年国务院法制办发布的《社区矫正法（征求意见稿）》第 4 条规定：县级以上地方人民政府司法行政部门负责本行政区域的社区矫正工作。从上述三个文件来看，司法所负责社区矫正的职能逐步减少：从 2003 年《通知》的“社区矫正日常管理工作”到 2012 年《社区矫正实施办法》中的“社区矫正日常工作”再到 2016 年的《社区矫正法（征求意见稿）》未规定司法所的职能。这背后可能反映的是对司法所是否适合承担社区矫正工作的争论。在分散型矫正模式中，司法所是社区矫正的实际主体——司法所是司法局派驻乡镇、街道的机构，无独立法人资格，因而并无独立刑罚执行权。

分散矫正型模式的典型代表是北京市。北京市 2002 年开始试点社区矫正时，司法所就是社区矫正日常工作的主体。2003

年《北京市社区矫正工作实施细则（试行）》第5条规定，试点区（县）的街道（乡、镇）成立社区矫正工作领导小组，领导小组办公室设在司法所，具体负责各项日常工作。从前述文件第四章“社区矫正的执行”来看，司法所是社区矫正的工作主体。2012年《北京市社区矫正实施细则》第4条第1款规定：“区县司法局对社区矫正人员进行监督管理和教育帮助。司法所承担社区矫正日常工作。”可见，无论是试点前后，北京市社区矫正都坚持了司法所的工作主体地位。同时，北京市各区县都设立有阳光社区矫正服务中心，但社区矫正服务中心并不是工作主体，而主要从事辅助工作。而且社区矫正服务中心的社工，多归口于街道或者乡镇管理，为司法所社区矫正工作提供辅助。

2. 集中矫正型模式

所谓集中矫正型模式，是指并不由司法所承担社区矫正日常工作，而是由区县司法局承担社区矫正主要工作。集中矫正型模式的典型代表是上海市。在上海市2002年开始试点社区矫正时，并未明确地将司法所作为社区矫正的工作主体。2002年8月，上海市在普陀区曹杨街道、徐汇区斜土街道、闸北区宝山街道开始社区矫正试点，试点办公室设在司法局，但主要是以市监狱管理局为主推进的。这一时期的社区矫正执行机构，即具体承担矫正工作的并非司法所，而是“社区矫治工作小组”。中共上海市委政法委员会《关于开展社区矫治工作试点的意见》明确社区矫治工作小组是实施社区矫治工作的主体。但是，在2003年“两高两部”联合发布的《通知》出台后，上海市集中矫正型模式缺乏政策依据，从而返回司法所承担社区矫正日常工作的分散矫正型模式。

但是，由于学术界和实务界部分同志对分散矫正型模式持批判态度，认为司法所不适宜承担社区矫正职能，因此不少省市开始大规模建设社区矫正中心，将司法所承担社区矫正日常工作的职能部门剥离。例如，湖南省提出，两年内实现社区矫正中心全覆盖。社区矫正中心承担入矫与解矫宣告职能、电子监禁职能、集中教育职能、心理咨询职能、社会救助职能等。[1]按照2016年4月湖南省司法厅下发的《湖南省县（市、区）社区矫正中心运行管理办法（试行）》，社区矫正中心实行“六集中”工作模式，包括交付接收集中、入矫教育集中、重点人员管理集中、教育学习集中、心理咨询集中、信息监管（电子监控）集中。按照这种模式，实际上改变了《社区矫正实施办法》规定的“司法所承担社区矫正日常工作”的职能部署，从而由分散矫正型模式向集中矫正型模式过渡。湖南省社区矫正中心的运行模式并非个例，全国多数省市都在大力推进社区矫正中心的建设。

三、国外社区矫正模式的启示与我国现行社区矫正模式的评价

不同的社区矫正模式背后，潜藏着不同的刑罚观。因此，不能单纯地评价模式与模式之间的优劣，而必须考察背后的刑罚观是否妥当，是否符合我国当下的国情和当下的价值观。

（一）国外社区矫正模式的启示

前文将国外社区矫正的模式分为公众保护模式、更生保护模式与双向保护模式，是奠基于各国刑罚观的差异。

以美国为代表的公众保护模式，背后是20世纪70年代以来刑罚观的转向，是对过度矫正主义的纠偏。早在20世纪80年代，美国学者马尔科姆·M. 菲利（Malcolm M. Feeley）与乔纳

---

〔1〕 湖南省社区矫正管理局：“两年实现社区矫正中心全覆盖”，载《人民调解》2017年第4期。

森·西蒙（Jonathan Simon）就敏锐地考察了这种刑罚观的转向，分类管理与风险管理在一定程度上取代了传统的道德责任论。[1]这种新刑罚学以统计学为主要研究方法，不再重视个体的矫正，而是重视类别和亚群，以至于有学者将这种新刑罚学称之为风险管理司法和精算式司法。当然，这种新刑罚学与其说是一种新的理论建构，不如说是对美国实务刑事政策的一种观念总结。美国自20世纪70年代以来，监禁率和社区矫正率都呈现出总体上升的趋势，直到近几年才开始保持平稳，这大大超过了其实在的犯罪增长率。政治家为了回应民众的惩罚需求，越来越倾向于推动民粹主义的立法，大规模监禁策略和大规模社区矫正策略并行，以至于美国公民的服刑率极高。美国假释犯的累犯率相当高，1983年美国11个州中被释放的罪犯，近半数在3年内重新犯罪，1988年，48个州中的21个州，对成年犯罪人裁定了假释，但超过30%的被假释人都因重新犯罪或违反假释条例而被撤销假释的处遇；在其中8个州里，这一比率超过了50%（其中，加利福尼亚州中，这一比率高达78%，华盛顿州高达70%）。[2]

从1980年开始，美国监禁犯人逐年增多。1980年，美国罪犯总人数为1 842 100人，其中缓刑犯1 118 100人、假释犯220 400人、监禁犯503 600人；2008年，美国罪犯总数为5 093 400人，其中缓刑犯4 271 200人、假释犯826 100人、监禁犯2 310 300人；2015年，美国罪犯总数为6 741 400人，其中缓刑犯3 789 800

---

〔1〕［美］马尔科姆·M. 菲利、乔纳森·西蒙："新刑罚学：矫治策略的出现及其启示"，乔远译，载陈兴良主编：《刑事法评论》（第39卷），北京大学出版社2017年版。

〔2〕［美］马尔科姆·M. 菲利、乔纳森·西蒙："新刑罚学：矫治策略的出现及其启示"，乔远译，载陈兴良主编：《刑事法评论》（第39卷），北京大学出版社2017年版。

人、假释犯 870 500 人、监禁犯 217 3800 人。在规模庞大的数字之下，还有更多的细节。罪犯总数最多的是 2007 年，达 7 339 600 人；缓刑犯总数最多的是 2007 年 5 119 000 人；假释犯则逐年递增，2015 年达 870 500 人。[1]可见，美国的刑事政策，有微妙地提升假释适用率、降低缓刑适用率的趋势。如此之高的受刑率，令美国的刑事政策必然面临调整：监禁率过高，政府财政负担加重，提高监禁率必然不是办法；一般的缓刑、假释，由于再犯率高，民众的惩罚呼声强烈，政治家必须回应选民的政治诉求。因此，可行的办法必然是风险管控策略，即将罪犯按照人身危险性进行分类处理（而非分类矫正）：高度人身危险性的罪犯，关押在监狱；中高度人身危险性罪犯，中间制裁；中度人身危险性以下，普通缓刑、假释。同样受到美国新刑罚学的影响，惩罚主义延伸到了欧洲。但欧洲的犯罪率、监禁率与美国不能相提并论，因此尽管英国、法国等国家也在惩罚主义政策影响下出台了一系列法令，但这些法令的实际效果并不明显，更多是对民众惩罚诉求的一种象征性回应。

无论是公众保护模式、更生保护模式还是双向保护模式，国外社区矫正模式的一个共同特征是公众参与的多边协作治理模式。规模庞大的非政府组织、宗教团体、慈善机构深度介入社区矫正，为社区矫正人员提供各种社会支持。国（境）外社区矫正机制还有一个明显特征，就是官方的社区矫正执行机构与非政府组织密切配合。社区矫正的本意，就是让犯罪人在社区服刑，不仅不割断犯罪人与社区之间的联系，反而还要想方设法加强犯罪人与社区之间的联系。因此，社区矫正必然就要求充分利用社区资源。譬如加拿大的救世军、约翰·霍华德协

---

〔1〕 See Bureau of Justice Statistics, “Key Statistic: Total Correctional Population”, https://www.bjs.gov/index.cfm? ty=kfdetail&iid=487，访问日期：2017 年 12 月 19 日。

会、伊丽莎白·弗莱伊协会、圣·伦纳德协会、第七步骤协会等组织，日本的改造保护法人、改造保护妇女会、BBS 协会、帮助雇佣业主会等组织，荷兰的救世军、国家缓刑机构等都是社区矫正的生力军。一般来说，社区矫正执行机构负责监督、执法，非政府组织负责帮助、保护、教育、救治、训练等服务性项目。但是，这种界限正在被打破：社区矫正执行机构本身的人力资源有限，不足以完全单独实施社区矫正的全部内容，许多项目都需要外包给非政府组织，非政府组织在提供服务、组织项目实施的过程中，就需要对矫正对象的项目完成情况进行监督，并有义务随时报告给矫正官员。

（二）对我国社区矫正模式三个关键问题的讨论

学术界对我国社区矫正模式的一些关键点存在共识。例如，学术界都主张应当组织和发动社区资源参与社区矫正，主张发挥社会工作者的重要作用。但是，社区矫正模式有几个关键问题，长期存在争论，学术界和实务界看法不尽一致，笔者在此重点予以讨论。

1. 强调惩罚还是强调保护

如前文所述，国外社区矫正模式可以概括为公众保护模式、更生保护模式和双向保护模式。在我国，体现为强调惩罚还是强调保护的争论。

由于学术界对社区矫正本质的认识存在重大分歧，因此社区矫正的重心是强调惩罚还是强调保护存在较大争论。当前，社区矫正的本质不仅在实务界的认识比较混乱，学术界的争议也比较大。一些学者主张社区矫正是非刑罚执行或者保安处分；[1] 还有一些学者主张社区矫正具有多重属性，既是矫正活动，也

---

〔1〕 程应需："社区矫正的概念及其性质新论"，载《郑州大学学报（哲学社会科学版）》2006 年第 4 期。

是社会工作；[1]但另一些学者对此表示反对，认为社区矫正的唯一属性就是刑罚执行。[2]第一种观点学术界支持的人不多，主要是后两种观点的纷争，争议的核心，实质上就是社区矫正是否需要强调惩罚性，如有学者提出，目前社区矫正的突出问题是普遍重视教育矫治和帮扶救济，而忽视惩罚性。[3]笔者认为，社区矫正是刑罚执行活动，必然带有一定的惩罚性，但不宜强调惩罚性，而应更强调社会工作属性。本来，由于传统报应观念的影响，即便是目前并未突出强调惩罚性的社区矫正实践都为社区矫正人员带来了较强的“污名化”效应，从而阻碍其重建社区联系。如果还要在此基础上更加强调惩罚性，强调其罪犯身份，这无疑将导致本已严重的标签更加严重，如何重建社区联系？强调惩罚性的学者，可能受到英美20世纪70年代以来新保守主义刑罚观的影响，然而新保守主义刑罚观只是对以往“矫正至上”论或极端刑罚福利主义的矫枉，并非否定矫正本质，美国负责社区矫正的仍然是社区矫正局（correction）而非惩罚局。旗帜鲜明地强调社区矫正的社会工作属性，有助于社区矫正工作者引导社区舆论，组织和开发社区资源，尽量减少污名化效应给社区矫正人员带来的社区联系阻隔。实际上，强调惩罚的观点不仅在学术界难以得到认同，而且不符合中国新时代社会治理中国家立法机关或司法机关对社区矫正的定位。

2003年“两高两部”的《通知》指出，开展社区矫正试点工作具有重要意义：“一是有利于探索建设中国特色的社会主义

---

〔1〕 何显兵、王平：“社区矫正概念的反思与重构”，《犯罪与改造研究》2010年第2期。

〔2〕 刘强：“论社区矫正的社区刑罚执行性质”，载《社会科学战线》2015年第8期。

〔3〕 武玉红：“社区矫正的惩罚性不容忽视”，载《探索与争鸣》2009年第7期。

刑罚制度，积极推进社会主义民主法制建设，充分体现我国社会主义制度的优越性和人类文明进步的要求，为建设社会主义政治文明、全面建设小康社会服务。二是有利于对那些不需要、不适宜监禁或者继续监禁的罪犯有针对性地实施社会化的矫正，充分利用社会各方力量，提高教育改造质量，最大限度地化消极因素为积极因素，维护社会稳定。三是有利于合理配置行刑资源，使监禁矫正与社区矫正两种行刑方式相辅相成，增强刑罚效能，降低行刑成本。”从《通知》可以看出，决策层对社区矫正对象的定位是“不适宜监禁或者继续监禁的罪犯”，既然是“不适宜监禁或者继续监禁”，强调社区矫正的惩罚性意义不大；其次，开展社区矫正“充分体现我国社会主义制度的优越性和人类文明进步的要求，为建设社会主义政治文明、全面建设小康社会服务”，既然要体现“政治文明”、服务“小康社会”，社区矫正强调惩罚性也不合时宜。

国务院法制办 2016 年发布的《社区矫正法（征求意见稿）》第 1 条规定：“为了规范社区矫正工作，正确执行刑罚，帮助社区矫正人员顺利回归社会，预防和减少犯罪，制定本法。”从该条确定的立法目的来看，“帮助社区矫正人员顺利回归社会”是最终目的，并未刻意强调“惩罚犯罪”。第 2 条规定：“对被判处管制、宣告缓刑、假释或者暂予监外执行的罪犯（以下统称社区矫正人员）实行监督管理、教育帮扶的社区矫正活动，适用本法。”从该条确定的规范内容来看，社区矫正活动包含监督管理、教育帮扶两大类型的活动，不仅未刻意强调“惩罚犯罪”，而且明确将“教育帮扶”与“惩罚犯罪”相并列，进一步揭示了社区矫正的社会工作属性甚至是社会福利工作属性。第 3 条规定：“社区矫正工作坚持监督管理与教育帮扶相结合，专门机关与社会力量相结合，保障公众安全与维护社区矫正人员合法权益相结合的原则。”从该条确定的社区矫正基本原则来看，社区矫正的基本原则之一是“监督管理与教育帮扶相结合”，并非《监狱法》第1条规定的“惩罚和改造罪犯”。

笔者认为，社区矫正不能以惩罚为导向，不能过度强调惩罚性。那种以惩罚为导向的思维，是典型的美国新保守主义刑罚观的体现。我们从美国联邦司法统计局网站查询的大量数据，并大篇幅地分析了美国刑事政策的缺陷，这使得我们不会重蹈覆辙。并且，美国社区矫正实践也并非真正完全地贯彻惩罚导向，有鲜明的风险管理、分类管理、分级处遇的特征，真正受到高强度社区监督及中间制裁的社区矫正人员占比不超过接受矫正的总人数的20%。尽管出现了所谓的中间制裁，但根据1997年的统计，87.8%的人仍然给予的是一般的监督，12.2%的人给予了中间制裁。[1]但是，1997年的缓刑犯就有3 261 888人。[2]在这样庞大的假释犯罪数字下，美国社区矫正的实际效率如何也是值得怀疑的。据笔者了解，其社区矫正起到了显著效果的也主要突出在控制毒品犯罪方面，把轻微的毒品罪犯从监狱行刑转化到社区治疗机构进行矫正取得的效果较明显，在美国因毒品犯罪被判处缓刑的与被判处监禁刑的相比较，其再犯率下降得明显。

我国社区矫正目前最大的问题，是尚未建立真正的社区矫正分级处遇机制，不加区分地要求社区矫正人员集中接受教育，集中开展社区公益劳动，高频次地要求社区矫正人员报到。[3]

---

〔1〕 刘强编著：《美国社区矫正的理论与实务》，中国人民公安大学出版社2004年版，第127页。

〔2〕 参见 http://www.ojp.usdoj.gov/bjs/pub/press/papp97.pr，访问日期：2017年10月18日。

〔3〕 何显兵、廖斌：“论社区矫正分级处遇机制的完善”，载《法学杂志》2018年第5期。

事实上，无论是在美国、欧洲国家还是在日本，从未对社区矫正人员做如此的统一要求，缓刑从来都是附加监督的缓刑和不附加监督的缓刑两类。因此，我国目前社区矫正不是“惩罚性不足”及“监管不足”的问题，而是“监管过度”“干预过度”的问题。当然，不强调惩罚性，并不意味着社区矫正没有惩罚性。社区矫正本质上是社区刑罚执行，既然是刑罚执行，必然有一定的惩罚性。但如果因此过度强调惩罚，必然带来惩罚导向下的社区矫正措施的转变，从而忽略保护。笔者认为，社区矫正应当首先强调保护，同时兼顾公众安全——对人身危险性显著升高的社区矫正人员给予中间制裁直至收监执行。

2. 强调集中矫正还是分散矫正

强调集中矫正还是分散矫正这一争论的实质，是司法所是否适合承担社区矫正日常监管工作的争论。如前文所述，上海模式在2002年之初采取的是集中矫正而北京模式在2002年之初采取的是分散矫正，2003年“两高两部”的《通知》下发后，分散矫正成为主流模式。但学术界的争论并未平息，一些学者坚持认为，司法所不宜作为社区矫正的工作主体，司法所不具备承担社区矫正日常监管工作的现实条件和能力，进而主张采取垂直管理的社区矫正管理体制。[1]学术界的争论引起了实务界的反映，不少省市开始大规模兴建社区矫正中心，其实质就是将社区矫正活动部分从司法所剥离，而实施集中统一的矫正活动。

实事求是地讲，司法所开展社区矫正所需的人力、物力捉襟见肘。笔者在调研中发现，几乎大部分的司法所都存在工作经费短缺与编制不足的问题。笔者在四川省绵阳市游仙区进行调研，该区总共25个司法所，但实际配备有1名占用政法专项

〔1〕 刘强主编：《社区矫正制度研究》，法律出版社2008年版，第376~379页。

编制人员的司法所只有13个，共配备人员13人；其中12个司法所没有一名专职政法编制的工作人员。其他学者的调研也普遍印证了社区矫正面临经费短缺、编制不足的问题。即便是在最早实施社区矫正、经济发达的北京市，也存在这一问题。[1]经费短缺、人员不足，导致社区矫正工作很难落到实处，难以根治脱管漏管现象。社区矫正的对象是社区矫正人员，其工作性质具有较强的综合性与复杂性。社区矫正首先需要根据社区矫正人员的人身危险性确定分类，然后根据不同的类型及其个性心理特征确定矫正方案；同时，社区矫正既需要控制社区矫正人员的人身危险性，又要针对其犯罪心理结构予以个别化的矫正。因此，社区矫正需要综合运用法学、心理学、社会学、教育学等多学科知识手段，对社区矫正工作人员的综合素质要求较高。

长期以来，监狱行刑已经具有相对稳定的行刑模式，工作人员只要因循陈规，基本上就可以完成监狱矫正工作。但社区矫正属于新生事物，多数司法所的工作人员对此业务尚不熟练，容易在工作中出现偏差。实践中，由于司法所政法编制人数不足，多数地方采取聘用协管员的方式扩充矫正工作队伍，加剧了这一现象。

正是由于司法所的先天不足，不少学者对司法所承担社区矫正工作提出质疑。早在社区矫正试点阶段，刘强教授就以司法所不是国家刑事执法机关，司法所难以胜任社区矫正工作为理由来否定试点管理体制，认为由省垂直管理社区矫正工作；[2]但未丽副教授则认为司法所不能胜任社区矫正工作，建议在市

---

〔1〕 北京市司法局课题组："关于进一步完善社区矫正工作的思考"，载《中国司法》2015年第9期。

〔2〕 刘强："我国社区矫正试点中的管理体制弊大于利"，载《法学》2005年第9期。

县司法局设立社区矫正专门执行机构，并对部分地区市县司法局成立的社区矫正执法大队表示高度认可。[1]

上述观点虽然各有其合理的逻辑出发点，但却忽略了“社区矫正”的“社区”这一基本理念。乡镇、街道司法所贴近社区，容易吸纳社区资源，如果社区矫正垂直管理，社区矫正与社区完全屏蔽，与社区矫正的本质相去甚远；社区矫正执法大队的落脚点在市县，与社区距离也远，而且忽略了一个现实问题：难道让居住于农村的社区矫正人员跑几十公里甚至几百公里去县城接受社区矫正？这显然难以落实。司法所最大的优点，就是贴近社区。社区矫正的本质，就是通过开发、组织、利用社区资源参与矫正活动，而不是单纯的非监禁处遇。离开司法所，让市县司法局直接实施矫正，远离社区，那就脱离了社区矫正的本旨。同时，司法所已经逐渐形成了相对稳定的社区矫正工作机制。将社区矫正的职能移植到新的机构，又将存在较长的空白期，不利于已经相对成熟的社区矫正工作。

笔者认为，司法所作为承担社区矫正日常的机构，已经在长期的实践中证明了其相对合理性，不宜另起炉灶，将司法所从社区矫正工作中排除出去。因此，化解社区矫正主体困境，应当继续坚持司法所作为承担社区矫正日常工作的机构，同时也要清醒地认识到司法所的先天不足。

目前看来，现实的方案就是加强对司法所的投入，夯实司法所基础建设。具体说来：①中央政法专项编制社区矫正编制。社区矫正的本质是刑罚执行工作，必须专人专职从事社区矫正。按照国际惯例，可以按1:25的比例编列社区矫正编制，至少要确保每一个司法所有一个政法专编。②将社区矫正工作经费纳

---

〔1〕 但未丽：“当前中国社区矫正发展的困境及应对”，载《中国人民公安大学学报（社会科学版）》2015年第5期。

入财政预算，具体数额可以按照监狱服刑人员人头经费的1/4到1/3编列，确保每个社区矫正人员工作经费不低于1500元/年。③市县司法局成立社区矫正科（执法大队）专司执法工作，负责社区矫正的撤销、社区矫正人员的奖惩以及与公检法三机关的法律衔接。这样，既可以确保社区矫正的社区性，又可以保证执法工作的严肃性与统一性。

笔者主张分散型矫正而非集中型矫正。完全贯彻集中型矫正，将导致社区矫正异化为“非监禁矫正”而非“社区矫正”，远离所在社区的非监禁矫正谈不上社区矫正。吊诡之处在于：司法所建设不足，为什么不主张加强司法所建设，而是主张另起炉灶？组建集中矫正机构难道不需要人力物力的投入？当然，主张分散型矫正、坚持司法所的矫正工作主体地位，并非完全反对适当的集中，并非反对兴建社区矫正中心，而是应当准确定位社区矫正中心的功能。笔者认为，社区矫正日常监管应当由司法所承担，必需进行的集中教育、刑罚执行工作方统一实施。

3. 社会工作服务外包还是聘请社会工作者

社区矫正工作包含大量的社区社会工作，甚至主要是社会工作。因此，社区矫正必须有社会工作者参与。但是，社会工作者参与有两种形式：一种是北京聘请社工作为政府雇员的模式；另一种是上海社会工作服务外包的模式。到底哪一种模式更为妥当呢？

从中央部门的文件来看，似乎更倾向于政府购买服务的模式。民政部、财政部2012年出台的《关于政府购买社会工作服务的指导意见》指出：“政府购买社会工作服务，是政府利用财政资金，采取市场化、契约化方式，面向具有专业资质的社会组织和企事业单位购买社会工作服务的一项重要制度安排。”司法部、中央综治办、教育部、民政部、财政部和人力资源社会保障部2014年联合出台《关于组织社会力量参与社区矫正工作的意见》，其中第1条措施就是：“引导政府向社会力量购买社区矫正社会工作服务。司法行政部门、民政部门可根据职责分工，按照有利于转变政府职能、有利于降低服务成本、有利于提升服务质量和资金效益的原则，公开择优向社会力量购买社区矫正社会工作服务。”

各地做法不尽一致。有的省市倾向于政府购买服务，有的省市倾向于聘请社工作为政府雇员，还有的省市倾向于同时使用两种办法。对此，笔者持如下立场：如果作为社区矫正工作者的辅助人力资源，从事资料整理、文件收发、计算机信息系统管理等社区矫正监管辅助工作或者后勤文秘工作，适宜采取聘请协管员的方式；如果作为专业的社会工作者从事社区矫正社会工作，适宜采取服务外包的模式。目前，部分省市以社工的名义招聘的协管员，其实不完全是从事社会工作，更多是类似于辅警类型的社区矫正协管工作。为了强化社区矫正内部管控流程，此时采取统一政府管理的模式较为恰当。

但是，专业社工适宜采取政府购买服务的模式，理由在于：

（1）现行政府主导下的政社结合体制导致社会工作难以在社会治理中发挥出专业优势。在基层政社关系中，由于街（镇）政府的角色和职责，以及在引入社会工作体系后政府职能部门新的行政管理边界的界定及制度安排尚未完成，合作性政社关系的制度基础薄弱，导致政府基层组织和社会工作组织、社会工作者间的关系成为一种行政主导的管理与被管理、行政垄断与资金依附关系，社会工作者被“同化”为行政事务协管员，由此削弱了社会工作服务的独立性和专业性。[1]

---

〔1〕 费梅苹：“政府购买社会工作服务中的基层政社关系研究”，载《社会科学》2014年第6期。

（2）转变政府管理方式，变管理为多边协作治理。“在公共部门的创新方案中，建立伙伴关系”成为全球转变政府管理方式的一种主流趋势。[1]政府购买服务的前提是公共物品与服务“提供”和“生产”的相对分离，通过引入竞争机制，培育非政府组织提供公共社会服务。[2]

（3）保证社会工作服务的专业性。社会服务组织通过招投标方式成为政府公共服务的生产者，社会服务组织本身具有相对独立性或完全独立性，其按照社会服务本身的逻辑属性运转。社区矫正作为刑罚执行工作与社会工作的结合，服刑人员有复杂的社会需要、心理需要，社区矫正机构本身人手有限，也难以保证其自身知识结构能够全部满足矫正和社会工作需要。因此，通过专业的社会服务机构购买服务，能够尽可能地保证社会工作本身的专业性要求。类似于北京市“40、50模式”的工作者，很难称之为专业的社会工作者，最多是社区矫正协管员。即便是当下引入第三方机构参与社区矫正走在前列的上海市，也面临社工激励性不足、社团管理行政化、社会组织独立性不足的问题。[3]因此，当前的问题不是要不要推进政府购买社会工作服务的问题，而是如何真正改进政府购买机制、培育社会服务组织的问题。

---

〔1〕［美］F. S. 萨瓦斯：《民营化与公私部门的伙伴关系》，周志忍等译，中国人民大学出版社2002年版，第253~254页。

〔2〕林闽钢、周正：“政府购买社会服务：何以可能与何以可为?”，载《江苏社会科学》2014年第3期。

〔3〕孙辉：“上海社区矫正中的第三部门参与研究——基于公共物品供给的视角”，同济大学2006年博士学位论文，第159~182页。

第四章 CHAPTER 4 社区矫正制度的西部实践经验

一、四川省实施社区矫正制度效果情况

四川省社区矫正工作自2004年开始试点，到2005年扩大试点，2009年全面试行，2014年全面推进。2017年，四川省各地接收社区矫正人员28 601人（累计180 256人），解除矫正28 029人（累计143 683人），现在册36 573人，社区服刑人员矫正期间重新犯罪率一直处在0.2%的较低水平，取得了良好的法律效果和社会效果，受到司法部领导的肯定并在全国交流推广。〔1〕在全面推进依法治国的新时代，四川省各级司法行政机关始终坚持“稳中求进”的总基调，认真践行“治本安全观”，以贯彻落实全省社区矫正信息化暨社区矫正中心建设工作。以推进会议精神为契机，按照社区矫正“规范化建设提升年”活动部署，围绕“五化”目标，全面推进社区矫正工作深入发展。

（一）地方性规章制度建设〔2〕

2014年，四川省高级人民法院、省人民检察院、公安厅、司法厅（以下简称“法、检、公、司”）联合出台了《四川省社区矫正实施细则（试行）》，2015年11月对其进行了修订并正式印发《四川省社区矫正实施细则》，进一步细化明确了社区

〔1〕本章数据由四川省司法厅社区矫正工作处提供。

〔2〕“四川省社区矫正工作亮点（一）”，载http://news.sina.com.cn/sf/publicity/sfxz/2018-03-07/doc-ifxipenp2726806.shtml，访问日期：2018年3月7日。

矫正人员从接收到期满解除整个矫正过程的工作流程、内容、标准、要求、措施以及社区矫正职能部门的职责、任务，并对社区服刑人员判、交、送、接、管、帮、罚等环节衔接制度作出具体规定，从制度层面上确立了四川省社区的矫正工作模式。2014年7月，四川省法、检、公、司联合印发《关于依法快速办理轻微刑事案件的实施办法（试行）》。2015年1月，四川省法、检、公、司联合印发《关于落实轻微刑事案件快速办理机制　加强对本省管制、缓刑类罪犯社区矫正的若干规定》。2015年10月，四川省法、检、公、司、财政厅联合印发《关于全面推进社区矫正工作的实施意见》，对加强社区矫正的教育管理工作、加强社区矫正的组织机构建设、加强社区矫正的工作队伍建设、强化社区矫正的工作保障措施、推进社区矫正的场所设施建设、健全社区矫正的工作领导体制和工作机制作出了明确的要求和规定。2015年10月，四川省司法厅等9部门联合下发《关于组织社会力量参与社区矫正工作的实施意见》，对推进从事社区矫正社会工作的从业者队伍的职业化、专业化建设，扶持发展从事社区矫正社会工作的服务机构及加大社区矫正领域的政府购买服务力度，动员基层组织、企事业单位和社区群众参与社区矫正工作，解决社区服刑人员就业就学和社会救助、社会保险等问题作出了明确要求和相关规定，并要求“通过政府购买服务的方式，实现社区矫正社会工作者与社区矫正人员1:10的配备比例”。2015年11月，四川省财政厅、司法厅联合下发《关于进一步加强社区矫正经费保障工作的意见》，明确规定县（市、区）司法行政部门社区矫正经费（不含设备经费）按社区服刑人员人数每人每年不低于1400元的标准保障，省财政对贫困地区的县级司法行政部门社区矫正经费给予适当补助。2016年四川省财政厅、司法厅制定了《四川省省级社区矫正专项资金管理办法》，四川省司法厅还制定了《四川省县（市、区）社区矫正中心建设标准（试行）》。2017年四川省司法厅公布《四川省社区矫正刑罚执行权力清单》《四川省社区服刑人员义务清单》，发布了《关于进一步规范刑罚交付执行工作的意见》《关于全面推进社区矫正工作的实施意见》等。《四川省社区矫正刑罚执行权力清单》规定了市、县两级司法行政机关和司法所社区矫正刑罚执行权力共47项，并逐项明确了权力依据和运行程序。《四川省社区矫正刑罚执行权力清单》规定："涵盖从矫正接收到解除矫正的全过程，覆盖调查评估、交付接收、监管审批、考核奖惩、执行变更、解除矫正等重要执法环节，有力促进社区矫正执法公开，确保权力规范运行，不断提升执法公信力。"[1]2017年四川省司法厅联合高级人民法院、省人民检察院、公安厅、卫计委向省政府报送《关于指定暂予监外执行罪犯病情诊断、妊娠检查医院的请示》，联合高级人民法院、省人民检察院、公安厅、民政厅出台《关于进一步规范刑罚交付执行工作的意见》，联合公安厅下发《关于建立完善社区服刑人员信息交互共享机制的通知》，联合高级人民法院、省人民检察院、公安厅转发最高人民法院、最高人民检察院、公安部、司法部《关于对因犯罪在大陆受审的台湾居民依法适用缓刑实行社区矫正有关问题的意见》，确保社区矫正依法规范实施。四川省社区矫正地方管理制度的跟进，有力地促进社区矫正工作依法依规开展。

（二）社区矫正工作队伍建设情况

2015年1月四川省编办正式批复省司法厅设立社区矫正管理处，截至2016年全省在所有的市（州）、60%的县（市、区）

[1] 参见四川省司法厅社区矫正工作处"2017年四川省社区矫正工作总结"。

司法局单独设立社区矫正机构。其中德阳、宜宾、内江、眉山、雅安等市成立了社区矫正执法支队，有38个县（市、区）成立了社区矫正执法大队。社区矫正执法大队统一行使管理权、奖惩权、监督权、考察权等执法权，形成了集调查评估、入矫宣告、管理教育、心理咨询、帮困扶助等功能为一体，权责明确、协调统一的工作格局。社区矫正机构设置的思路是坚持重心下移，配齐配强一线执法力量，资阳、巴中、绵阳等地实行片区司法所管理，全省社区矫正执法人员全部部属政法专项编制。部分地市县建立了功能设置科学、设施配套、工作队伍健全稳定、管理运行规范有序的社区矫正中心，为社区矫正机构及从事社区矫正工作人员全面履行职能提供有效平台和载体。全省各市（州）、县（市、区）建设并使用社区矫正信息管理系统和电子定位监管平台，资阳、宜宾、乐山、眉山等地实现了市—县—乡三级联网，逐步实现社区矫正网上交接、网上定位、网上督查及网上办公。

以“政府购买服务”为抓手，进一步完善社会参与机制。各市县（区）司法局通过“政府购买服务”面向社会招募社区矫正社会工作者队伍并进行统一指导管理。截至2017年，“各地公开招聘社区矫正社会工作者4060余人，其中50余人取得社会工作者职业水平证书，已有106个县（市、区）实现社区矫正社会工作者与社区服刑人员1∶10的配备比例。部分城市司法局与当地高校合作共同组建社区矫正大学生志愿者工作站，全省社区矫正志愿者3.3万余人。”[1]逐步形成社区、社会组织、社工“三社联动”、融合发展的工作格局。培育孵化社会组织参与社区矫正工作，自贡、内江两市探索建立政府购买社区矫正

〔1〕 参见四川省司法厅社区矫正工作处“2017年四川省社区矫正工作总结”。

非执法类公共服务新机制，采用政府购买服务的方式，将社区矫正事务性工作打包交由社会机构办理，充分发挥基层群众性自治组织的作用，依托村（社区）设立社区矫正工作站，明确职责任务，落实工作力量，强化相关保障，发挥其情况熟悉、沟通便利等优势，协助社区矫正机构掌握日常信息、落实监管制度、开展教育帮扶等工作。鼓励企事业单位参与社区矫正工作，积极动员企事业单位通过捐赠、提供工作岗位、提供技能培训、提供专业服务等方式参与社区矫正工作，如内江师范学院心理协会和法律专业大学生志愿者协助开展社区服刑人员心理矫正工作。切实加强志愿者队伍建设，四川省司法厅与团省委、省委政法委关工委联合下发《关于动员组织“老政法”和青年志愿者队伍参与社区矫正工作的意见》，成都市招募“一村一人”作为村（社区）社区矫正协管员，自贡市建立以“五老”和大学生志愿者为主力的社区矫正志愿者队伍，宜宾市司法局与宜宾学院共同建立“社区矫正研究中心”，共同组建“宜宾市社区矫正大学生志愿者工作站”。

（三）社区矫正监管教育与帮扶具体做法与成效

(1) 以“治本安全观”为统领，监管、教育、帮扶同步落实。四川省各地司法行政机关认真完成了社区矫正调查评估案件，为人民法院正确裁定适用社区矫正提供了重要参考。各地社区矫正机关严格落实社区服刑人员报告、外出审批、居住地变更审批等监管制度。四川省高级人民法院、省人民检察院、公安厅、司法厅出台的《关于全面推进社区矫正工作的实施意见》规定要严格落实“‘一人一矫正小组’制度，依托区域网格化管理机制，推进‘4+X’矫正小组建设，‘4’为司法所专职人员、社区民警、专职社工和志愿者，‘X’为社区服刑人员家属或工作单位人员或社区工作人员”。[1]规范落实社区服刑人员报告制度，对社区服刑人员实行定期点验，部分区县开展指纹报到。落实社区评议制度，在社区选聘3至5名村（居）民代表，协助对社区服刑人员进行监管，并对其日常表现情况进行评议，定期反馈。实施电子监管，积极应用电子技术加强对社区服刑人员的监管，对重点人员、新入矫人员实行手机定位或佩戴电子腕带。“19个市（州）、178个县（市、区）司法局建成社区服刑人员定位系统，对2.6万名重点人员、新入矫人员实行电子手腕等定位监管，有效防止脱管。宜宾市监管指挥中心+公安天网视频信号，实现对社区服刑人员立体图像定位管理，成都市电子定位监管+视频点验系统，提高了社区矫正动态化管理水平。”[2]2017年“全省对26 086名重点人员实行手机定位或佩戴电子腕带，及时发现、提醒超越活动范围的社区服刑人员3843人次，有效防止脱管现象”。[3]

（2）加强教育矫正。大力开展心理矫正，各地建立社区矫正心理矫正服务中心或心理矫正室，配备心理危机干预系统，组建心理专家志愿者服务队，对社区服刑人员进行心理测查、心理咨询和心理危机干预。开展集中教育工作，充分利用社区矫正中心，开展对新接收人员的集中初始教育、重点人员的集中法制教育以及服刑人员的集中解矫教育工作，形成社区矫正初始—分类—解矫教育相互衔接的教育矫正工作新格局。开展社区服务公益劳动，丰富社区服务的形式和内容，形成司法所

〔1〕参见“我省五部门联合出台《意见》全面推进社区矫正工作”，载https://www.sohu.com/a/41299891_115679，2015年11月12日。

〔2〕“四川省社区矫正工作亮点二：监督管理智能化”，载http://news.sina.com.cn/sf/publicity/sfxz/2018-03-07/doc-ifxipenp2744479.shtml，访问日期：2018年3月7日。

〔3〕参见四川省司法厅社区矫正工作处“2017年四川省社区矫正工作总结”。

委托村（居）委会分散组织和区县司法局、司法所集中组织相结合的社区服务模式。成都、雅安等地认真做好社区服刑人员分类教育。遂宁、眉山等地立足公益需要组织社区服刑人员参加社区服务，宜宾、内江、乐山等地开展社区服刑人员心理矫治。

（3）开展社会适应性帮扶。各地认真贯彻落实《四川省社会救助实施办法》，协调有关部门，完善帮扶政策，帮助社区服刑人员解决就业就学、临时救助、最低生活保障等困难和问题，对就业困难的社区服刑人员，开展职业技能培训和就业指导，并动员发动、企事业单位及社会团体开展公益性帮扶，有力地促进了社区服刑人员顺利融入社会。

四川省从全面推进社区矫正工作以来，全省社区矫正工作发展较快，效果明显，在促进经济社会发展中发挥了重要作用。一是为维护社会和谐稳定作出了积极贡献。全面推进社区矫正，把那些不需要、不适宜监禁或者继续监禁的罪犯放在社区接受改造，使他们保持正常的家庭和社会关系，避免和减少了很多社会问题；同时，加强监管教育，有效减少了脱管漏管及重新违法犯罪，在重大事件、重要节点上没有发生影响社会稳定的重大事件。二是有效降低了刑罚执行成本。全面推进社区矫正，进一步扩大非监禁刑罚的适用，为国家减少了大量监禁罪犯所需的监狱场所、设备设施等经费，同时节省了监禁罪犯所需的监狱行政经费、监狱业务费和罪犯生活费用。三是改革完善了非监禁刑罚执行制度。社区矫正集监督管理、教育矫正与社会适应性帮扶为一体，丰富了我国非监禁刑罚执行的内容，建立完善了社区矫正和监狱工作相辅相成、互为补充的刑罚执行制度。

自党的十九大召开以来，四川省司法厅认真落实党的十九大精神和国家总体安全观要求，围绕新时代社区矫正工作的特点和规律，提出“五年三步走”的思路。即：“以习近平新时代中国特色社会主义思想为指引，深入贯彻习近平总书记关于社区矫正工作的重要指示精神，坚持以国家总体安全观为目标，以规范社区矫正执法为基础，以提升教育矫正质量为核心，以加强科技信息应用为支撑，以强化基础队伍建设为保障，推动社区矫正工作深入、持续、健康发展。发展规划既有短期安排，又有长期部署。”〔1〕四川省社区矫正未来五年的工作指导思想是：“坚持以安全为底线，改造为宗旨，为平安四川、法治四川建设提供坚强保障”；遵循基本原则是：“坚持问题导向，坚持创新发展，坚持统筹协调，改进社区矫正工作方法，提升社区矫正工作水平，形成社区矫正工作合力。”以实现标准化、精准化、社会化、智能化、专业化、规范化为目标，扎实推进新时代社区矫正工作创新与发展。通过创新教育管理机制、健全制度规范体系、强化社会力量参与、加大信息技术应用、加强机构队伍建设、提高基础保障能力，促进“六个”提升，具体制定了 28 项措施。〔2〕

四川省社区矫正工作的经验有六个方面：一是做好社区矫正工作，必须坚持党的领导，立足我国基本国情，探索建立完善中国特色社区矫正制度，不照抄照搬国外的制度模式和做法，坚持社区矫正工作正确方向，社区矫正工作紧紧围绕把社区服刑人员教育改造成守法公民这个中心任务，创造性开展社区矫正规范化建设。二是必须坚持从实际出发，与本地的经济社会

〔1〕“四川制定社区矫正‘五年三步走’发展规划”，载 http://www.moj.gov.cn/organization/content/2018-10/31/sqjzjsjxw_ 42088.html，访问日期：2018 年 10 月 31 日。

〔2〕“四川制定社区矫正‘五年三步走’发展规划”，载 http://www.moj.gov.cn/organization/content/2018-10/31/sqjzjsjxw_ 42088.html，访问日期：2018 年 10 月 31 日。

发展水平相适应，充分考虑社会对社区矫正工作的认同感，充分考虑本地社区建设、社会资源、工作力量的承受力。三是必须坚持依法推进，严格按照《刑法》《刑事诉讼法》的规定开展工作，严格遵守和执行法定条件和程序，充分体现刑罚执行的严肃性、统一性和权威性。四是创新社区矫正教育管理机制，促进教育矫正由“科学化”向“精准化”提升；健全社区矫正制度规范体系，促进刑罚执行由“制度化”向“标准化”提升；强化社区矫正社会参与功能，促进服务管理由“协作化”向“社会化”提升。五是必须坚持把教育改造社区服刑人员作为社区矫正工作的中心任务，切实做好社区服刑人员监管教育和帮困扶助，把社区服刑人员改造成守法公民，预防和减少重新犯罪；六是必须坚持统筹协调，充分发挥各部门的职能作用，广泛动员社会力量参与社区矫正工作，为社区服刑人员顺利回归社会创造条件；七是必须坚持改革创新，用创新的思维和改革的办法解决工作中的困难和问题。

二、贵州省实施社区矫正制度效果情况

贵州省是全国社区矫正工作第二批扩大试点省份之一，社区矫正试点工作于2005年在贵阳市南明区启动，而后于2010年9月在全省全面试行，直至2014年在全省全面推进。近年来，贵州省社区矫正工作着力加强社区服刑人员的教育管理，落实各项监管措施，努力争取各方支持，积极开展此项工作，全省社区服刑人员整体管控良好，矫正效果不断提高，适应帮扶取得明显成效，截至2018年5月，“全省累计接收社区服刑人员由试点阶段的282人增至现在100 430人，累计解除80 889人，现在册社区服刑人员19 541人，社区服刑人员再犯罪率低于全国0.2%的平均水平，社区矫正工作成为社会和谐稳定的重要

基石”。[1]贵州省按照“守住一条底线，落实三大任务，推进三项建设，建好三支队伍”[2]的工作部署，牢牢守住监管安全这条底线，紧紧围绕教育管理这一中心任务，全面落实社区矫正工作措施，做到最大限度增加和谐因素、最大限度减少不和谐因素，努力提升全省社区矫正教育管理工作水平。

（一）地方性规章制度建设

自2011年起，贵州省司法厅根据相关法律法规和制度，结合贵州省社区矫正工作实际，制定出台了《贵州省社区矫正衔接工作管理办法（试行）》（黔司通［2011］36号）；为了进一步规范司法行政机关和社区矫正执法人员依法、规范履行法定职责，2014年8月8日，贵州省委办公厅、省政府办公厅印发《关于进一步加强社区矫正工作的意见》，对全省全面推进社区矫正工作作出部署，从贯彻落实社区矫正相关法律法规，完善贵州省社区矫正工作制度，规范社区矫正执法环节，提高社区矫正执法水平；推进社区矫正机构队伍建设和社区矫正基层帮教组织及志愿者队伍建设；加强社区矫正工作信息化建设，推动建立完善社区矫正综合信息管理平台，提升现代化监管水平；宣传社区矫正工作在维护社会和谐稳定，完善刑罚执行制度等四个方面明确了贵州省当前和今后一段时期内社区矫正工作的总体要求、重点任务和政策措施，并结合工作实际和职责分工明确了完成相关任务的具体牵头单位和责任单位，为贵州省全面推进社区矫正工作提供了有力的政策保障；2014年6月贵州省司法厅制定了《贵州省社区矫正工作责任追究制度（试

〔1〕 王俊：“我省多措并举推进社区矫正工作成效明显”，载 http://www.ddcpc.cn/fz/201806/t20180625_139404.shtml，访问日期：2018年6月25日。

〔2〕 王俊：“我省多措并举推进社区矫正工作成效明显”，载 http://www.ddcpc.cn/fz/201806/t20180625_139404.shtml，访问日期：2018年6月25日。

行）》，该制度共16条，重点明确了社区矫正执法责任追究的基本原则、认定程序、追究范围、追究方式、责任承担主体以及应当从重、从轻或减轻责任承担的具体情形，强化了社区矫正执法人员的执法意识，细化了执法环节的注意事项，确保了公正、严格、文明执法。

为广泛吸纳社会力量参与社区矫正工作，贵州省司法厅积极探索建立政府购买社区矫正服务机制，与财政厅、综治办、民政厅、人力资源和社会保障厅、教育厅联合下发了《政府购买社区矫正服务实施方案》。"该《方案》明确了司法行政机关作为政府购买社区矫正服务的购买主体以及社会力量作为承接主体的基本条件，对购买服务的内容、程序、资金管理、绩效评价等作出具体规定，并对省直相关部门共同参与政府购买社区矫正服务的职责予以细化。"[1]对基层司法行政机关通过政府购买社区矫正服务的形式，解决社区矫正工作力量不足、场所设施不完善等问题提出了具体的指导意见，明确了司法行政机关购买社区矫正服务的内容、程序、资金管理、绩效评价等具体内容，为组织和吸纳社会力量参与到社区矫正中来创造了积极条件。

一些地市还制定了本行政区域的社区矫正规范性文件，如安顺市人大常委会制定了《关于进一步加强社区矫正工作的建议》（安人常［2013］17号）的意见，安顺市中级人民法院、市人民检察院、公安局、司法局据此结合本市社区矫正工作的实际情况，经共同研究，于2013年10月31日印发了《安顺市关于贯彻落实〈社区矫正实施办法〉的意见》，分别从居住地、调查评估、交付执行、监督管理、工作机制等五个方面进行了

〔1〕刘传德、吴国彬："贵州：社区矫正工作有特色"，载http://www.chinapeace.gov.cn/2016-03/02/content_11325204.htm，访问日期：2016年3月2日。

更为细致明确的规范。居住地方面主要对居住地概念、社区矫正人员请假外出务工、保证人等问题进行了明确；调查评估方面主要对委托调查评估、委托调查函、委托调查期限、送达方式、评估意见结论等问题进行了明确；交付执行方面主要对报到、有关法律文书、到庭交接等问题进行了明确；监督管理方面主要对人员分类、定期概念、法院有关工作、公安有关工作、司法行政有关工作等问题进行了明确；工作机制方面主要对联席会议制度、抄送、回访、信息交换、工作检查等方面进行了规定。

2018年10月贵州省司法厅制定了《贵州省社区矫正刑罚执行权力清单（试行）》《贵州省社区矫正工作机构责任清单（试行）》《贵州省社区服刑人员义务清单（试行）》，将国家法律法规和部委规章及贵州省有关社区矫正的管理办法中有关主体的权利（权力）与义务等相关内容开列了具体的清单，使得社区矫正中的主体在实践操作中的义务和责任得到进一步明确。《贵州省社区矫正刑罚执行权力清单（试行）》一是规定市级司法行政机关社区矫正刑罚执行权力：对社区服刑人员减刑建议的审核及提请，对中级人民法院裁判的缓刑、假释类社区服刑人员提出撤销缓刑、假释的建议，市辖区范围内居住地变更异议的指定；二是规定县级司法行政机关社区矫正刑罚执行权力：适用社区矫正前调查评估，外出请假审批，居住地变更审批，进入特定场所审批，会客审批，保外就医罪犯参加社会活动审批，表扬审批，记功审批，减刑建议，警告审批，治安管理处罚建议，提出撤销缓刑建议，提请撤销假释建议，提出对暂予监外执行罪犯的收监执行建议社区服刑人员出境报备；三是司法所社区矫正刑罚执行权力：适用社区矫正前调查评估，对社区服刑人员接受监督管理，参加教育学习和社区服务等情况进行考核，外出请假审批，居住地变更审核，禁止进入特定场所审核，会客审核，保外就医罪犯参加社会活动审核，提出表扬建议，提出记功建议，提出减刑建议，提出警告建议，提出治安管理处罚建议，提出撤销缓刑建议，提出收监执行建议。

《贵州省社区矫正工作机构责任清单（试行）》一是规定了省司法厅社区矫正工作责任事项：对全省社区矫正工作进行规划、指导及管理、进一步加强社区矫正工作、协调相关部门解决社区矫正工作重大问题和难点问题；二是规定了市级司法行政机关社区矫正工作责任事项：辖区内居住地变更异议指定，对社区服刑人员减刑建议审核及提请，对中级人民法院裁判的缓刑、假释类社区服刑人员提请撤销缓刑、假释建议；三是规定了县级司法行政机关社区矫正工作责任事项：适用社区矫正前调查评估，管制、缓刑、假释人员的接收，暂予监外执行人员的接收，脱管查找，建立执行档案，定位监管，社会适应性帮扶，外出请假审批，不批准出境报备，居住地变更申请审批，禁止进入特定场所审批，会客审批，审查保外就医复查情况、情况反馈，保外就医罪犯参加社会活动情况审批，未成年人社区矫正，表扬审批，记功审批，提出减刑建议，警告审批，提出治安管理处罚建议，提出撤销缓刑建议，提出撤销假释建议，提出对暂予监外执行社区服刑人员收监执行建议，收监执行，终止矫正，解除矫正，突发应急事件处置。四是规定了司法所社区矫正工作责任事项：适用社区矫正前调查评估，社区服刑人员接收，建立矫正小组，宣告执行，矫正方案的制定及调整，定位监管，建立工作档案，日常报告处理，保外就医人员报告的处理，组织教育学习，组织社区服务，开展心理教育、心理矫治，外出请假审批，居住地变更申请审核，禁止进入特定场所审批，会客审核，审查保外就医复查情况，保外就医罪犯参加社会活动情况审核，走访，社会适应性帮扶，检查与核查，实施分类管理，未成年人社区矫正，月度考核，建议表扬，建议记功，建议减刑，警告提请，建议治安管理处罚，建议撤销缓刑、假释，建议对暂予监外执行的罪犯收监执行，提请终止矫正，矫正期满鉴定，解除矫正宣告。

《贵州省社区服刑人员义务清单（试行）》，详细规定了社区矫正人员的义务，具体内容有：按时报到、接受入矫宣告、接受检查核查、接受电子定位监管、定期报告、定期复查病情和提交复查报告、参加教育学习、参加社区服务、接受心理矫正、遵守禁令、会客规定、申请变更居住地、外出请假、不得出境、作出矫正总结、接受解除社区矫正宣告等16项义务。

贵州省司法厅为了及时掌握社区矫正工作开展情况，加强社区矫正工作管理，在各基层县还建立了社区矫正工作定期分析和报告制度，主要内容有：一是司法所每月对辖区内矫正人员进行一次整理，上报在册社区矫正人员名单、每月增减数、犯罪类型构成、对象明细及奖惩情况等基本情况；重点对新来的矫正人员的基本情况以及重点对象的改造情况进行汇报，包括外出务工、就学、就医等矫正对象监管措施的落实情况；重点报告矫正对象在监管过程中出现的重大违规行为以及出现的重大、突发情况如情绪不稳，行踪不定等情况；二是县矫正工作办及时收集掌握情况，分析、确定矫正对象的监管类型，合理适用动态管理。

（二）社区矫正工作队伍建设情况

截至2015年1月，贵州省社区矫正机构基本建立，工作机制基本形成。全省99%的县（区）、乡镇（街道）成立了社区矫正工作委员会及办公室，82%的县级司法局设立了社区矫正工作机构。贵州省在推进社区矫正工作中，由于矫正工作人员的不足，社区矫正执法队伍主要由基层司法所政法专项编制工作人员组成，全省共有基层司法所1558个，基层司法所政法专编工作人员1642人，所均1.05人，除履行各项司法行政职能和围绕党委政府中心工作任务外，还履行社区矫正刑罚执行工作职责，每个司法所平均要负责监管13名社区服刑人员。2014年11月3日，黔东南州州委、州政府研究同意印发《黔东南州司法局主要职责内设机构和人员编制规定》（黔东南府办发[2015]67号）通知，批准在该州设立“社区矫正安置帮教工作管理局（社区矫正执法支队）”。继黔东南州司法局成立社区矫正安置帮教工作管理局（社区矫正执法支队）之后，贵州省部分县市相继成立了县市社区矫正安置帮教工作管理局（社区矫正执法大队）。

（三）社区矫正监管教育与帮扶具体做法与成效

（1）贵州省社区矫正监管工作采取“三坚持”。一是坚持调查程序客观真实。扎实开展社区矫正人员解矫后是否存在重新犯罪的可能性进行评估，确定风险等级，针对性地落实相应的防控措施，消除不稳定因素。为保证社区矫正调查评估的客观真实性和材料与实际的一致性，在调查评估程序上明确了对每一个将接受社区矫正的人员的调查评估至少由2个以上无利害关系的人员组成调查组共同开展，并严格遵守回避制度，禁止与被调查评估人有法定应当回避的利害关系人参加调查评估。二是坚持调查内容符合规范，调查事项完整。按照是否对所居住社区有无重大不良影响，是否可以实行有效监管等要求，对拟适用社区矫正罪犯所在的村（居）委会、居民小区、单位、家庭、亲属等进行广泛调查，以实现调查数据详实、主客观统一，反映情况真实、全面，做到调查评估结论公正。三是坚持居住地原则。对拟适用社区矫正的罪犯，严格审查核实罪犯居住地。符合居住地条件的，及时纳入社区矫正；不符合条件的，及时将情况反馈至法院和监狱，同时抄送检察机关进行监督。

（2）着力在“矫得好”上见成效。社区矫正机构在接收到矫正通知书后，必须进门入户到社区矫正人员家中走访，与该人员居住地的村（居）、组干部见面交流，进一步了解他们的现实思想、行为、家庭生活、犯罪原因、社会危害、影响程度、主要社会关系等情况，有针对性地制定矫正方案。统一规范社区矫正人员定期报到制度，认真落实社区服刑人员定期向司法所报告，定期提交其活动范围、思想情况、工作情况、家庭情况等思想汇报，及时掌握社区服刑人员在干什么、在想什么、工作生活情况如何等；社区矫正人员必须每月到司法所汇报一次近期思想动态，每月与社区矫正人员的监护人或其亲属朋友联系，询问了解他们的近期情况，随时掌握每名社区矫正人员的思想动态和生活动向，以便更有效地开展工作，有效预防和减少重新违法犯罪。

（3）做好“三项规范”着力实现“矫得好”。一是规范档案管理，二是规范社区矫正人员教育学习的形式、内容、时间。社区矫正机构“结合社区矫正工作实际，以集中教育、个别帮学为规定形式，以社区服刑人员触犯的刑法条款为规定内容，以每月不低于 8 小时的教育学习为规定时间，认真开展教育矫正工作”。[1]

（4）着力在“管得住”上见成效。在具体内容上突出教育学习的多样性，“除开展公共道德、法律常识、时事政治等教育学习活动外，根据社区服刑人员不同犯罪类型、犯罪原因开展

---

〔1〕 秦静：“贵州省做好社区矫正教育管理工作情况”，载 http://www.moj.gov.cn/sqjzbgs/content/2015-07/24/content_6187156.htm?node=30093，访问日期：2016 年 2 月 1 日。

形式多样、内容丰富的集中教育活动。例如，把法治教育、时事政治教育与开设‘道德讲堂’‘弟子规’和家庭美德教育等有机结合起来，有针对性地对社区服刑人员开展一系列教育矫正活动”。〔1〕在社区矫正人员矫正期满前的一个月有计划、有针对性地对其开展经常性的法制宣传教育，不断增强他们的自律意识和守法观念。“突出心理矫正的针对性和实效性。探索建立司法行政系统社区矫正心理咨询师队伍，针对部分社区服刑人员在心理上对社会存在认知偏差等问题，通过有针对性的心理矫正方式对社区服刑人员心理危机及时进行干预，帮助其提高适应社会能力，有效预防重新犯罪。”〔2〕突出分级管理的严肃性，“针对社区服刑人员分级管理和考核计分易出现随意变更的现象，制定了社区服刑人员分级管理考核办法。同时，加强对司法所实施分类管理的监督检查，规范司法所考核奖惩行为，确保分级管理正确、公正实施”。〔3〕

（5）对社区矫正人员实行“私人订制”矫正计划。贵州省司法厅社区矫正工作机关为切实帮助社区矫正人员解决学技、就业、顺利回归社会问题，贵州省各级司法行政机关认真落实有关政策，通过整合各界帮矫力量，积极筹建就业教育基地、组织成立社区矫正人员职业技能培训基地和就业服务培训班的同时，力求为每一名社区矫正人员订制回归社会矫正计划，为

---

〔1〕秦静：“贵州省做好社区矫正教育管理工作情况”，载 http://www.moj.gov.cn/sqjzbgs/content/2015-07/24/content_6187156.htm?node=30093，访问日期：2016年2月1日。

〔2〕秦静：“贵州省做好社区矫正教育管理工作情况”，载 http://www.moj.gov.cn/sqjzbgs/content/2015-07/24/content_6187156.htm?node=30093，访问日期：2016年2月1日。

〔3〕秦静：“贵州省做好社区矫正教育管理工作情况”，载 http://www.moj.gov.cn/sqjzbgs/content/2015-07/24/content_6187156.htm?node=30093，访问日期：2016年2月1日。

促进社区服刑人员顺利回归社会创造条件。截至2018年6月，云南省建立教育基地54个，社区服务基地171个，建立社区教育帮扶基地68个；自2014年以来，全省为社区服刑人员协助办理低保4600余人次，对就业困难的社区服刑人员开展职业技能培训8800余人次，指导就业20000余人次，有力促进了社区服刑人员顺利融入社会。[1]“全省各级司法行政机关为社区矫正人员‘私人订制’矫正计划10 000余份，指导创业、就业达1657人次”。[2]据媒体报道：“吴某曾是遵义兴隆司法所的一名社区矫正人员，2011年因交通肇事罪被判处有期徒刑1年，缓刑2年。而今，吴某有了另一个身份——遵义市湄潭县第一家挂牌‘阳光工程’的企业负责人，一个年生产总值超千万元，帮助过70余名社区矫正和刑释解戒人员就业的私企老总。2011年的一天，吴某到兴隆社区报到接受矫正，当他得知在矫期间不得离开住所地后，因无法赚钱养家一度对矫正工作人员大嚷，宣泄不满情绪。为了帮助吴某，工作人员以友善、尊重、真诚的态度跟他讲解政策，随后深入其家中走访。当得知吴某具备木材加工手艺和木材加工生产经验后，司法所工作人员动员他开一家木材加工厂，并多方联系，为他‘牵线搭桥’，从拉投资、选厂址到产品销售，司法所矫正工作同志全程跟踪帮扶，3个月后，木材加工厂建成开工，生意也迅速火了起来。为了感谢司法所当初的教育感化和帮困扶助，2012年吴某主动提出让更多的在矫人员到他的木材厂工作，既帮助在矫人员解决生活问题，

---

〔1〕 王家梁、袁萍等：“贵州社区矫正教管工作培训会召开”，载 http://epaper.legaldaily.com.cn/fzrb/content/20180625/Articel03008GN.htm，访问日期：2018年7月10日。

〔2〕 王家梁等：“‘私人定制’让更多社矫人员华丽转身——贵州社区矫正有责任担当”，载 http://gz.legaldaily.com.cn/content/2016-05/06/content_6616176.htm，访问日期：2016年5月6日。

同时也缓解矫正工作压力。"[1]

社区矫正机构注重引导社区服刑人员对改造过程进行回顾和自我总结，肯定成绩，找出不足，明确方向促使其树立自信心，为其解除矫正做好心理准备，同时做好了矫正期满的帮扶衔接，社区服刑人员依法解矫后，及时将其纳入刑释解矫人员安置帮扶范围，将解矫对象直接纳入安置帮教体系管理，通过社区矫正帮助社区矫正人员找到了自身价值。例如："遵义市某医药公司总经理林强（化名），曾是一名社区矫正人员，正是在社区矫正的这段经历彻底改写了他的人生之路。2009 年，林强曾因运输毒品罪入狱服刑，2010 年获假释后进入社区接受社区矫正监管与帮教，2015 年 1 月成功解矫。他再次回归社会后多次应聘失败，加上生活的困难让他再次陷入了人生低谷。在深入了解林强的基本情况后，他住所地管辖司法所的社区矫正工作人员多次与他交心谈话，并为他制定了一套有针对性的矫正方案：开展心理测量、心理疏导，并安排他到遵义市义工联合会，以一名义工的身份走进敬老院、孤儿院、山村小学参加各项义工活动。渐渐地，林强从开始的被动接受安排到后来主动申请服务，得到受助人的一致好评和同事们的认可。此外，司法所的社区矫正工作人员和义工联合会还推荐他到遵义某医药公司工作，帮助其解决生活来源问题。数年来，林强不断努力，逐步由当初的业务员晋升到现在的公司总经理一职。获得成功的林强用实际行动积极回馈社会。多年来，他先后捐资 14 万元用于帮助贫困户、留守儿童、孤寡老人以及社区服刑人员，并将公司的 4 个经营摊位无偿提供给经济困难的社区矫正人员和

---

〔1〕 王家梁等："'私人定制'让更多社矫人员华丽转身——贵州社区矫正有责任担当"，载 http://gz.legaldaily.com.cn/content/2016-05/06/content_6616176.htm，访问日期：2016 年 5 月 6 日。

群众经商。现在，林强依然作为一名义工参与司法所社区矫正帮教工作，为社区服刑人员现身说法，鼓励他们重树信心，走出人生的低谷，也为其他接受社区矫正的人员树立正确接受社区矫正监管与帮教起到了积极作用。"〔1〕

综上所述，贵州省通过制定地方性社区矫正规章、制度，规范各基层社区矫正执法工作，在开展社区矫正工作中注重探索地方特色的社区矫正经验。如，通过发布规范性文件推进政府购买社区矫正服务，既解决了社区矫正工作力量的不足，又调动了社会力量积极参与社区矫正服务工作；因地制宜地建设集管理、教育等功能为一体的社区矫正场所；有针对性地采取"私人订制"方式开展对社区矫正人员的一对一帮扶矫正工作。这些特色成效反映了贵州的社区矫正工作机构勇于担当的工作精神。

三、云南省实施社区矫正制度效果情况

云南省于2005年6月30日选取了昆明市盘龙区、曲靖市麒麟区等6个区（市）作为全省社区矫正工作第一批试点地区。2007年5月24日，云南省又将昭通市水富县等11个县（市、区）列入第二批社区矫正试点。为进一步巩固社区矫正的工作成果，2009年1月，社区矫正工作在全省全面推开。针对该省山区面积大、民族宗教情况复杂、交通通讯不便，社区服刑人员管控难度大的实际情况，开展社区矫正工作紧紧围绕"提高教育矫正质量"这个中心任务，以制度化、专业化、规范化、标准化、信息化等"五化"全面推进社区矫正工作，有效提升了社区矫正工作整体水平。近年来，"云南省社区矫正工作稳步推进，在组织机构建设、基础设施保障等方面上成效显著，实

〔1〕 王恬："贵州开展社区矫正工作显成效"，载《贵州日报》2016年2月26日。

现了管得住、规范化、低犯罪的目标，确保了非监禁刑罚在云南全面正确执行，维护了社会和谐稳定”。[1]各地社区矫正机构为云南法治建设、平安建设提供了有力支持。

（一）地方性规章制度建设

云南省自2013年以来，先后制定了《云南省社区矫正工作实施细则》《云南省社区矫正衔接工作若干规定》《云南社区矫正对象计分考核规定》《云南省社区矫正对象考核奖励规定》《云南省社区矫正工作实施方案》《云南省社区矫正对象管理工作规定》《关于给予社区矫正对象相关社会保障的通知》《云南省社区服刑人员教育矫正大纲》《云南省社区矫正调查评估办法》等一整套规范性文件，对社区服刑人员判、交、送、接、管、帮、罚等环节作出了具体规定，全面规范了社区矫正工作流程。2018年云南省司法厅为确保社区矫正依法适用，又制定了《关于进一步规范社区矫正工作衔接配合的实施意见》，上述文件规定从制度层面形成了云南省社区矫正工作运行的基本框架，为社区矫正工作的规范开展提供了强有力支撑。

（二）社区矫正工作队伍建设情况

云南省重视社区矫正机构队伍建设。该省重点推进社区矫正机构“队建制”，在市、县、乡分别成立社区矫正支队、大队和中队，重点加强县（市、区）执法大队建设。全省各地级市成立社区矫正支队，县级成立社区矫正大队，乡镇成立社区矫正中队；与云南省心理学会合作加强专业矫正队伍建设，从基层遴选社区矫正工作人员到云南师范大学参加国家心理咨询师资格培训和考试，截至2016年12月已有94人取得国家三级心

[1] 尹瑞峰：“我省社区矫正工作稳步推进”，载 http://yndaily.yunnan.cn/html/2018-05/20/content_1219537.htm? div=-1，访问日期：2018年5月20日。

理咨询师资质，27 人取得国家二级心理咨询师资质，为基层心理矫治工作培养和储备了一批专业人才。近年来，云南省还分两批招收了 380 名通晓民族语言的少数民族定向生，委托在滇高校进行法学专业培养，现已全部分配到基层司法行政部门参与到社区矫正工作中。云南省各地逐年提高政府购买社会服务参与社区矫正工作的招聘条件，把一大批政治素质好、学历水平高、具有一定法律专业知识的人员吸纳到社区矫正工作中，队伍素质能力逐年提高。截至 2015 年 8 月，全省以政府购买社会服务方式共招聘 1070 人。云南省司法厅通过“传、帮、带”对社区矫正工作人员进行执法培训，2014 年、2015 年和 2016 年，省司法厅分别选派监狱、强制戒毒所民警到基层司法局参与社区矫正工作，覆盖全省 129 个县（市、区）司法局，选派民警以“传、帮、带”方式，把刑罚执行的知识经验带到基层，培养、训练了基层社区矫正队伍，有效提高了基层队伍的执法素养。

（三）社区矫正监管教育与帮扶具体做法与成效

云南省开展社区矫正工作的具体做法：

（1）社区矫正执法规范。云南省社区矫正机关在社区矫正执法中做到在程序和内容上依法、依规进行。一是做到程序规范。严格落实《社区矫正实施办法》在调查评估、交付执行、居住地变更、解矫宣告等方面的程序规定，严格落实好其中的 15 个时间节点，规范使用执法文书。在开展调查评估工作上，严格按照规定的程序、内容、时限要求，通过集体讨论提出建议；在交付执行上切实做到社区服刑人员交付与接收及时，法律文书送达及时，避免发生脱管、漏管；办理居住地变更时，严格审查、核实有关事项，做到符合规定、程序严谨；在开展入矫和解矫宣告工作上，做到该通知到场的人员全部通知到位，严格落实宣告规定的所有项目内容，提高宣告活动的规范性、严肃性。二是做到要素规范。根据《社区矫正实施办法》规定，依法规范开展社区服刑人员违规违法的调查核实工作，严格按照提出治安管理处罚、撤销缓刑、假释和取消暂予监外执行的要素构成和要求，准备充分的证明材料，依法规范提出建议书；按照执行档案和工作档案要素要求，为每名社区服刑人员规范建立两类档案；以综合矫治场所和社区矫正教育基地为平台，规范落实社区矫正人员参加集中学习和参加社区服务工作，及时记录社区矫正人员接受监督管理、参加教育学习和社区服务等情况。三是以实施提级管理推进执法规范化。根据社区矫正工作法制化、规范化建设要求，在强化县级社区矫正机构、队伍、装备、经费等保障的基础上，将乡镇司法所履行的部分社区矫正职能，如入矫宣告、心理矫治、重点人员法制教育等工作提到县级，实行社区矫正重要环节和内容集中在县级社区矫正机构开展，切实将县级社区矫正机构真正建设成为实体执法部门，实现对全县社区矫正工作统一执法、统一指挥、快速反应、协同作战。四是以联合检查推进执法规范化。落实好与云南省人民检察院建立的联合执法检查机制，每年两次全面检查县（市、区）法、检、公、司履行社区矫正职责情况。针对检查中发现的执法不规范、不严格的问题，采取下发督查通报、召开全省社区矫正工作会议等方式，全面安排部署整改落实工作，提高了执法规范化水平。

(2) 对社区矫正人员实现“人防”与“技防”相结合。一是建立了网上监管、网上办公、网上审批、网上查询的全省四级社区矫正动态监管网络系统。建成了省—市—县三级社区矫正指挥控制中心和省—市—县—乡四级联网、同步互动的社区矫正信息管理系统，将全省在册社区服刑人员全部录入信息系统，建立电子档案；对重点人员采用卫星定位技术对其活动历史轨迹、活动范围、外出去向等全方位、24 小时动态监控，大大提高了监督管理效益。二是健全信息化管理制度。制定信息系统管理规定，对数据管理、指挥控制、定位手机发放范围和管理使用等作出明确规定，确保了社区矫正信息化工作的严格、规范、有序运行。三是大力推进社区矫正综合矫治场所建设。2014 年 8 月，云南省在 30 个县（市、区）启动了首批社区矫正综合矫治场所建设。根据社区矫正工作流程，每个场所规范设置了宣告、刑罚执行、指挥控制、派驻监察室、心理矫治、档案室等完整的功能分区，同时在门牌、制度和办公设施上做到了统一设计、统一要求，形成了监管、执法、教育“一站式”的工作新平台，为县级社区矫正机构全面履行工作职责提供了基础保障。为落实好社区矫正人员每月 8 个小时集中教育和每月 8 小时社区服务的任务要求，2014 年 10 月，云南省启动了社区矫正教育基地建设。基地统一建有教育培训教室、心理矫治室、周转性宿舍、社区服务场所和综合业务用房，满足对社区矫正人员进行集中教育，提供社区服务项目，为社区矫正人员提供社会适应指导，为有需求的社区矫正人员提供心理咨询和心理辅导，为刑释“三无”人员提供过渡性临时安置等功能要求。

（3）社区矫正的教育帮扶工作规范进行。云南省各地的社区矫正机构都对被矫正对象开展各种形式的教育工作，比如电话汇报、书面汇报、集中教育、现身说法、警示教育、公益劳动、心理矫治等。有的地方的司法行政机构还和高校联合，利用高校的教育资源为社区矫正工作服务，比如与当地高校联合成立社区矫正心理咨询室，由高校从事心理学或教育学教育工作的教师充当心理咨询师，为有需要的矫正对象提供心理咨询服务。云南省司法厅要求：“对思想有波动、情绪不稳定的，及时开展教育疏导，化解其不良情绪；组织社区服刑人员集中开展法制教育、社会公德教育、心理健康教育等。针对社区服刑人员在生活、工作中遇到的困难，特别是对生活贫困或者身体残疾、患有严重疾病等情况的社区服刑人员，及时落实帮扶措施。”[1]各地市县相关行政机关都能认真落实云南省出台的有关社区矫正的规范性文件明文规定，民政部门为家庭困难的社区矫正人员提供低保救助、生活帮扶，劳动和社会保障部门为有劳动能力和就业愿望的社区矫正人员提供职业培训和就业指导，进行创业帮扶。

四、重庆市实施社区矫正制度效果情况

重庆市社区矫正工作从 2004 年 2 月开始试点以来，在重庆市委市政府领导下，“经过 13 年努力，历经局部试点、全面试行和深化推进三个阶段，社区矫正工作从无到有，由点到面，日趋规范，取得了良好的法律效果和社会效果。截至 2017 年 6 月底，全市累计接收社区服刑人员 94 296 人，累计解除矫正 80 522人，现在册服刑人员 13 774 人（其中缓刑 12 832 人，占 93.2%；假释 447 人，占 3.2%；暂予监外执行 398 人，占 2.9%；管制 97 人，占 0.7%）。社区服刑人员累计重新犯罪 183 人，矫正期间的重新犯罪率为 0.19%，低于全国平均水平，无社区服刑人员参与重大恶性案（事）件，有效实践了社会治理创新，贯彻落实了宽严相济的刑事政策，较好地维护了社会的和谐稳定”。[2]

---

〔1〕 王宇：“云南省社区矫正工作会议在昆明举行”，载 http://www.legaldaily.com.cn/index/content/2018-04/26/content_ 7530746.htm? node = 20908，访问日期：2018 年 4 月 26 日。

〔2〕 林育均：“重庆市人民政府关于我市社区矫正工作情况的报告”，载重庆人大网：http://www.ccpc.cq.cn/home/index/more/id/210209.html，访问时间：2017 年 12 月 26 日。

（一）地方性规章制度建设

重庆市自2004年2月被确定为社区矫正试点以来，不断探索实践，2014年1月2日由重庆市司法局联合高级人民法院、市人民检察院、公安局制定了《重庆市社区矫正实施细则》，作为社区矫正的具体操作指南。重庆市司法局以《重庆市社区矫正实施细则》为纲，2014年4月，又出台了与之相配套的八项制度：《社区矫正人员行政考核奖惩办法》《社区矫正人员分类管理分阶段教育办法》《社区矫正人员定位管理办法》《社区矫正人员档案管理办法》《社区矫正社会工作者管理办法》《社区矫正执法考评办法》《矫正帮教管理服务中心管理办法》等，形成了社区矫正“1+8”社区矫正制度体系，坚持依法推进社区矫正工作，严格按照相关法律、法规开展执法，严格遵守执行法定条件和程序，充分体现刑罚执行的严肃性、统一性和权威性，在特赦罪犯和集中清理判处实刑罪犯未执行刑罚专项活动中，切实做到了公平、公正、公开。

（二）社区矫正工作队伍建设情况

（1）管理队伍不断充实。重庆市建立了以司法行政机关执法工作者为核心、社会工作者为辅助、社会志愿者为补充的“三位一体”社区矫正工作队伍。通过内部调剂、公开招录等方式，选拔一批政治坚定、作风优良、纪律严明的公务员担任社区矫正执法人员。注重专兼职结合的社区矫正工作队伍建设，积极推动出台政策，争取以政府购买服务的方式，为每个司法所增加1名工作人员，建立了较稳定的社区矫正社会工作者队伍，配齐了区县、镇街两级社区矫正执法力量。重庆市40个区县司法局已全部成立社区矫正管理局，重庆市所辖40个区县已全部设立矫正帮教管理服务中心并已投入运行，中心均为事业单位编制，共核准事业编制人员142名。2015年重庆市财政局、司法局联合下发《关于购买社区矫正社会工作者的通知》（渝司发［2015］43号），计划两年内通过政府购买服务方式招录1000名社区矫正社会工作者，充实到基层司法所专职从事社区矫正辅助工作，所需经费由市级财政和各区县财政按比例负担。目前招录工作全部完成，基层工作力量不足的困难得到了有效缓解。

（2）通过政府购买服务，吸引社会力量参与社区矫正工作。通过政府购买服务引入社会组织参与社区矫正工作，借助社会组织的资源优势，为社区服刑人员提供心理咨询、就业指导、个别教育等服务，组织开展内容丰富、形式多样的社区矫正教育学习和社区服务活动；加强“校地合作”，将心理测评、心理辅导等项目，通过政府购买社会服务的方式外包给驻渝高校的心理学老师和学生，高校师生在矫正帮教服务中心为社区服刑人员开设心理学讲座，实施心理辅导，有效提升了社区矫正教育水平。

（3）经费保障不断提高。从2015年开始，社区矫正工作经费以社区服刑人员数量作为主要依据，按社区服刑人员2000元/人/年予以保障，其中市级财政承担1400元/人/年，区县配套600元/人/年。市级财政转移支付给区县的社区矫正工作经费从2013年的1715万元，增加到2016年的1991万元，区县财政也积极跟进配套，实现经费的动态增长，保障社区矫正工作的正常开展。大力加强矫正帮教管理服务中心（中途之家）建设，强化对社区服刑人员的教育矫正，为其提供技能培训、过渡安置、就业指导等教育帮扶服务。目前，全市38个区县投入建设资金2753万元，完成矫正帮教管理服务中心建设，建有独立业务用房1.8万平方米，共核准事业编制人员142名，运行经费由区县财政全额保障。

(4) 重视社区矫正教育基地建设。截至2015年8月，共建立了教育基地60余个，已有34个区县正式设立中途之家，16个区县已建成并投入运行，充分发挥了中途之家在社区矫正教育管理工作中的基础作用。如北碚区利用西南大学的资源，将心理测评、心理辅导等项目，通过政府购买服务的方式外包给西南大学心理学院，学院的老师和学生在中途之家为社区服刑人员进行心理学讲课与心理辅导，有效提高了社区矫正教育的矫治水平。

(三) 社区矫正监管教育与帮扶具体做法与成效

(1) 不断升级信息平台。以全国社区矫正信息化联网扩大试点为契机，实现了重庆市社区矫正信息系统与全国社区矫正信息系统的实时同步，为下一步省际社区矫正数据交换奠定了基础。提升科技手段，对原有的社区矫正信息管理系统进行升级改造，依托社区矫正信息监管平台，对全市社区服刑人员实行报到、学习、劳动自动记录，管理任务和审批事项网上流转，信息档案全电子化和管理事项全程留痕，数据智能统计分析和自动记分考核，手机定位监控全覆盖，构筑电子围墙，实现智能监管，减轻监管压力，提高工作效率，增强监管的实效性和规范性。

(2) 加强监管力度，脱管漏管现象“零发生”。重庆市在社区矫正工作中高度重视对矫正人员的监督改造，重点把好“五关”，有力确保刑罚执行活动的严肃性。一是把好社会调查关。认真开展对未成年犯罪嫌疑人等特殊对象社会调查。二是把好移交接收关。司法局加强与派出所、法院、监狱之间的工作衔接，同时，做好文书接转、走访调查等基础性工作。三是把好宣告谈话关。司法所和派出所共同向矫正对象宣告社区矫正，落实社区矫正协助监督人、矫正责任人并签订相关协议书。

四是把好个案制定关。根据社区矫正人员的个体情况，坚持"一人一档"、适时评估、及时调整。五是把好监督改造关。严格执行"五个一"（日记载、周报到、月学习、月劳动、季总结）的工作模式，对重点人员实行GPS（全球定位系统，下同）手机定位监控管理，实现联防联控，确保了矫正人员无一脱管漏管现象发生。

（3）加强检查督促，全面提升社区矫正工作水平。每月抽查司法所，将抽查的情况及时通报各社区矫正机构，对查出的问题要求各所逐一落实整改。同时开展社区矫正执法大检查和各司法所之间的交叉检查，开展档案评查工作，通过评查，司法所工作人员在调查评估、接收报到、日常监管、请假审批、提请减刑建议、核实居住地、办理警告、提请治安管理处罚、提请收监执行等工作中是否存在索要钱物、乱收费现象，有无弄虚作假，违规办理行为，是否有超越权限审批，履行职责不严等问题。对执法工作中发现的问题和不足，切实制定工作方案，召开社区矫正工作会进行专题培训。

（4）有针对性开展对未成年人矫正帮扶。重庆对未成年社区矫正人员的监管教育帮扶坚持遵循教育、感化、挽救的方针，强化措施，建立未成年社区矫正人员矫正帮扶长效机制，帮助他们重塑人生。具体做法：一是加强分类管理。根据《社区矫正实施办法》《重庆市社区矫正实施细则》的有关规定，将未成年社区矫正人员与成年社区矫正人员区分开，分类、分时、分级地开展具有针对性的矫正工作。在日常管理中，针对未成年人的年龄、心理特点和身心发育需要等特殊情况，采取有益于其身心健康发展的监督管理措施，进行有效监管。二是加强思想教育。注重思想矫正教育，入矫时谈心、在矫时关心、解矫时放心，在首次报到时，悉心与他们交谈感化，最大限度消除他们的逆反心理；在日常矫正阶段，主动与他们沟通，关心他们的现实生活，帮助其重树“三观”；在解除矫正前，全面评估矫正社会效果，设计安置帮教计划，做好跟踪帮扶工作。三是加强联合矫正。加强组织未成年矫正人员家庭、学校、社会工作者等对其的监管教育帮扶工作。对于家庭教育引导偏失的未成年人，督促其家庭成员，尤其是他们的父母，改进教育方式。对于在校读书的未成年人，加强与学校的联系，合力引导未成年人安心学习、健康成长。四是加强保密工作。将未成年社区矫正人员的个人信息保密工作当作社区矫正工作的重要任务。对未成年社区矫正人员给予身份保护，不公开进行矫正宣告，严格保密未成年社区矫正人员矫正档案。有关办案单位如需阅卷，必须按规定申请。五是加强惩罚机制。在以教育为主的原则上，坚持刑罚执行的严肃性，始终维护法律的威严。对于违反社区矫正规定的未成年社区矫正人员，坚持按规定进行考核并实施奖惩。制定各区的未成年社区矫正工作应急预案，完善突发事件的处置机制，及时有效维护社会稳定。

五、陕西省实施社区矫正制度效果情况

陕西省从 2010 年 5 月开始试点社区矫正工作，“自 2011 年社区矫正工作全部移交司法行政机关以来，陕西省社区矫正工作实现跨越式发展，截至 2017 年 8 月底，全省累计接收社区服刑人员 56 407 人，累计解除 40 727 人，在矫 15 680 人，累计再犯罪 45 人，再犯罪率 0. 07%。为创新社会治理、维护社会和谐稳定发挥了积极作用”。〔1〕“近年来，省司法厅紧紧围绕社区矫

〔1〕 刘哲辉、计超：“撑起一片明媚天空——陕西推行‘五化一保障’社区矫正工作体系建设纪实”，载 http://esb. sxdaily. com. cn/sxrb/20170920/html/page_ 14_ content_ 000. htm，访问日期：2017 年 9 月 20 日。

正管理、教育、帮扶三大任务，狠抓社区矫正'五化一保障'（队伍专职化、场所标准化、执法规范化、帮扶社会化、督查常态化和落实社区矫正工作经费保障标准）工作体系建设，有力推进社区矫正工作健康发展。"[1]以建设社区矫正中心示范县为抓手，充分发挥社区矫正中心的执法平台作用，规范了社区矫正执法行为，提升了社区矫正执法规范化水平，在社会上树立了社区矫正执法的权威。

（一）地方性规章制度建设

2013年12月陕西省高级人民法院、省人民检察院、公安厅、司法厅联合制定了《陕西省社区矫正实施细则》。为进一步规范社区矫正工作，不断提高社区矫正执法规范化水平，结合全省社区矫正工作实际以及原有规章制度执行情况，2016年7月陕西省司法厅修订了《陕西省社区矫正工作流程》，将其中的13项制度规范进行了修订完善和删减，该规范将原来称谓的"社区服刑人员"改称为"社区矫正对象"，以示区别于参与社区矫正的工作人员。2014年，陕西省司法厅制定出台了《关于进一步推进全省县（市、区）社区矫正中心建设的意见》，明确了社区矫正中心建设的指导思想、建设原则、功能设置、建设标准、管理模式等，有力推动了全省的社区矫正中心建设工作。2016年4月，陕西省司法厅制定下发了《关于开展全省社区矫正中心建设示范县区创建活动的通知》，组织全省开展社区矫正中心建设示范县区创建活动，要求各市创建2至3个县级示范中心。

〔1〕刘哲辉、计超："撑起一片明媚天空——陕西推行'五化一保障'社区矫正工作体系建设纪实"，载 http://esb.sxdaily.com.cn/sxrb/20170920/html/page_14_content_000.htm，访问日期：2017年9月20日。

（二）社区矫正工作队伍建设情况

（1）社区矫正队伍专职化。陕西省司法厅根据中央精神和司法部要求，积极争取党委政府支持，加快推进机构建设，重点加强了县级司法行政机关社区矫正专门机构建设。2015 年省司法厅“从省警官职业学院政法专项编制中划出 145 个名额，给市、县（区）司法局，作为社区矫正工作专项编制”，[1]用于解决市、县（区）司法行政机关社区矫正工作人员不足困难。各县级司法行政机关积极探索成立了县级社区矫正执法大队，专职开展社区矫正执法工作。2014 年陕西省编办批准设立陕西省司法厅社区矫正管理处，调剂配备了 5 名专职工作人员。现在省、市、县（区）、镇（街办）社区矫正机构队伍已全面建立，截至 2017 年 9 月，“有 11 个市成立了社区矫正专门工作机构，96 个县（区）落实了专职机构和人员，有 53 个县（区）成立了执法大队”[2]各市县积极采用政府购买服务形式招聘社会工作者，整合医疗机构、高校、监狱、律师等社会资源，充实志愿者队伍，为社区矫正工作提供人力保障。“全省共有社区矫正专职工作人员 3946 人，社会工作者 4358 人，社会志愿者 18 297 人，建立矫正小组 11 591 个，工作力量实现了全覆盖。”[3]

陕西省司法厅坚持定期开展社区矫正执法人员教育培训工作，不断提高社区矫正队伍的专业知识和执法能力。为解决心

---

[1] “陕西推行‘五化一保障’社区矫正工作体系成效显著”，载《陕西司法要情》2017 年第 14 期。

[2] “陕西推行‘五化一保障’社区矫正工作体系成效显著”，载《陕西司法要情》2017 年第 14 期。

[3] 刘哲辉、计超：“撑起一片明媚天空——陕西推行‘五化一保障’社区矫正工作体系建设纪实”，载 http://esb.sxdaily.com.cn/sxrb/20170920/html/page_14_content_000.htm，访问日期：2017 年 9 月 20 日。

理矫正专业人员严重不足、社区服刑人员心理矫正需求量大的问题，陕西省司法厅与陕西大康心理教育集团开展合作，进行了多方面积极探索。“一是举办心理矫治专门培训；二是依托陕西大康心理咨询与心理治疗培训学校，组织专业人员开展上门培训和团体心理矫治辅导工作，拉开了社会专业组织参与社区矫正工作的序幕；三是协调组织大康心理教育集团对全省各地出现严重心理问题的社区服刑人员实施24小时内快速介入，及时进行心理干预矫正，以解决心理矫治专业人员缺失的困难。”[1]陕西省基本建成了一支信念坚定、执法为民、敢于担当、清正廉洁的高素质社区矫正执法队伍，提升了基层社区矫正执法的工作水平。

（2）社区矫正场所标准化。为推进社区矫正工作规范化开展，陕西省在各基层推广建设“社区矫正管理教育帮扶中心”。该中心是集监管、教育、帮扶为一体的特殊人群管理服务中心，内设监管室、入矫（解矫）宣告室、信息采集室、定位监控室、档案资料室、教育培训室、心理矫正室、安置帮教室、训诫室等。主要职能是定期组织社区矫正人员接受心理辅导及法律常识教育、思想转化教育、社会公德教育；对人民法院、人民检察院、公安机关、监狱拟适用社区矫正的被告人、犯罪嫌疑人、服刑人员开展调查评估工作，出具调查评估意见书；认真做好初始报到登记，严把思想汇报审查关、公益劳动历练关、外出请假报批关、期满解矫警示关，促进矫正对象改过自新，早日回归社会。社区矫正机构通过采用人防与技防相结合的现代化信息监管手段，通过GPS手机定位监管平台，实现对社区矫正

---

〔1〕刘哲辉、计超：“撑起一片明媚天空——陕西推行‘五化一保障’社区矫正工作体系建设纪实”，载 http://esb.sxdaily.com.cn/sxrb/20170920/html/page_14_content_000.htm，访问日期：2017年9月20日。

对象24小时定位，推进了社区矫正工作法治化、规范化、科学化水平。

（三）社区矫正监管教育与帮扶具体做法与成效

（1）推进顶层设计。陕西省司法厅按照司法部、中央综治办、教育部、民政部、财政部、人力资源和社会保障部六部门联合发布的《关于组织社会力量参与社区矫正工作的意见》要求，与陕西省综治办联合印发了《关于组织社会力量参与社区矫正工作的意见》，从省级政策层面上提出要求和规范，指导各地采用政府购买服务方式，招聘相关人员和志愿者参与社区矫正工作，缓解社区矫正工作力量不足的矛盾。充实社区矫正工作者队伍，弥补专职工作人员不足。

（2）不断探索帮扶新模式。陕西省社区矫正机构按照“日行一善，以善养德”主题教育实践活动实施方案的要求，积极在全省社区服刑人员当中开展了“以善养德”活动，把社区矫正管理教育帮扶工作与“以善养德”活动紧密结合起来。在社区服刑人员的学习活动中安排社会主义核心价值观、优秀传统文化学习内容，教育社区服刑人员树立遵纪守法观念，培养良好道德风尚。积极组织社区服刑人员参加社区服务，修复社会关系，培养社会责任感、集体观念和纪律意识。结合《陕西省社区服刑人员管理手册》，开展社区服刑人员记录善语、善事，撰写心得活动。认真开展了社区服刑人员技能培训工作，使其掌握一技之长，成为社会有用之人。切实落实了矫正帮扶小组工作责任，主动发挥有关部门、基层组织、社会工作者和社会志愿者社会各方面作用，共同做好社区矫正工作。

（3）加强救助管理。陕西省司法厅会同省综治办出台了《关于社区服刑人员救助管理工作意见》，积极协调有关部门，做好社区服刑人员帮困扶助工作，帮助社区服刑人员解决就业、生活、责任田、医疗、上学等方面的问题，落实相关政策措施，做到应帮尽帮。各地社区矫正机构还积极动员基层组织，企事业单位参与社区矫正工作，引导基层自治组织成员通过“矫正小组”参与社区矫正工作。各地利用现有的新航驿站、中途之家等安置帮教基地，实行资源共享，及时为社区服刑人员提供技能培训和工作岗位。截至 2017 年 9 月，“全省已建立就业基地 172 个，教育基地 176 个，社区服务基地 557 个，进行技能培训 912 人次，指导就业就学 856 人次”。[1]

六、甘肃省实施社区矫正制度效果情况

甘肃省社区矫正工作自进入新时代以来，以习近平新时代中国特色社会主义思想为指导，坚定践行“治本安全观”，将社区矫正工作纳入平安甘肃建设总体规划，甘肃省司法厅以推进社区矫正工作机构和社区监管中心“两个全覆盖”为抓手，做实“三化建设”（执法规范化、工作标准化、管理信息化），取得了显著成绩。截至 2017 年，“甘肃省共有社区矫正专职工作人员 3660 人、社会工作者 2245 人、社会志愿者 9658 人，累计接收社区服刑人员 6.3 万人、依法解除矫正 4.65 万人，现在册社区服刑人员 1.65 万人，社区服刑人员再犯罪率为 0.1%，收到了良好的社会效果和法律效果”。[2]

（一）地方性规章制度建设

甘肃省在 2010 年 3 月，由省委办公厅、省政府办公厅印发了《甘肃省试行社区矫正工作的意见》（甘办发［2010］16

---

〔1〕 刘哲辉、计超：“撑起一片明媚天空——陕西推行‘五化一保障’社区矫正工作体系建设纪实”，载 http://esb.sxdaily.com.cn/sxrb/20170920/html/page_ 14_ content_ 000.htm，访问日期：2017 年 9 月 20 日。

〔2〕 “甘肃社区矫正工作全面升级”，载 http://www.moj.gov.cn/index/content/2017-07/24/content_ 7253545.htm? node=86527，访问日期：2017 年 7 月 24 日。

号)，随后，甘肃省委政法委、高级法院、省检察院、公安厅、司法厅又联合印发了《甘肃省试行社区矫正工作实施办法》，完善了对社区矫正人员在接收、管理、考核、奖惩、收监执行、解除矫正等各个环节的工作制度及衔接配合机制，这三个文件构建了甘肃省社区矫正的地方性规章制度框架，为促进社区矫正工作顺利启动和规范运行打下良好基础。

2014 年，甘肃省政府出台《关于政府向社会力量购买服务的实施意见》和《政府购买社会工作服务实施办法》，明确将包括社区服刑人员和刑满释放人员在内的矫正帮教服务纳入政府购买项目，为社会力量参与社区矫正工作提供了强有力的政策支持和制度保障。2015 年 10 月甘肃省司法厅、综治办、财政厅、民政厅、教育厅、人社厅六家单位又联合制定印发了《甘肃省关于组织社会力量参与社区矫正工作的实施意见》(以下简称《实施意见》)，《实施意见》从总体要求、积极有序推进社会力量参与社区矫正工作，做好社区服刑人员就业就学和社会救助保险工作，强化组织领导等四个方面，对社会力量参与社区矫正工作作出具体安排。2017 年 1 月，甘肃省司法厅出台了《关于推进全省监狱与社区矫正工作机构刑罚执行一体化建设的意见》，力图从制度上加强社区矫正和监禁刑罚的相互贯通、相互衔接，推进刑罚执行一体化建设，不断提高刑罚执行工作的针对性和实效性，有力地推动了监禁刑与社区矫正的优势互补，完善了监狱与社区矫正机构的衔接配合管理机制，这也是对刑罚执行一体化建设的一种有益探索。2018 年甘肃省司法厅为主动对接改革，用“互联网+”思维，强化信息化在社区矫正工作中的作用，发布了《关于建设社区矫正远程视频督察系统的通知》，对全面推进全省社区矫正工作作出了整体部署，提升了全省社区矫正工作的动态监测预警水平。

(二) 社区矫正工作队伍建设情况

甘肃省重点加强了县级社区矫正执法一线队伍建设。截至2016年12月，甘肃省根据社区矫正执法重心在县(区)的实际，重点加强了县级社区矫正执法一线力量配备，充实了司法所人员力量，确保做好社区矫正监管工作，全省现有社区矫正专职管理人员336人。1378个司法所有专兼职工作人员4002人，有社会工作者2348人，社会志愿者8901人。

甘肃省在保障人员队伍建设基础上，注重加大经费保障力度和矫正场所设施建设。目前已建成并规范运行的社区矫正监管中心和智慧中心63个。“与省移动公司合作，建成内网到县、外网到乡的‘智慧司法’网络平台，将社区服刑人员手机GPS定位管理系统作为重要组成部分，建立起24小时动态全方位精准定位机制。”[1]

(三) 社区矫正监管教育与帮扶具体做法与成效

(1) 建立集中监管阵地。“突出高效的‘一站式’流程、精准的‘菜单式’教育、智能的信息化监管、规范的集中式管理四方面功能定位，坚持实用为先、利于工作的原则，为社区服刑人员提供便利条件。中心将社区服刑人员的接收报到、信息采集、入矫谈话、入矫宣告聚集一处，整合资源，提高了社区矫正工作效率。同时，开展分类教育，针对不同群体，进行小范围分类或一对一教学培训，确保教育矫正不走过场。坚持社区矫正工作信息化，运用好手机定位平台，通过监控室对社区服刑人员进行点对点实时定位监控，实现人防和技防有效结合，

[1] “甘肃社区矫正工作全面升级”，载 http://www.moj.gov.cn/index/content/2017-07/24/content_7253545.htm?node=86527，访问日期：2017年7月24日。

提高监管实效。"[1]现在已建成全省社区服刑人员数据库，全面运行社区服刑人员手机定位监管工作。全省社区矫正机构监管平台录入 14 180 人，录入率 92%，开通定位 11 635 人，定位率 82%，实现了省—市—县—乡四级联网监管，甘肃省司法厅监控指挥中心已完成设计，准备建设。安置帮教信息管理系统，通过集中培训、专项督查、定期通报、领导约谈，形成责任倒逼机制，全省安置帮教对象核查率和录入率全面提升。现各监狱、市县司法局、1365 个乡镇（街道）司法所均已开通使用服刑人员信息核查系统。

（2）多种矫正队伍以多种形式参与社区矫正工作。一是成立由具有专业法律基础、丰富实践经验、良好表达能力和热心公益事业的各界人员组成的社区矫正讲师团，其主要职责是为社区服刑人员提供"菜单式、导向式、精准式"集中教育；二是创新建立社区服刑人员心理健康档案库，启用专业心理咨询机构的心理检测管理平台，形成"司法局科室—司法所—社区服刑人员"三级管理模式，即科室向司法所分配账号，司法所向社区服刑人员分配账号，社区服刑人员通过各自账号，在司法所独立完成网上心理测试答题，将生成的检测报告归入社区服刑人员工作档案，心理健康档案库也已建立；三是探索吸收心理医生、心理咨询师志愿者建立心理矫治队伍，采用"自我治疗+专家辅助治疗"模式，开展心理测试、风险评估等；四是组建社区矫正大学生志愿者队伍，发挥大学生优势，运用"朋辈教育"模式，通过个案帮教等形式参与青少年矫正人员帮扶教育；五是创新矫正团队的形式。2018 年甘肃省司法厅印发《推进全省监狱戒毒警察参与社区矫正执法工作方案》，选派监

---

〔1〕"甘肃社区矫正工作全面升级"，载 http://www.moj.gov.cn/index/content/2017-07/24/content_7253545.htm?node=86527，访问日期：2017 年 7 月 24 日。

狱戒毒人民警察参与社区矫正执法工作，全面践行刑罚执行治本安全观，完善全省监狱和社区矫正工作机构刑罚执行一体化建设工作机制，强化社区矫正执法力量，提升社区矫正规范执法水平，进一步彰显社区矫正的法律效果和社会效果。[1]甘肃省大力拓展社区矫正工作者队伍，把熟悉法学、医学、心理学、警察学、社会学等专业的各行业人才吸收进社区矫正团队，对社区矫正人员进行专业化系统的社区矫正工作，“一对一”教育、心理矫正、社会适应性帮扶等进行全方位的制度与实践探索，是我们值得关注的。

(3) 坚持依法科学监管。“突出高效的‘一站式’流程、精准的‘菜单式’教育、智能的信息化监管、规范的集中式管理四方面功能定位，坚持实用为先、利于工作的原则，为社区服刑人员提供便利条件。中心将社区服刑人员的接收报到、信息采集、入矫谈话、入矫宣告聚集一处，整合资源，提高了社区矫正工作效率。同时，开展分类教育，针对不同群体，进行小范围分类或一对一教学培训，确保教育矫正不走过场。坚持社区矫正工作信息化，运用好手机定位平台，通过监控室对社区服刑人员进行点对点实时定位监控，实现人防和技防有效结合，提高监管实效。”[2]认真做好分类管理制度，分类实施教育矫正措施。结合每个社区服刑人员的实际情况，注重亲情感化和社会帮教，为每个服刑人员都建立一个矫正小组，制定帮教方案，采取有针对性的矫正措施，社区矫正小组建组率100%。全省各级社区矫正工作机构按照《甘肃省社区服刑人员档案管理办

---

〔1〕“甘肃省司法厅选派监狱戒毒警察参与社区矫正工作”，载 http://www.gssf.gov.cn/show-116723.html，访问日期：2018 年 6 月 3 日。

〔2〕“甘肃社区矫正工作全面升级”，载 http://news.cbg.cn/gndjj/2017/0724/8576405.shtml，访问日期：2017 年 7 月 24 日。

法》，为每个服刑人员建立了执法档案和工作档案，档案资料齐全，建档率100%。未出现因执法不规范造成负面影响的事件。

(4) 提升社会力量参与民族地区社区矫正工作的水平。一是党委和政府担负起社区矫正工作的主体责任，层层落实至乡镇干部参与社区矫正。在甘南藏族自治州，州司法局联合相关部门建立了社会力量参与社区矫正工作的“三个衔接”机制（即与公、检、法及监狱衔接，与民政、社保衔接，与社区、家庭衔接），明确成员各自职责，在辖区内形成合力，确保管控、教育、帮扶措施落实到位。二是发挥基层群众自治组织作用，推进社区力量参与社区矫正。“有效利用村（居）委会、妇委会、调委会等组织贴近社区服刑人员生活的优势，协助司法所了解社区服刑人员工作、生活、社会交往等情况，督促监护人、保证人履行职责，发现脱管、漏管、违法、违纪等现象及时报告，确保社区服刑人员遵守社区矫正相关规定，帮助社区服刑人员尽快融入和回归社会。”〔1〕三是“发挥社会志愿者作用，促进社区服刑人员思想转化。甘南藏族自治州立足本州实际，组织寺院活佛、社会知名人士、部落中有威望的老者等结对帮扶社区服刑人员，将帮教责任落实到人，特别是在重要节庆日、宗教活动期间等重点时段，发挥寺院活佛和部落中有威望的老者参与面广、服务能力强、作用发挥好的优势，加大对社区服刑人员的心理矫正和政策宣传，让社区服刑人员了解国家的方针、政策，转化思想意识，增强其回归社会的信心”。〔2〕

---

〔1〕“甘南提升社会力量参与社区矫正工作水平”，载 http://www.moj.gov.cn/index/content/2017-07/24/content_7253574.htm? node=86527，访问日期：2017年7月24日。

〔2〕“甘南提升社会力量参与社区矫正工作水平”，载 http://www.moj.gov.cn/index/content/2017-07/24/content_7253574.htm? node=86527，访问日期：2017年7月24日。

七、青海省实施社区矫正制度效果情况[1]

青海省的社区矫正工作是从2009年开始启动的，青海省司法厅坚持以提高罪犯矫正质量为核心，以社区矫正执法规范化建设活动为载体，以构建科学的矫正体系为目标，以培育社区矫正工作亮点为途径，完善工作机制，大力推进执法管理规范化建设，创新教育矫正方法，强化基础保障，加强社区矫正专业队伍建设，促进了全省社区矫正工作水平进一步提升。截至2018年9月，“全省累计接收社区服刑人员16 979人，按期解除13 710人，在册矫正3269人，再犯罪率保持在较低水平，有效维护了社会和谐稳定，为平安青海、法治青海建设作出了积极贡献”。[2]

（一）地方性规章制度建设

2015年5月，“省委省政府两办转发《关于全面推进社区矫正工作的实施意见》，对全面推进我省社区矫正工作作出具体部署，对政法各部门执法职责及相关职能部门的保障性职责分别进行了明确定位。全省8个市（州）、46个县（市、区、行委）、371个乡镇（街道）均成立了社区矫正工作领导机构。”[3]青海省在社区矫正规章制度建设所做的工作：一是司法厅与法院、检察院、公安部门联合制定印发《关于对社区服刑人员收监执行工作的有关规定》和《青海省社区矫正工作监督检查办法》，

---

〔1〕本章的相关文件及数据资料均由青海省司法厅社区矫正工作处同志提供。

〔2〕于瑞荣：“青海社区矫正工作实施十周年回眸打造社区矫正的‘青海样本’”，载 http://www.qh.xinhuanet.com/2018-10/09/c_1123531951.htm，访问日期：2018年10月9日。

〔3〕于瑞荣：“青海社区矫正工作实施十周年回眸打造社区矫正的‘青海样本’”，载 http://www.qh.xinhuanet.com/2018-10/09/c_1123531951.htm，访问日期：2018年10月9日。

进一步提高社区矫正监管执法水平。二是加强与财政、人社、民政、教育等部门的沟通，联合印发《关于组织社会力量参与社区矫正工作的实施意见的通知》，推动社会力量参与社区矫正工作保障措施的落实。三是制定印发《青海省社区矫正工作重大事项报告规定（试行）》，明确社区矫正工作中发生的涉及监管安全、社会稳定、队伍安全等 18 项需要报告的事项，进一步加强了社区矫正安全防范意识，提升了安全监管能力；2017 年初，青海省司法厅、财政厅、民政厅联合出台《政府购买社区矫正服务实施办法》。该《实施办法》是青海省政法系统第一份政府向社会力量购买服务的规范性文件，在鼓励引导社会力量广泛参与社区矫正工作的同时，对解决青海省社区矫正工作人手不够、场所设施不完善、专业力量薄弱等问题提出了具体指导意见，标志着青海省在建立社会力量参与社区矫正工作机制的道路上迈出了坚实的一步。四是出台《青海省社区服刑人员请销假制度（试行）》，规范了社区服刑人员请销假事项和审批程序，严格控制社区服刑人员外出，落实监管教育措施。五是结合“两院两部”制定的《关于进一步加强社区矫正工作衔接配合管理的意见》，召开联席会议，提出贯彻落实意见，下发各地统一执行，以进一步增强社区矫正衔接配合管理工作合力。

2018 年，为进一步强化责任意识、履职意识、职业风险意识，规范社区矫正执法行为，促进社区矫正机构及其工作人员、执法人员依法、严格、科学、文明、公正、廉洁履行工作职责，确保社区矫正工作规范运行，在经过深入调研和广泛征求意见的基础上，青海省司法厅研究制定《青海省司法行政机关社区矫正工作责任追究制度》（以下简称《追究制度》）和《青海省社区矫正执法过错责任追究暂行办法》（以下简称《追究办法》），首次将追究社区矫正工作机构及其工作人员、执法人员不能依法履行工作职责的行为列入社区矫正制度体系。《追究制度》和《追究办法》明确各级司法行政机关社区矫正机构及其工作人员、执法人员为追责对象。要求对社区矫正工作全过程、各环节出现的不作为、乱作为以及违法行为进行相应追究，包括不履行法定职责，未按照要求组织开展非监禁刑罚适用调查评估工作，执法行为事实不清、证据不足，适用依据错误，未按照要求开展教育矫正工作，开展工作违反法定程序，未依法及时对社区服刑人员予以奖惩，超越或者滥用职权，因履行工作职责不力导致社区服刑人员脱管、漏管、重新犯罪等情形，根据《追究制度》和《追究办法》规定，将启动责任倒查追究，依据事实给予责令限期整改、诫勉谈话直至解除聘用、移送司法机关追究刑事责任等具体追责方式处理。"两项制度"制定出台明确了社区矫正工作责任和社区矫正工作机构及其工作人员、执法人员责任追究方式，为开展社区矫正工作设立了带电"高压线"，进一步构建起了权责明晰、权责统一、监督到位、制约有效的责任落实和责任追究体系，将有效增强工作队伍的忧患意识、责任意识，进一步推动了社区矫正各项监管举措的落实，杜绝和减少社区矫正人员重新违法犯罪，维护社会和谐稳定。

（二）社区矫正工作队伍建设情况

（1）抓专业化社区矫正工作者队伍建设。一是抓执法队伍建设，为全面提升社区矫正工作人员执法能力，2017 年首次集中组织全省 8 个市州社区矫正主管局长、社区矫正专职工作人员、社区矫正社会工作者开展统一执法资格考试，全面推行持证上岗、亮证执法，加强对社区矫正工作者的纪律约束，将执法依据、执法程序、工作流程等向社会公开，广泛接受社会监督，增强执法透明度和公信力。首次联合公检法部门举办"全省社区矫正工作衔接配合管理培训班”，突出委托调查评估、交付接收、监督管理和收监执行等执法关键环节衔接，构建社区矫正整体联动工作格局，首次开展全省“优秀社区矫正管理干部”“优秀社区矫正社会工作者”评优表彰活动，树立典型、表彰先进，激发工作热情。二是抓社区矫正工作者队伍建设，通过增设编制、购买社会服务等方式，吸引社会各界优秀人才参与社区矫正工作，“全省共有专职社区矫正工作者 388 名，社会工作者（即兼职人员）及聘用人员 432 人，社会志愿者 1721 人，初步形成了一支专兼职相结合的社区矫正工作队伍。”〔1〕

（2）大力推进社区矫正机构建设。青海省司法厅社区矫正管理局指导各地加大与编制、人事部门积极沟通，落实了社区矫正机构及其人员编制，截至 2017 年，“全省 8 个市州均设立了社区矫正管理局（处、科），县级社区矫正机构由 2016 年的 6 家增至 16 家，其中海西州、海北州率先实现全覆盖；41 个县区市社区矫正中心建成，覆盖面达到 100%，全省社区矫正中心建设工作成效显著。同时，投入 450 万元优先为任务繁重县区配备 15 辆社区矫正执法特勤车，依托矫正中心推行‘七统一’集中执法新模式，有效破解了相关保障滞后、工作力量不足、执法威慑不强等难题，搭建起社区矫正工作新平台”。〔2〕

（三）社区矫正监管教育与帮扶具体做法与成效

（1）抓“智慧监管”，提升社区矫正管理质量。青海省司法厅“以信息化为引领，通过人技结合，强化‘信息化’应用平台，立体防控，实现‘智能化’执法监管，多管齐下，推行

---

〔1〕 于瑞荣：“青海社区矫正工作实施十周年回眸打造社区矫正的‘青海样本’”，载 http://www.qh.xinhuanet.com/2018-10/09/c_ 1123531951.htm，访问日期：2018 年 10 月 9 日。

〔2〕 “青海社区矫正监管跻身全国三甲”，载 http://sfks.moj.gov.cn/news/content/2017-09/26/sqjz_ 8599.html，访问日期：2017 年 9 月 26 日。

'网络化'教育矫正三位一体，进而形成了社区矫正教育管理'信息网上录入、流程网上运转、执法网上监督、质量网上考核'的工作新模式"。[1]全省各地普遍运用手机 GPS 定位功能对社区服刑人员进行实时跟踪监管。部分地区运用指纹报到系统，采集社区服刑人员指纹，用于每月报到，为落实社区服刑人员相关奖惩措施提供了有力证据，进一步规范了社区矫正日常监管机制。首创手机点验签到制度。"严格规定社区服刑人员每天主动将自拍照上传至平台，监管软件自动上传位置信息，管理人员既能看到服刑人员的现场照片又能掌握其位置信息。"[2]上述一系列措施提升了对社区服刑人员的日常监管力度和工作效果，有效防止了脱管、漏管，同时对预防和减少重新违法犯罪，维护社会的和谐稳定起到了积极作用。

（2）探索建立社区服刑人员教育矫正基地。利用社区矫正工作示范点建设项目在西宁市湟源县社区矫正教育矫正中心"曙光之家"原有设施基础上，进一步完善宣告室、图书室、培训室、矫治室、厨房、宿舍等功能设施，便于对社区服刑人员集中开展法律和科学文化教育，心理测试和心理矫治干预，职业技术培训和就业指导，提高他们适应社会生活的能力，使其顺利回归并融入社会。"近年来，全省共建立管理教育服务基地 4 个，就业基地 10 个，教育基地 19 个，社区服务基地 90 个，为 604 名生活困难的社区服刑人员解决了低保，为 2994 人落实了土地草场，对 787 名社区服刑人员开展了职业技能培训，通

---

〔1〕 于瑞荣："青海社区矫正工作实施十周年回眸打造社区矫正的'青海样本'"，载 http://www.qh.xinhuanet.com/2018-10/09/c_1123531951.htm，访问日期：2018 年 10 月 9 日。

〔2〕 于瑞荣："青海社区矫正工作实施十周年回眸打造社区矫正的'青海样本'"，载 http://www.qh.xinhuanet.com/2018-10/09/c_1123531951.htm，访问日期：2018 年 10 月 9 日。

过上述举措，使社区服刑人员深切感受到党和政府的关怀及社会的温暖，激发了他们自觉接受改造的积极性，重新融入社会。”〔1〕

(3) 着力推进心理矫治工作。青海省将社区矫正心理矫治工作作为教育矫治的突破口，在培养专业的心理矫治师，科学有效开展心理矫治工作上做了积极的尝试。省司法厅依托青海省心理咨询研究中心举办心理咨询师资格证书考试培训班，将取得心理咨询师资格的人员送到外省院校进行实际操作培训，效果显著，成功拓展了社区矫正管理和教育工作范围，为青海省社区矫正工作开展风险评估、心理咨询、心理健康教育和心理矫治等工作提供了人才储备，加强了社区矫正心理矫治专业人才的培养。

(4) 探索建立风险评估机制。2014 年青海省司法厅在 10 个县启动了社区服刑人员再犯罪风险评估试点工作，2015 年扩大试点至 22 个县，共有 2232 名社区服刑人员接受风险评估，所形成的评估结果将作为针对性管控、教育和帮扶依据。通过风险评估的综合运用，青海省基本健全了对社区矫正人员分类管理的工作机制，为风险评估工作规范化进一步在全省推开打下了基础。

---

〔1〕 于瑞荣：“青海社区矫正工作实施十周年回眸打造社区矫正的‘青海样本’”，载 http://www.qh.xinhuanet.com/2018-10/09/c_1123531951.htm，访问日期：2018 年 10 月 9 日。

第五章 CHAPTERS 社区矫正制度实践中的问题

通过第四章对西部大部分省（直辖市、自治区）的社区矫正工作经验进行总结，我们可以看到我国西部省（市）和自治区的社区矫正工作与制度设计各具特色，尤其是在探索制度建设的创新方面，给我们很多有益的启示。对于一些具有共性的比较成熟的创新做法，笔者将在构建中国特色的社区矫正制度研究中加以吸收。但是，我们在总结经验时也应该看到社区矫正工作制度建设和具体工作中存在的一些共性问题，在此有必要提出来进行认真思考。

一、对社区矫正的理念认识不清

受传统重刑主义思想的影响，中国当今社会从官员到群众，多数人对刑罚的认识基本上是停留在将犯罪人放在监狱执行，这是人类社会古老的“同态复仇”的习惯自然演变的结果，我国古代思想家荀况说过：“凡刑人之本，禁暴恶恶，且惩其未也。杀人者不死，而伤人者不刑，是谓惠暴而宽贼也，非恶恶也。”[1]荀况还指出严惩犯罪人的目的，不限于只对本人的惩治，要重在预防犯罪，即“惩其未也”，不能忽视对他人心理影响的一般预防。韩非子也是认为人决无善的可能，所以他也支持其师荀况的重罚理论，而排斥对犯罪人的教化。对于违反刑

〔1〕《荀子·正论》。

法的人，我国古代思想家的主流是严厉惩罚，在这种严刑峻法思想的影响下，对罪犯的权利保护一直是我国法治建设基层实践中相对短板的一块。可以说报应观念在中国从古至今无论是学者还是民众心目中都是根深蒂固的，推崇用监禁刑、生命刑来严惩罪犯和预防犯罪，在大多数人的思想中——“犯罪就是要坐牢”——觉得如果犯罪分子被判刑后还继续留在社会上，那和没有受到刑罚处罚的一般公民并无区别。“罪犯只有关在监狱中才对社会和他人无害”这样的观念早已成为社会公众的普遍认知，民众普遍认为社区矫正是在放纵罪犯。心中的不安情绪普遍表现在日常行为中，以致许多人对社区矫正人员采取埋怨、冷漠和敌视的态度。

这种刑罚理念不知不觉地渗透到我们的社区矫正立法与执法工作中。“两高两部”在 2003 年 7 月 10 日《关于开展社区矫正试点工作的通知》中将社区矫正任务定位为：按照我国刑法、刑事诉讼法等有关法律、法规和规章的规定，加强对社区服刑人员的管理和监督，确保刑罚的顺利实施；社区矫正机构作为直接的监管者强调对社区矫正对象的监督管理。而且是将这一条放在三大任务的首位，突出体现了社区矫正的行刑功能，却淡化了对社区矫正人员的行为和心理矫正、帮扶适应社会的重要工作，以传统的刑罚惩罚观来进行社区矫正制度设计工作，就必然会导致社区矫正工作单一化，也会落入监狱行刑的思维模式。

各地的司法行政机关也仍沿袭刑罚本位理念开展社区矫正工作，他们更多的是考虑刑罚本身如何得以完整、准确地体现，其重心自然会放在监管制度的建立与完善上，社区矫正机关考虑更多的是如何保证社会的安全，确保社区矫正人在严管下不出破坏社会稳定安全大事，第一出发点是如何防范社区矫正人员在矫正期间违法和犯罪问题。于是，建立社区矫正警察队伍，强化社区矫正管理的强制权、戒具使用权，强化被矫正对象的按时报到制度、请销假制度、社区劳动制度、监督考核制度、强制措施制度等就成了从政府到矫正机构关心的主要问题，唯恐制度设计有漏洞，导致社区矫正人员钻了空子，而大多都弱化了对社区矫正人员在“矫正”过程中涉及的行为指导、生活工作技能提升、就业帮扶、思想教育与知识教育等人道主义精神的关注和涉及的制度与机制落实，即以人为本位，有针对性地对社区矫正人员开展人生观、价值观、行为方式、工作能力的教育和训练没有落到实处，使得参与立法的司法行政机关在《社区矫正法》从一开始起草时，就存在着社区矫正机关对社区矫正人员的监管权、强制执法权向立法机关提出了很多相关建议，甚至是提出很多过高要求，而对涉及社区矫正人员教育帮扶的制度建设与责权约束却有意无意地淡化。例如，重庆市人民政府在向市人大汇报工作中提到“未赋予实际履行刑罚执行职能的司法行政工作人员警察身份，工作缺乏应有的强制力和必要的手段，给开展社区矫正工作带来较大困难”。[1]这反映出行政机关希望将社区矫正管理者获得与治安警察同样的执法权力，把社区矫正制度建设的重心更多地放在有无刑罚执法权上，这其实是一种把社区矫正工作简单化的思想。据笔者调查，西部省区基层司法行政机关的各级干部普遍有此想法，他们认为只要有了与警察一样的执法权，社区矫正工作管理者就可以理直气壮地对社区矫正人员开展管教工作，社区矫正工作者的风险就可以大大降低，所以，以权力为中心的社区矫正制度建设是绝大多数基层乃至省级司法行政机关思考立法完善的出发点。

---

〔1〕 林育均：“重庆市人民政府关于我市社区矫正工作情况的报告”，载重庆人大网：http://www.ccpc.cq.cn/home/index/more/id/210209.html，访问时间：2017年12月26日。

在这种传统的监禁执法思维的影响下，社区矫正机构对社区矫正人员的监督管理权力和刑罚惩罚的权力被司法行政机关充分放大，他们不仅在实践中这样做，在立法上也在强烈呼吁加强其所谓的与警察一样的执法权。与之相反的是，一些司法行政机关与社会矫正机构却普遍忽略对社区矫正人员的教育帮扶、促进社区矫正人员与社会各种关系融合等方面的应担负的责任，出现强调社区矫正人员遵章守纪有余，而开展成体系的社区教育矫正、专业技能培训、社区公益劳动、心理矫正、生活就业帮扶等矫正活动流于形式，甚至在一些方面直接侵犯社区矫正人员的基本权益，而在立法上如何确立社区矫正机构应当承担的教育帮扶职责却关注较少。在现实中，社区矫正人员应当得到适当教育培训或社会救助的权利则落实不到位，导致该群体在社区服刑期间的处境更加艰难，再社会化和重返社会的能力更加弱化。这种“监狱化”的刑事执行思维直接强化了社区矫正执法机关同社区矫正人员的惩罚性关系，并最终导致社区矫正初衷的目标偏离，使社区矫正人员重返社会的目标难以实现。笔者认为这种思维导向会影响社区矫正中“教育”和“矫正”制度的建立和实施，这种思想认识也会对国家社区矫正基本法及其配套制度的出台产生阻力。

我们知道，社区矫正制度引进的目的是要将那些危险性较轻的犯罪人从监狱矫正放到社会进行教育改造，以促使其能顺利复归社会。这种行刑社会化的理念，在学术界与监狱管理部门逐渐被接受，但要让整个社会各阶层接受这种先进理念，还需要我们长期细致的工作。美国社会学学者克莱门斯·巴特勒斯曾说过：“将一个人数年之久关押在高度警戒的监狱里，告诉他每天睡觉、起床时间和每日每分钟应做的事，然后再将其抛向街头并指望他成为一名模范公民，这是不可思议的。”[1]所以，我们立法者和执法者都要转变仅从单纯的“刑罚执行方式”来认识对社区矫正工作的思维方式，可以说这在中国是前无古人的社会治理创新工作，立法和司法机关都必须要积极了解世界的先进理念并结合中国国情的需要，从司法体制改革到刑罚执行制度改革，都要秉承“以人为本”的理念，从维护社会全方位和谐稳定的高度来认识和构建社区矫正制度。

笔者认为，人道主义的行刑方式主要从两个方面来感化社区矫正人员：首先，保障社区矫正人员的基本权益，使社区矫正人员不会产生自己是被社会抛弃的对象的想法，从而唤醒社区矫正人员的自尊。应当首先坚持“把社区矫正人员当人看”的人道原则，要求社区矫正活动应当始终贯彻人道主义原则及教育改造思想，而不是简单地把社区矫正人员当作惩罚的对象、被社会抛弃的对象。其次，通过社区矫正工作者的工作态度来感化社区矫正人员。社区矫正人员犯罪之前往往都有一个逐渐形成犯罪心理结构的过程，在这个过程中，社区矫正人员不是感受到在社会上的无助，就是感受到社会的纵容。社区矫正活动就是要通过社区矫正工作者以人道主义的工作态度真诚地关心社区矫正人员、严格地要求社区矫正人员，引导社区矫正人员真正地认识到应当以符合社会主流文化的态度来解决生活中的矛盾，帮助社区矫正人员形成良好的心理调适机制，这样才可能真正矫正社区矫正人员的反社会性人格。

二、社区矫正基本法缺失

国家的基本法律是确立社区矫正制度的根基，更是社区矫

---

〔1〕［美］克莱门斯·巴特勒斯：《矫正导论》，孙晓雳等译，中国人民公安大学出版社 1991 年版，第 130 页。

正各项工作开展的基础，由于社区矫正工作才起步，社区矫正的法律制度体系还不够健全和完善，迄今为止我国还没有专门的《社区矫正法》。社区矫正工作从2003年开始试点，当时开展工作主要依据“两高两部”出台的《通知》及相关的法律规定。2012年司法部联合有关部门先后出台了《社区矫正实施办法》及关于暂予监外执行、加强衔接管理等一系列规范性文件，为全国实施执行社区矫正提供了依据和制度保障。但是该《办法》只是部门规章，其效力远远不能适用于国家各机关的协调配合执法工作，对于社会普通民众更是难以从权利义务的角度上进行有效调整。2011年依据《刑法修正案（八）》修正后的《刑法》第38条第3款规定：“对判处管制的犯罪分子，依法实行社区矫正。”第76条前半句规定：“对宣告缓刑的犯罪分子，在缓刑考验期限内，依法实行社区矫正”，第85条前半句规定：“对假释的犯罪分子，在假释考验期限内，依法实行社区矫正”，2012年的《刑事诉讼法》第258条规定：“对被判处管制、宣告缓刑、假释或者暂予监外执行的罪犯，依法实行社区矫正，由社区矫正机构负责执行。”可以说，经历了十多年的行动探索，社区矫正工作终于从“无法”的行动跃入“心动”的纸面上——进入到国家基本法条文中，这两部国家基本法中明确提出了“社区矫正”一词，也从刑事实体法和程序法的具体条文中明确了“社区矫正”的适用对象。但是，“社区矫正”的原则、社区矫正目标、社区矫正的对象、具体执行机构、队伍建设、职权划分、执行程序、监督以及社区矫正人员的权利保障等内容都没作具体的规定，也不可能在这两部法中进行专门规定。由于没有配套的《社区矫正法》在程序上与上述两法衔接，致使其规定的“依法实行社区矫正”在实践中依然处于“无法可依”的状态。由于各省市自治区的社区矫正工作存在着规定不统一的问题，导致管理工作标准不一、教育矫正标准失控等问题普遍存在。笔者在调查中发现，部分县市在开展社区矫正工作时，在衔接、罪犯调查评估工作、居住地的认定、法律文书和社区矫正人员的送达接收等方面都不同程度地存在一些问题。这些问题亟需制定配套的《社区矫正法》对社区矫正工作进行专门调整，但国家立法规划中的《社区矫正法》至今未能在全国人大常委会上讨论通过，这对我国社区矫正工作从制度上进行科学指引显然是不利的，在一定程度上影响了“依法实施社区矫正”工作的效果。

据笔者了解，我国《社区矫正法》迟迟不能出台的原因就是还存在着在一些难点问题尚未从理论上和实践中得到统一认识。例如，原国务院法制办的同志对《社区矫正法（草案）》提出了12个问题：①社区矫正的性质是什么？对于被宣告缓刑、假释的社区矫正人员能否被称为非监禁刑罚执行？②相对于监禁刑执行，社区矫正应当体现哪些执行理念和原则，如何平衡社区矫正执行的严肃性与避免给社区矫正人员的工作、学习造成更多影响之间的关系？③对于被宣告缓刑、假释的社区矫正人员是否可以适用减刑？法律规定社区矫正的减刑应当把握哪些原则？④《社区矫正法（草案）》中直接规定：“对于确有悔改表现的社区矫正人员受到两次以上表扬，可以减刑”，是否妥当？社区矫正法可以设定哪些激励措施？⑤如何区分社区矫正人员的脱管与脱逃？是否可以把执行机关给予警告等措施作为认定脱逃的要件？⑥对判处管制的社区矫正人员脱离监管的时间是否可以不计入刑期？⑦社区矫正人员违反执行机关的监督管理规定需要撤销缓刑、假释的，是否必须开庭审理？为保障快速收监执行有哪些建议？⑧检察机关对社区矫正执行机关提出的减刑建议、撤销缓刑、假释建议是事前、事后监督还是事中监督？理论依据有哪些？⑨《社区矫正法（草案）》第55条规定："社区矫正机构应当根据社区服刑人员劳动能力、健康状况和就业就学等情况，组织社区服刑人员参加社区服务，培养其社会责任感，集体观念和纪律意识"，对社区服务应该如何定性？社区矫正法对社区服务的岗位、社区服务的时间、社区服务的程序均有哪些规范？⑩电子定位作为对社区矫正人员实施监督管理的一种手段，普遍应用是否妥当？⑪实践中，社区矫正机构对违反监督管理规定的社区矫正人员给予警告，此刻的警告是什么性质？对社区矫正人员的警告是否需要设立具体程序？如何设立？⑫对未成年人实施社区矫正应当注意哪些问题？需要在哪些方面区别于成年人？这些问题在《社区矫正法（草案）》中都没有涉及，使得《社区矫正法（草案）》在理念和功能上与《刑法》的协调，在执法上与《刑事诉讼法》和《监狱法》的协调还存在很多需要深入研究的问题。

全国人大常委会在立法进程上将《社区矫正法》列入了"十三五"立法规划中，可以看出建立、完善社区矫正法律制度已经成为国家法治建设的重要任务，这是对我国前期基层社区矫正工作与理论研究的最大肯定。但是截至目前立法内容上所面临的具体困难，仍需要我们用大智慧去解决。

三、社区矫正工作主体缺乏制度性规定

（一）社区矫正工作队伍无明确的标准

当前社区矫正工作队伍的构成是：司法所工作人员、社会团体和民间组织、社会志愿者，其中司法专职工作人员应该是在社区矫正工作中起主导作用的队伍，但由于没有相应的管理社区矫正工作者队伍的组织法，也导致无法实现对社区矫正工作队伍的制度化刚性规定，在西部地区出现的做法更是五花八门，诸如：专业化不强，西部地区司法所从事社区矫正的工作

人员中学法律、中文、计算机、英语、社会工作、思想政治教育、学前教育等专业的本科和专科毕业生都存在，显然，在基层工作人员招考（招聘）中并没有过多考虑其专业背景问题。在欧美国家，对社区矫正工作者的专业水平要求很高，如加拿大的社区矫正工作人员一般要求具有本科学历，并且还要有犯罪学、刑事执法、心理学、社会学等专业的教育背景。我国西部地区由于司法所专职社区矫正工作队伍专业化的缺陷，导致从事社区矫正的工作人员难以胜任其工作，比如对社区矫正人员进行的心理矫治、行为矫治和科学的评估，其所做的工作充其量是一般性的行为管理、思想政治教育、法制教育和公益劳动。根据现行的《社区矫正实施办法》的规定，人民法院、人民检察院、公安机关、监狱对社区矫正人员需要进行调查评估，通过对其曾经所在的居民区或者将要回到的社区居民群众进行社会调查，以此判断其是否可以放在社区进行社区矫正，另外要对社区矫正人员进行有针对性的矫正，要做到对其人身危险性加以确定并进一步分类，然后根据不同的类型及其个性心理特征确定矫正方案；同时，社区矫正既需要控制社区矫正人员的人身危险性，又要针对其犯罪心理结构予以个别化的矫正。开展这些工作都需要事前对社区矫正人员的个人情况作出科学性的调查评估，这些调查评估对工作人员的专业知识和技能要求都很高，而目前西部地区的社区矫正工作队伍显然还达不到这种水平，还是迫切需要全国制定统一的社区矫正工作者队伍入门标准，以制度保障队伍建设。

（二）社区矫正执法主体身份、权限不明晰

社区矫正管理人员究竟是什么身份，学术界与实务界一直存有分歧。司法行政实务界要求解决社区矫正管理者的警察身份呼声很高，如《中国司法》杂志总编刘武俊认为："从社区矫正的刑罚执行属性角度看，赋予社区矫正执法人员社区警察身份，更为符合刑罚执行的执法属性，有利于社区矫正工作的顺利开展，可以更好地维护社区安全，减少不服管教的情况发生。建议修改现行的人民警察法，确立社区矫正人民警察的地位和身份，让社区矫正警察的身份名正言顺。在拟定的《社区矫正法》中进一步明确社区矫正人民警察的法律地位、任职条件、职权职责、管理机构等。”〔1〕支持将社区矫正执法人员纳入警察编制的理由大致如下：①警察身份符合社区矫正刑罚执行工作的性质；②警察身份有利于开展社区矫正工作；③试点阶段的警察身份发挥了积极作用；④警察身份符合《人民警察法》规定的警察职责。一些司法行政机关也探索建立了一些“社区矫正司法警察支队”，如四川省德阳市2011年在全国率先建立了第一支社区矫正司法警察支队。但也有反对观点，如司法部预防犯罪研究所的鲁兰认为：“尽管监狱警察是由公安机关警察身份演变而来，但监狱警察与公安警察的职责不尽相同，如若从事社区矫正的是警察，其职能既不同于公安的治安警察，也不同于监狱警察，因性质要求又有可能出现新的警种——社区警察，这是与社区矫正的原理与精神相悖的。”〔2〕学术界有很多学者持此态度，他们的理由大致有：①警察身份会改变社区矫正的风格，妨碍社区矫正工作的顺利进行；②纳入警察编制没有必要，公安机关可以承担社区矫正工作中需要由警察负责的工作；③警察入职资格要求不高，会影响社区矫正官的素质；④不利于改善国家形象，反而树立“警察国家”的不良印象；⑤不

〔1〕 参见刘武俊：“社区矫正执法人员应有警察身份”，载《法制晚报》2013年2月5日。

〔2〕 参见鲁兰：《中日矫正理念与实务比较研究》，北京大学出版社2005年版，第266页。

符合国际准则。认为将社区矫正执法人员确立为“社区矫正警察”身份在立法上要慎重论证。

四、社区矫正机关的执法权限需要从制度上明晰

社区矫正的核心是矫正工作，因此社区矫正机关的日常工作并不以强制性执法为主，但是刑罚执行必然涉及奖惩、追查脱管、提请撤销社区矫正等执法工作。《社区矫正实施办法》对社区矫正机关的执法权限作了一些规定，但由于缺乏相应法律依据，社区矫正工作者的执法权限不明，导致社区矫正工作出现问题时难以有效应对。社区矫正机关的硬性执法权主要涉及三类：追查脱管人员、提请治安处罚以及提请撤销社区矫正，我们在调研中发现，社区矫正工作者对这三类执法工作都感到执法缺乏法律依据，工作不好开展。

（一）社区矫正机关追查脱管人员存在的问题

《社区矫正实施办法》第19条第2款规定：“社区矫正人员脱离监管的，司法所应当及时报告县级司法行政机关组织追查。”可见社区矫正人员脱管，追查的主体是司法行政机关。上述规定看似明确，但却存在如下问题难以解决：首先，司法行政机关追查的方式、追查的权限在该《办法》中并没有规定。例如，司法行政机关是否有权调取脱管人员的酒店入住信息、乘坐火车飞机的交通信息？是否有权调查其通话记录？是否有权对其进行手机定位？这些都没有规定。按照现行法律，司法行政机关似乎无权进行上述调查，只能请求公安机关予以协助，但公安机关不予协助或者拖延协助怎么办，没有规定予以明确。也就是说，司法行政机关的追查权实际上是虚置的，没有规定具体的追查权限、追查方式。其次，司法行政机关追查到脱管人员，能否对其进行人身控制并将其带回居住地？法律没有规定，似乎也只能请求公安机关协助。问题是，当社区矫正工作

者发现脱管人员后，如果无权对其立即实施控制，而只能请求公安机关协助，在警察出警之前，脱管人员逃跑怎么办？法治国家理念要求执法需有法律授权，在法律没有授权的情况下，司法行政机关似乎束手无策。

（二）社区矫正机关提请治安处罚存在的问题

《社区矫正实施办法》第24条规定："社区矫正人员违反监督管理规定或者人民法院禁止令，依法应予治安管理处罚的，县级司法行政机关应当及时提请同级公安机关依法给予处罚。公安机关应当将处理结果通知县级司法行政机关。"从该条规定可以看出，社区矫正机关并没有治安处罚的权限，而只有提请公安机关予以治安处罚的权限。问题在于：如果公安机关认为不需要进行治安处罚或者治安处罚的具体决定与社区矫正机关不一致的，社区矫正机关并没有任何制约的权力，连申请复议的权力都没有。在监狱，服刑人员如果严重违反监狱管理规定，监狱可以对其提升管理级别，用关禁闭等方式进行惩罚，具有较强的威慑力。但社区矫正机关却没有任何惩罚的权限，其执法的权威性难以得到有效保障。最终，要么社区矫正机关给予警告等象征性处罚，要么直接提请撤销社区矫正，缺乏中间制裁。

（三）社区矫正机关提请撤销社区矫正存在的问题

《社区矫正实施办法》第25条规定了社区矫正机关提请撤销缓刑、假释的程序，并明确了提请撤销缓刑、假释的条件，但该规定在实践中同样存在问题：

（1）如果社区矫正机关提请撤销缓刑、假释，是否有权提请公安机关予以羁押？如果不提前予以羁押，那么只能等到人民法院裁定撤销缓刑、假释以后才能由人民法院发布逮捕决定书以后交由公安机关网上追逃。问题在于，在这中间长期脱管的法律风险如何控制？由谁承担？现行法律文件并没有规定。

（2）如果社区矫正机关提请撤销缓刑、假释，而原裁判人民法院（很可能与社区矫正机关不在同一省市）决定不撤销缓刑、假释的，怎么办？现行法律并没有规定救济途径，一旦出现这种现象，将严重损害社区矫正的执法权威性。

（3）撤销社区矫正是否需要开庭审理？如果只是书面审理，可能剥夺社区矫正人员的合理抗辩权；如果需要开庭审理或者召开听证会，社区矫正人员能否聘请律师参与，缺乏明确规定。尤其是在社区矫正机关与原裁判、批准、决定机关不在同一省市，社区矫正的撤销将面临巨大障碍。另外，按《社区矫正实施办法》规定，司法行政机关的收监执行建议书和决定机关的决定书，应当同时抄送社区矫正人员居住地同级人民检察院和公安机关，也即，社区矫正撤销程序的监督检察机关是社区矫正人员居住地检察机关。但是，当社区矫正人员居住地与撤销机关跨越不同省市的，检察院如何实现跨省市监督？显然缺乏可操作性。

（4）有关机关决定不予撤销社区矫正时，社区矫正机关怎么处理？社区矫正实践完全可能存在社区矫正机关认为应当撤销社区矫正而有权决定是否撤销社区矫正的机关决定不一致的现象，但现行法律、司法解释没有对此说明应当如何处理。司法实践中，已经发生社区矫正工作者因玩忽职守导致社区矫正人员脱管、漏管期间再犯罪而追究社区矫正工作者刑事责任的案例。那么，如果社区矫正机关提请撤销社区矫正而有关机关决定不予撤销时社区矫正人员再犯严重犯罪时，如何承担责任？现行法律和司法解释难以完全解决上述问题。

五、执法机关衔接配合的运行机制缺失

在社区矫正的学术研究文献和实务研究报告中，“社区矫正运行”或“社区矫正运行机制”时常被提起，但遗憾的是，基

本上没有对“社区矫正运行机制”提出明确界定的学术文献，大都是起个“社区矫正运行”的题目，而在文献里装填各种各样的内容，似乎“社区矫正运行”是个不言自明的定义，但问题并非如此。据笔者查阅的文献，较早使用“刑法机制”一词的是储槐植教授，他认为刑法机制“是指刑法运作的方式和过程”。后期使用“社区矫正运行”“社区矫正运行机制”“行刑权运行机制”“刑罚执行权运行机制”等概念的学者，几乎都没有界定何谓“社区矫正运行机制”。有意思的是，根据中国知网查阅的文献，对此有相对明确界定的论文只有一篇，该文作者丁芳认为：“社区矫正运行机制，是指社区矫正这一工作的领导、执行部门是哪些，这一工作包括的具体内容、步骤和程序有哪些，以及怎样实施这项工作。具体来说，社区矫正的各阶段要实行相应的配套措施，包括执行各部门的协调机制、审前社会调查机制、风险评估机制、保证机制等。”〔1〕丁芳的观点尽管相对明确，但遗憾的是她的论文也并未就社区运行机制的内涵展开研究。

那么，到底什么是“社区矫正运行机制”呢？所谓运行，从最一般的意义上来说就是指运动；所谓机制，就是指各要素之间的结构关系和运行方式，在社会学中的内涵可以表述为：“在正视事物各个部分的存在的前提下，协调各个部分之间关系以更好地发挥作用的具体运行方式。”〔2〕因此，所谓运行机制，必然包含如下内容：第一，运行主体；第二，各运行主体之间的关系；第三，运行的内容；第四，运行的程序和方式。社区

---

〔1〕 丁芳：“我国社区矫正运行机制探究”，河北师范大学2012年硕士学位论文，第6页。

〔2〕 https://baike.baidu.com/item/%E6%9C%BA%E5%88%B6/1433787?fr=aladdin，访问日期：2018年3月1日。

矫正是刑罚执行权，从广义上来说，是社区矫正的裁判、执行、撤销等各个环节的运行程序和方式；从狭义上来说，刑罚执行与刑事司法不同，社区矫正运行机制不包含社区矫正的裁判环节，这一环节应当属于司法裁判的内容。考虑我国社区矫正的各种规范性文件，都将社区矫正的决定环节纳入其中，本书采取广义的社区矫正运行机制定义。

2009 年最高人民法院等部门出台的《关于在全国试行社区矫正工作的意见》中曾明确指出，在进一步加强对社区矫正人员的帮困扶助中，应积极协调民政、人力资源和社会保障等有关部门，将符合最低生活保障条件的社区矫正人员纳入最低生活保障范围，为符合条件的农村籍社区矫正人员落实责任田。整合社会资源和力量，为社区矫正人员提供免费技能培训和就业指导，提高就业谋生能力。可以说，社区矫正不是某一部门的事情，而应该是其他相应部门如民政、社保等联合加入社区矫正工作中来，为工作的开展提供相应的支持。但西部地区社区矫正工作的主要开展主体为公检法司等部门，而其他涉及部门在这方面所提供的支持较少，同时由于司法与行政部门之间联系也不密切，尚未形成协调及联动机制，部分政法机关对《关于进一步加强社区矫正工作衔接配合管理的意见》（司发通［2016］88 号）贯彻执行得不够好，一定程度上影响了工作的紧密衔接和相互配合。社区矫正也缺乏支持多方参与的平台和载体，导致其在社会上的影响力较小，也造成一些组织虽然具备接纳社区矫正人员的意愿和条件，也被拒之门外的局面。另外，从技术层面讲，公检法司等单位都各自建有业务数据信息系统，但并未互联互通，难以实行业务数据实时交换。目前各社区矫正机构开展社区矫正工作的基本依据是《社区矫正实施办法》对会商机制仅作了原则性规定，实际工作中仍然存在制度不落实、衔接不顺畅、工作不协调、配合不紧密等问题。公检法司等单位之间没有形成成熟完善的社区矫正工作联席会商机制，以致对一些法律法规无明确规定而实际工作中又遇到需要多方研究解决的问题，不能及时协商研究解决。为此，我们在本书第八章有针对性地提出了一些解决设想。

六、缺乏社会力量参与社区矫正的制度保障

社区矫正是一项复杂的社会系统工程，在开放的社区对社区矫正人员进行监督管理和教育矫正，需要广泛的社会力量参与。社区矫正队伍中不仅包括司法所工作人员，还有很重要的一部分组成人员，即相关社会团体、民间组织以及社会志愿者。社区矫正执行效果很大程度上依赖于各种社会资源和力量的参与情况，甚至可以说此两者之间存在一种正比例关系。就我国西部省（市、自治区）的情况看，社区矫正试行工作已经推行多年，也有一些专家学者、高校学生、社区居民等社会志愿者参与到社区矫正的执行中，但参与的广度和深度远未达到社区矫正执行的需要。

一方面，西部地区自开展社区矫正工作以来，基本上是靠政府自上而下的极力推行，而政府对于普通公众的教育宣传工作没有及时跟进。广大群众对社区矫正的认知较低，对于社会一般公众来说，究竟何为社区矫正不甚了解，更有甚者连社区矫正这个概念都根本没有听说过。在大多数公众的心目中仍然保持着传统的犯罪刑罚观念，认为犯了罪就应该关进监狱，而犯了罪却仍然生活在社区之中，群众对此不理解、不支持，有的还表现出过度的忧虑、恐惧，对工作人员上门走访调查有抵触情绪，社会上一些人对社区矫正人员存在着严重歧视心理，缺乏社会宽容度，在很大程度上影响了社区矫正人员自觉接受教育改造，顺利回归和融入社会。群众不了解也就谈不上理解，

自然也就会产生对社区矫正人员的排斥，更谈不上积极参与到社区矫正的执行中来。

另一方面，对于专家和学者而言，由于其职业以及受教育程度等原因，对于社区矫正的了解更多一些，也更容易接受这一新生事物并参与到社区矫正工作中，但是各省（市、自治区）却又没能建立起一套行之有效的参与机制和途径，使得这些专业人才虽有一腔热情和良好愿望却不得其门而入。虽然“两高两部”出台的《社区矫正实施办法》及四川省出台的《社区矫正实施细则》都规定了社会组织和志愿者参与社区矫正管理帮扶等内容，但在实际工作中没有具体的参与机制和平台。地方基层司法矫正机关普遍缺乏专门的社会力量参与社区矫正的经费保障和激励措施，有能力承接社区矫正服务的社会组织又很少，社会组织和社会志愿者参与社区矫正工作的积极性不高。不从制度上保障参与者的权利和规定相应的责任，则很难有效推进社区矫正事业的发展。

此外，在具体实践中，国家机关在社区矫正中起着主导作用，社会力量即使参与进来也只是处于听从安排的状态，也造成了其主观能动性不能得到充分发挥，形成“国家怎么安排，我们怎么做”的消极想法，以至于在矫正工作中缺乏必要的责任感。产生上述现象的核心问题是缺乏责任权利分明的国家层面的社区矫正制度。

社区矫正人员在服刑过程中，容易因烙印性耻辱形成的标签效应而形成自我消极现象，融入社会的支持性因素与远离社会的消极因素同时并存。在缺乏社会支持的情况下，社区矫正机关单独很难完成促使服刑人员回归社会的目标。当下，我国已有学者对社区矫正的社会支持进行了系统的研究，认为社区矫正的社会支持系统非常粗疏，并对社区矫正形成较大的后拉效应。[1]笔者在此主要是从微观的层面讨论社区支持。所谓社区支持，主要是指社区对社区矫正的正面、积极地参与，更多强调社区资源对社区矫正人员的情感支持、社区联系支持。当社区矫正人员仅仅是形式上每个月定期参与司法所组织的矫正活动而没有积极参与形成社区联系，容易导致服刑人员与社区的疏离感，这背离了社区矫正的本来意义，使社区矫正机关面临单兵作战的尴尬境地，社区矫正也易被异化为“抛弃”策略。

通过教育来矫正社区矫正人员一直是我国社区矫正的中心任务之一，这足以显示出我国对于社区矫正教育工作的重视和支持。我国各地区的社区矫正教育不乏先进的理念和原则，也有地区性、民族化、综合性、多样化的教育矫正内容和教育方式。在理念上认同人的可改造性，强调思想改造，重视矫正者的个体差异性，提出了“因人施教”等教育原则。这些，都是我国社区矫正教育的闪光点。但是，对教育矫正工作缺乏规范的分类教育内容和方法、缺乏有效的评估制度，更缺乏教育矫正工作者队伍的制度保障，导致执法者在实践中普遍“重监管、轻教育”的倾向。

七、调查评估程序存在的问题

《社区矫正实施办法》第4条规定了社区矫正的调查评估程序，但该规定使用的是“可以”而非“应当”，也即该程序并非必经程序。由于缺乏明确的法律依据，司法实践中审前调查程序存在如下问题：一是刑事审判阶段的审前调查评估报告的程序定位不明。特别是在刑事审判阶段，人民法院拟适用社区

---

〔1〕 井世洁：“断裂与重构：社区矫正青少年的社会支持：以上海市J区为例”，载《社会科学》2012年第9期。

矫正的，应当是在法庭辩论中的量刑辩论程序结束之后。如果被告人（辩护人）要求对被告人判处管制、缓刑，人民法院拟决定社区矫正的，司法行政机关在作出审前调查评估报告之后，是否还需要再次进行量刑辩论？如果不经过量刑辩论，程序是否妥当存在疑问，而司法实践中普遍未将审前调查评估报告作为再次启动量刑辩论程序的理由。二是启动阶段不明。《社区矫正实施办法》规定启动主体包括人民法院、人民检察院、公安机关和监狱。按此规定，公安机关有启动社区矫正审前调查的权力，但现行《刑事诉讼法》未赋予公安机关量刑建议权；人民检察院享有量刑建议权，在其审查起诉阶段如果有管制、缓刑的量刑建议，是否可以在审查起诉阶段即启动审前评估程序并在提起公诉时将审前调查评估报告提交人民法院？各地做法不一，导致审前评估报告的公信力面临尴尬。[1]

《社区矫正法（征求意见稿）》第10条第2款规定：“社区矫正社区矫正人员的居住地执行。社区矫正决定机关根据需要可以委托社区矫正机构或者居民委员会、村民委员会等组织对罪犯的社会危险性和对社区的影响进行调查评估。”正如但未丽教授分析的，此规定不足在于：“第一，未将调查程序确定为社区矫正判决前必经的程序。为增强社区矫正适用的针对性并对社区安全负责，应规定所有可能判决（决定）参加社区矫正的犯罪人都接受社会调查评估，根据评估结果再确定是否适合在社会上服刑。第二，调查主体过多。《社区矫正法（征求意见稿）》把社区矫正机构或者不具备刑事取证资格的居民委员会、村民委员会等组织都列为调查主体，且未对调查人员资质、调查人数和调查纪律作出规定。‘居民委员会、村民委员会等组

---

〔1〕任文启：“完善我国社区矫正审前调查评估制度的思考——基于文本和现实的比较分析”，载《甘肃政法学院学报》2016年第2期。

织’原则上并不具备刑事调查和证据收集资质，不适合承担可能影响刑事判决结果、法律要求高的专业行为。第三，调查内容过于狭窄。除调查‘罪犯的社会危险性和对社区的影响’，还应全面关注犯罪人所受教育、家庭情况、人生经历、社会适应能力、人际关系、平时表现等要素。第四，未对判决前调查报告性质作出规定。调查报告影响犯罪人在社区还是在监狱服刑，这是没有争议的。问题是如果调查报告属于证据，就得接受法庭质证，否则不应影响量刑。”[1]此外，调查评估受托机关多元化使评估结果的客观性、专业性受到挑战，同时也弱化了社区矫正机构的工作职能，社区矫正机构依托的基层政府组织每三年进行换届，人员变动频繁，素质和专业化程度参差不齐，势必影响评估结果和社区矫正决定机关的判断。而且，《社区矫正法（征求意见稿）》并没有对“调查评估意见”的性质作明确规定，是仅供参考还是作为司法裁定可以进行社区矫正的证据之一？即调查评估意见是否是一种证据（类似司法鉴定结论）？笔者认为“评估意见”只能作为法院适用缓刑或者假释并可否移交社区矫正的参考，但法官采纳与否必须在法律文书中明确理由。因为想要让其与司法鉴定结论一样具有证据的效力，就必须另起炉灶委托具有相应司法鉴定资质的机构进行第三方司法调查评估并形成结论。那么，《社区矫正法（征求意见稿）》第10条就无法适用了，无论如何，由于对犯罪人的审前调查评估涉及的专业性和技术性都很强，涉及对社区矫正人的社会危险性和对社区的影响的评估，没有一定专业能力及专业资质的人员和机构是难以完成的。最后形成的调查报告应当具有一定法律证据效力，立法上绝不能简单地把评估权交给“居民委员会”“村民

---

〔1〕 但未丽：“社区矫正立法若干问题研究——以《社区矫正法（征求意见稿）》为分析对象”，载《首都师范大学学报（哲社版）》2018年第2期。

委员会”这样一些非专业性的组织，否则调查评估就会流于形式。

在实践中，我们也要注意对社区矫正前的调查评估中社区矫正工作管理主体不作为的现象，即社区矫正管理主体为推卸包袱或者减轻工作压力，作出不利于犯罪人的调查评估结论，而导致行刑社会化大打折扣。这在对监狱提请假释犯的社区矫正调查评估中表现的问题较为突出，由于现行体制下，多种因素导致社区矫正机构并不愿意大量接受假释犯入矫，在对假释犯的社会风险评估的调查范围和考察重点就会围绕不利于假释犯接受社区矫正的因素展开，使得假释前的调查评估可能会出现不客观，这也是我国假释率多年偏低的原因之一。这种隐形的机制障碍，需要立法机关在程序制度设计上加以破除。

八、社区矫正分级处遇存在的问题

社区矫正实践一般将分级处遇称之为“分类管理”（如北京市、山东省）或者“分等级管理教育”（如安徽省），名称虽然不同，但都是将社区矫正人员分为宽管、普管、严管三个等级。应当认为，分级处遇比分类管理的提法更为妥当：首先，分级是根据社区矫正人员人身危险性大小而进行的纵向区分，分类则一般是横向区分。与等级变化相对应的是降级、晋级两个词语，而类型变化则不能与降级、晋级对应，只能是重新分类。其次，处遇比管理的提法更妥当。处遇是服刑人员在行刑阶段的监督、管理、教育、帮助、保护活动的总称，而管理则仅仅是监督管理，其不能涵摄社区矫正的全部内容。梳理各省市的地方性社区矫正文件结合笔者的调研，社区矫正分级处遇主要存在如下问题：

（一）确定等级之前，通常给予服刑人员一个过渡期

通常在正式确定服刑人员监管等级之前，社区矫正机构都

会给予服刑人员一个过渡期，过渡期满后综合各种情况评定监管等级，但过渡期的性质和期限，各地却存在不同认识。过渡期的性质有两种不同的实践模式：一种是直接将过渡期确定为严管，另一种是将过渡期定位为入矫教育；过渡期的期限也不尽相同，有直接规定固定期限的，也有分类规定固定期限的，还有固定期限加弹性期限的。分析上述不同的模式，笔者认为安徽、南京模式的定位更为妥当。

（1）直接将过渡期确定为严管并不妥当。北京、山东等省市的实践模式，或许借鉴了美国社区矫正实践流行的震惊式监禁模式。首先对其进行1个月的严管（高强度管理），其优点是可以强化社区矫正人员的纪律意识、服刑意识，但其缺点也同样突出：一是易强化社区矫正人员的标签效应，触发社区矫正人员内心的抵触情绪；二是不加区分地一律实行严管，也就意味着不区分犯罪类型、不区分年龄大小、不区分人身危险性，这违反了刑罚执行的分类管理原则。

（2）将过渡期确定过长的实践模式也值得商榷。江西、湖北等省将过渡期确定为3个月的模式存在如下问题：①未区分矫正期限长短，有的服刑人员矫正期限可能不足半年，但将过渡期确定为3个月，且3个月都是严管，违反了罪刑相适应原则；②之所以存在过渡期，是因为社区矫正机构对服刑人员人身危险性进行评定之前的调查评估需要一定时间，对社区矫正人员的了解也需要一定时间，但这完全不需要3个月这么长。

（二）处遇等级动态调整评估通常规定了固定期限

各省市的文件通常都对处遇等级调整规定了固定期限，这可能是借鉴了监狱服刑时罪犯减刑的规定，但各地规定调整处遇等级的固定期限不尽相同。处遇等级动态调整评估的期限有如下几种模式：直接规定固定期限；晋级规定较长的固定期限，降级规定很短的期限；未规定固定期限。笔者认为，上述不同模式各有利弊：

（1）就调整期限而言，动态调整评估期限过长弊大于利。首先，未区分刑期长短。如果社区矫正人员的刑期总共不到1年甚至是几个月，动态评估期限过长对社区矫正人员缺乏足够的激励、威慑，容易出现消极应付社区矫正的现象。其次，即使刑期较长，规定过长的调整评估期限也不利于激发社区矫正人员的矫正积极性。社区矫正本质上属于刑罚执行，对服刑人员的人身自由有一定限制，如果调整评估期限过长，社区矫正人员不能因其优良表现得到社区矫正机构的及时回应，则明显导致激励性不足，从而影响矫正效果。最后，调整评估期限过短也存在弊端。因为很难判断是否由于服刑人员的机会主义心理导致人身危险性评估失去准确性。

（2）晋级规定较长的固定期限而降级规定极短的期限有利有弊，应当具体情形具体分析。首先，如果服刑人员的行为存在足以表明其人身危险性明显增加的特殊情形，作出及时调整监管等级的决定值得肯定。社区矫正人员的人身危险性通常显著低于监狱服刑人员，但也存在例外情形，为准确控制社区矫正人员的人身危险性，应当及时调整其监管等级。其次，对及时作出降级决定的特殊情形应当明确规定并严格限制。例如，《湖北省社区矫正人员分类管理、分阶段教育实施办法》规定，“消极对待，借故不接受社区矫正机关监管教育的”直接降为严管且不需要3个月考核期，这种比较模糊且十分严厉的规定，很容易让社区矫正人员产生不公平感，甚至激发其不满或抵触情绪。

（三）不同等级处遇的差异过小

当前社区矫正实践虽然普遍规定了分类（分级）处遇，但三级处遇之间的界限并不明显，对提高矫正的激励性和威慑性没有发挥应有的正面功能。在此试举江西与福建两省作对比分析：

《江西省社区服刑人员分类管理分阶段教育实施办法（试行）》的规定

监管教育方式	严管	普管	宽管
口头汇报	每周1次	每半月1次	每月1次
报到、书面汇报	每月1次	每一个半月1次	每季度1次
学习、教育活动	每月1次	每一个半月1次	每季度1次
公益劳动	每月12小时	每月8小时	每月4小时

《福建省社区矫正对象分类管理、分阶段教育实施办法（试行）》的规定

监管教育方式	严管	普管	宽管
口头、电话汇报	每周1次	每周1次	每半月1次
书面报告	每半月1次	每月1次	每月1次
个别教育	每月3次	每月2次	每月1次
集中学习	每月6小时、2篇学习心得	每月4小时、1篇学习心得	每月2小时、书面报告活动1次
公益劳动	每月12小时	每月12小时	每月12小时

不同省市对监管的强度、频率规定存在较大的差异，不过这并不是我们的研究重点，在此主要讨论三级处遇之间的差异是否明显。从上表可以看出，江西省不同级别的处遇差异明显大于福建省。书面报告、个别教育、集中学习、公益劳动对社区矫正人员人身自由的限制是社区矫正监管的主要方式，福建省在不同级别监管强度上差异并不明显，甚至在公益劳动这一点上三级之间完全没有差异。四川省也存在类似问题，根据《四川省社区矫正实施细则（试行）》的规定，宽管、普管人员每月参加社区服务都不少于8小时，严管人员则适当增加。

不同监管等级之间差异过小，对社区矫正人员来说，降级的威慑性不大，晋级的激励性也不足，很容易令社区矫正人员产生消极应对、得过且过的心理，缺乏对社区矫正应有的参与积极性、主动性，满足于“混完”刑期的心理状况普遍存在。

九、社区矫正人员的义务存在的问题

（一）社区矫正人员的义务规定不明确

我国社区矫正制度对社区矫正人员目前还没有一个明确的法律义务规定。一是《刑法》缺乏对社区矫正人员在社区矫正活动中应承担什么明确的义务规定。多以“遵守法律、行政法规”“服从监督”这样笼统的文字表达，在实践中就存在各地自行制定部门规章，按当地政策规定社区矫正人员的义务。二是《社区矫正法（征求意见稿）》第8条第1款规定：“社区矫正人员应当遵守法律、行政法规和社区矫正机构的有关规定，服从管理，接受教育。”第13条：“社区矫正机构根据社区矫正人员的表现，对其实施考核奖惩。社区矫正人员认罪悔罪、遵守法律法规、服从监督管理、接受教育，表现突出的，社区矫正机构应当给予表扬。社区矫正人员违反法律法规或者监督管理规定的，社区矫正机构应当依照有关规定给予警告。”这些看似清晰，而却又毫不明确的义务，必然会在具体实施时产生由社区矫正机关或者地方社区矫正机构自行制定五花八门的社区矫正人员的所谓“法律义务”，从而有损于法律的尊严和实际执行的公正公平性。吴宗宪教授也指出：“由于规定的法律义务缺乏针对性，不能根据犯罪人以及被害人等的具体情况而判处犯罪人在刑罚执行期间应当遵循的法律义务，例如，不能暂停犯罪人的某些从业资格、不能限制犯罪人接触被害人、不能禁止犯罪人涉足可能诱发重新犯罪的场所、不能禁止犯罪人从事容易进行犯罪的特定活动，因此不能有效地预防重新犯罪的发生。”[1]

（二）社区服务存在的问题

我国社区矫正工作实践普遍将社区服务作为社区矫正工作的重要内容，学术界对社区服务的价值也有较高期许。然而，实务界人士对社区服务则评价不高，实践中也存在不少问题。[2]根据笔者的调研，社区服务存在如下问题：一是社区服务项目单一。社区服务最常见的形式是卫生保洁工作，但实践中存在一个问题，就是街面、单位的卫生保洁往往由物业公司承担，即便是卫生保洁工作，社区矫正机构往往也要多方协调才能找到适宜的工作地点，最后沦为一种形式，难以发挥矫治效果。二是社区矫正机构对组织社区服务存在顾虑，这一点较少为学术界所探讨。一些基层司法所的同志提出：如果在组织社区服务的过程中发生了意外怎么办？例如在扫大街时发生了车祸、在做保洁工作时意外滑倒受伤，医疗费谁来承担，社区矫正人员提出索赔如何处理，这些都是难题。社区服务本身是劳动，既然是劳动，就存在劳动风险。有学者探讨了社区矫正志愿者服务的风险，[3]但目前学术界几乎没有见到研究社区服务风险处理的文献。三是烙印性耻辱带来的标签化效应。社区服务活动，一般安排在本社区，但是组织集体劳动，社区群众的围观很可能给社区矫正人员带来烙印性耻辱进而强化标签效应，反而不利于其重新融入社会。尽管学者区分了烙印性耻辱与重整性耻辱，

---

〔1〕 吴宗宪：《社区矫正比较研究》（上），中国人民大学出版社 2011 年版，第 131 页。

〔2〕 杭州市司法局课题组：“困境与出路：依法开展社区矫正情境下社区服务的执行现状及其重构——以杭州市的实践调查为基础”，载《中国司法》2014 年第 2 期。

〔3〕 田兴洪：“我国社区矫正志愿服务风险防范的问题及对策研究”，载《社会科学家》2015 年第 1 期。

并认为重整性耻辱能够有助于服刑人员重建自尊心，但是这只是一种建立在社区共同体基础上的理想状态，现实中很难有效避免烙印性耻辱带来的标签化效应。

十、社区矫正奖惩机制缺乏引发的问题

在监狱行刑阶段，有比较系统的奖惩措施，当前普遍实行的积分制，将监狱服刑人员的日常表现与减刑挂钩，对服刑人员有较大的激励效应。对于服刑人员来说，缩短服刑期限是最大的激励。但现有司法解释明确规定，原则上不予缩短社区矫正期限，因此一般意义上的表扬等奖励手段对服刑人员的激励严重不足。社区矫正工作者普遍满足于“不出事”的工作现状；社区矫正人员则对参与社区矫正也存在消极应对的心态，“混满”刑罚期限就万事大吉。经过调研笔者发现，大部分社区矫正人员都能正常遵守社区矫正的各项监管规定，但也有少数人员不愿意参加矫正活动。虽然司法解释规定了撤销缓刑、假释的情形，但一般即便严重违规，社区矫正工作者仍然不愿意轻易启动这一最严厉的惩罚措施。社区矫正的最大特点，就在于社区矫正工作者与社区矫正人员多生活在同一社区，存在典型的“熟人”现象。“熟人”现象在有利于发挥社区矫正优势的同时，也会导致社区矫正工作者不愿意“得罪”社区矫正人员，除非社区矫正人员的严重违规行为已经超出社区矫正工作者的容忍限度。

十一、对流动人口社区矫正存在的问题

《社区矫正实施办法》对流动人口的管辖地确定了“居住地”管辖标准，但没有对“居住地”进行明确界定。一般认为，确定居住地有两个标准：固定居所，由其本人或者与亲友共有、承租，或者其他人、单位愿意为社区矫正人员提供，社区矫正

人员能够在此居所连续居住 6 个月以上；固定的生活来源，有亲友、其他人、有关单位为其提供生活保障。无法确定居住地的，由其户籍所在地管辖。但上述规定在司法实践中难以得到有效贯彻，面临如下困境：对无业人员如何确定社区矫正管辖地。无业人员实施的犯罪占轻罪中很大一部分比例，明确禁止对无业人员不适用管制、缓刑显然不妥，但如果对无业人员适用管制、缓刑又面临社区矫正管辖地的巨大难题：审判管辖地与社区矫正管辖地可能相距甚远，容易导致脱管、漏管。因此，实践中一般对固定生活来源并没有严格要求，只要被告人与本地房东签订有房屋租赁合同一般就在本地管辖，但这又容易导致一个难题：房屋租赁合同随时可以解除，候鸟式的无业流动人员很可能脱管、漏管。

按照《社区矫正实施办法》的规定，社区矫正人员需要变更居住地的，应当提前 1 个月提出书面申请，由司法所签署意见后报经县级司法行政机关审批；县级司法行政机关在征求社区矫正人员新居住地县级司法行政机关的意见后作出决定。这为社区矫正人员的流动提供了政策依据，但在社区矫正实践中却各地做法不一。有的地方接受社区矫正人员异地管辖，要求剩余矫正期限在 1 年以上、在本地有固定经济来源、有固定住房；有的地方则干脆明确不接受外来社区矫正人员提出的异地管辖申请。上述问题背后潜藏的原因在于社区矫正经费的安排与使用。人口流入地的社区矫正机构可能面临社区矫正人员人数增多、矫正压力过大等难题，因而为接收异地管辖人员设置了种种限制。

十二、社区矫正撤销程序存在的问题

由于缺乏《社区矫正法》，而《社区矫正实施办法》规定的程序并不细致，因此，在社区矫正机关与公检法三机关的沟

通衔接上，还存在不少程序模糊之处，此处主要解决社区矫正撤销程序的困境。

按照《社区矫正实施办法》第25条规定，缓刑、假释的撤销由居住地同级司法行政机关向原裁判人民法院提出撤销缓刑、假释建议书；《社区矫正实施办法》第26条规定，暂予监外执行的撤销由居住地县级司法行政机关向批准、决定机关提出收监执行的建议书。《社区矫正法（征求意见稿）》对此则进行了模糊化处理，第15条第1款规定："社区矫正人员符合刑法规定的撤销缓刑、假释条件的，社区矫正机构应当向人民法院提出撤销缓刑、假释建议，并将建议书抄送人民检察院。"《社区矫正法（征求意见稿）》并未明确指出管辖权到底是属于"原裁判人民法院"还是"社区矫正机构执行地人民法院"。

上述规定看似明确，但实践中却存在如下问题：①撤销社区矫正是否需要开庭审理？如果只是书面审理，可能剥夺社区矫正人员的合理抗辩权；如果需要开庭审理或者召开听证会，社区矫正人员能否聘请律师参与则缺乏明确规定。尤其是在社区矫正机关与原裁判、批准、决定机关不在同一省市的情形下，社区矫正的撤销将面临巨大障碍。②对于提请撤销社区矫正的社区矫正人员，如果社区矫正机关认为其具有明显的人身危险性，是否可以决定羁押？如果羁押，则可能涉及跨省护送的问题，并且现行《刑事诉讼法》没有明确规定；如果不羁押，在此期间出现重大犯罪，社区矫正机关将面临巨大社会压力。③人民检察院如何监督社区矫正撤销程序？按《社区矫正实施办法》的规定，司法行政机关的收监执行建议书和决定机关的决定书，应当同时抄送社区矫正人员居住地同级人民检察院和公安机关，也即，社区矫正撤销程序的监督检察机关是社区矫正人员居住地检察机关。但是，当社区矫正人员居住地与撤销机关跨越不同省市的，检察院如何实现跨省市监督？显然《社区矫正实施办法》的这一规定缺乏可操作性。④有关机关决定不予撤销社区矫正时，社区矫正机关怎么处理？社区矫正实践中完全可能存在社区矫正机关认为应当撤销社区矫正，而有权决定是否撤销社区矫正的机关决定不撤销的现象，但现行法律、司法解释对此没有说明应当如何处理。司法实践中，已经发生过社区矫正工作者因玩忽职守导致社区矫正人员在脱管、漏管期间再犯罪而被追究刑事责任的案例。那么，如果社区矫正机关提请撤销社区矫正而有关机关决定不予撤销时，社区矫正人员再犯严重犯罪的，如何承担责任？现行法律和司法解释无法解决上述问题。

十三、未将犯罪人履行赔偿义务纳入社区矫正制度调整范围引发的问题

笔者在此所思考的问题是，对犯罪人的社区矫正工作要包含一些有较强针对性内容，一方面通过非监禁的、开放的监管方式对罪犯进行考验和帮助，另一方面不能免除其所应承担的义务包括对民事赔偿义务的履行，特别是后者，从未来社区矫正制度的完善来看应该引起立法者的关注。

（一）我国社区矫正未明确规定包含罪犯的赔偿义务

在我国，2003 年“两高两部”联合发布的《通知》将社区矫正界定为：“是与监禁矫正相对的行刑方式，是指将符合社区矫正条件的罪犯置于社区内，由专门的国家机关在相关社会团体和民间组织以及社会志愿者的协助下，在判决、裁定或决定确定的期限内，矫正其犯罪心理和行为恶习，并促进其顺利回归社会的非监禁刑罚执行活动。”该《通知》规定社区矫正的适用范围主要包括下列五种罪犯：被判处管制的、被宣告缓刑的、

被暂予监外执行的、被裁定假释的、被剥夺政治权利并在社会上服刑的。关于社区矫正的内容体现在该《通知》关于社区矫正任务的规定中，包括对社区矫正人员的管理和监督；对社区服刑人员的思想教育、法制教育、社会公德教育，矫正其不良心理和行为；帮助社区服刑人员解决在就业、生活、法律、心理等方面遇到的困难和问题。可以说，上述这三个方面的内容，理论上可归结为管束和帮教两个方面。对赔偿义务的负担在该《通知》中没有提及。我国《刑法修正案（八）》将社区矫正第一次以法律的形式固定下来，将社区矫正引入管制、缓刑和假释刑罚执行或制度之中。为保障《刑法修正案（八）》的顺利实施，“两高两部”于 2011 年 4 月 28 日出台《关于对判处管制、宣告缓刑的犯罪分子适用禁止令有关问题的规定（试行）》，该《规定》在第 3 条规定：“人民法院可以根据犯罪情况，禁止判处管制、宣告缓刑的犯罪分子在管制执行期间、缓刑考验期限内从事以下一项或者几项活动：……（四）附带民事赔偿义务未履行完毕，违法所得未追缴、退赔到位，或者罚金尚未足额缴纳的，禁止从事高消费活动；……”这一规定以“禁止令”的方式，通过规定禁止从事影响赔偿义务履行行为的方式，至少充分肯定了赔偿义务在实践中不能因刑罚判决的作出就可以一笔勾销。

当然，分析我国的社区矫正试点工作以及刑法典和司法解释的规定，管制、缓刑、假释的考察内容，管束的成分较多，对缓刑犯指导帮助的内容较少。其宗旨是从促进犯罪分子教育矫正、有效维护社会秩序的需要出发，没有直接关于犯罪人对被害人应尽的义务内容，包括《刑法修正案（八）》的颁布及相关司法解释的出台，仍然将犯罪仅看作是罪犯和国家之间的矛盾，赔偿损失被看作是犯罪人和被害人之间私法上的关系，与刑罚公权力无涉。但是，在量刑及其之前阶段，赔偿损失越来越被看作是犯罪人悔罪的表现，对刑罚的影响越来越大，并且不断地被有关司法解释予以肯定。一个明显的问题是：为什么在刑罚执行阶段赔偿的地位有这样大的反差？或许，相关部门认为涉及问题多，现在社区矫正才刚刚在法律中予以规定，短期内让被判刑的人在社区矫正中履行赔偿义务的条件还不成熟，也受我国当下国情的局限，即有的因犯罪、判刑失去工作机会。但在笔者看来，从未来社区矫正在我国的发展和完善的角度来看，应当敦促犯罪人参加劳动，并且应该想办法为他们参加劳动创造机会，而将赔偿义务的履行纳入假释、缓刑期间考察的内容，会敦促犯罪人在假释、缓刑期间参加生产劳动，以获取经济收入来赔偿被害人的损失，这样可以使考查内容更为充实，加强犯罪人的责任意识，又能够为被害人获得赔偿提供新的希望。

（二）赔偿由刑罚裁量及其前阶段向刑罚执行阶段延伸的必要性

近年来，由于刑事附带民事赔偿兑现率低，各地各级人民法院纷纷采取措施，提高赔偿兑现率，这其中最主要的方式是调解，或者说借助刑事和解，由公安机关、检察院、法院在刑事诉讼的不同阶段，促使刑事加害人和被害人之间达成和解，力争在刑事案件处理过程中特别是刑罚裁量前阶段解决民事赔偿问题。一个引起关注的现象是，加害方赔偿成为刑事案件处理的重要因素。当然，赔偿的表现不仅影响某些犯罪的后果是否能够得到缓解，同样在一定程度上能够反映犯罪人是否悔罪。加罗法洛认为，赔偿损失最能作为犯罪人悔罪的指标，他指出：“我唯一注重的不是囚犯的模仿，不是类似哑剧演员的表演，不是囚犯在提出工作申请时的卖弄，也不是囚犯对狱政部门的回报。我唯一注重的是囚犯本人的、一个确实无疑的悔悟信号。在我看来，这个信号就是，囚犯为了被害人及其家属的利益，自愿放弃其自身的利益……如果一名罪犯自愿放弃其大部分的个人积蓄来赔偿被害人的损失，这将是一个有力的证明，证明其已经意识到自己的违法行为，证明自己已经有了改过自新的愿望。这种证明比起那些有关良好举止的承诺和对过去忏悔的表白更有证明力。"〔1〕

（三）在刑罚裁量及之前阶段注重赔偿的弊端

赔偿地位在刑罚裁量及之前阶段地位迅速提升的弊端以及相伴而生的国家刑罚权的松动，造成民事赔偿过度影响刑罚适用，使得民事责任和刑事责任相互影响而导致案件量刑失衡的现象。实践中在同一法院，几乎完全相同的犯罪如果犯罪人没有赔偿被害人的损失，其所得到的刑罚要比通常情况下重，而且即使其具备了适用缓刑的条件，也往往不会考虑对其适用缓刑。在公安立案和检察机关的审查起诉环节，案件的处理结论同样因有没有赔偿而在处理上大不相同。可以说，赔偿成为影响量刑均衡的新的重要因素。由于片面依靠刑罚裁量前阶段，加害人对受害人的赔偿即时兑现存在明显的弊端，"我国的刑事损害赔偿在实践中，正逐渐形成以犯罪人在诉讼时的财产为限，采取金钱一次支付或者分期支付的运行状态，将执行阶段才应当解决的问题前置于审判甚至更前的阶段，加之，法律没有规定其他的赔偿方式，更没有建立创造性赔偿制度，这样的制度和实践做法所带来的制约犯罪人赔偿义务履行等的弊端越来越

---

〔1〕［意］加罗法洛：《犯罪学》，耿伟、王新译，中国大百科全书出版社 1996 年版，第 384 页。

明显”。〔1〕

赔偿地位被过于提升，其社会反响和给公众传递的信息并不好。首先，既然出了钱，犯罪人一方不仅不会因为犯罪感到罪恶感，反而变得趾高气扬，表现出道德感、羞耻感的丧失。有办案人员反映，加害人事发后多试图花钱免灾，有钱者表现得理直气壮并炫耀因为有钱给自己带来的成就感。用钱打开一条本来是由正义公理把关的道路，争取尽量对自己有利的结果，这就是赔钱减刑带来的直接结果之一。其次，受害人这一方则学会了看碟下菜，遇上有钱的，则会提出高额的赔偿；遇上没钱的，由于赔偿的要求满足不了，自然强烈要求严惩犯罪之人。最后，对民众来说，他们会认为，我们的社会是一个弱肉强食的社会，适用的是丛林法则，其中钱或者财富代替成为支配人们行为的主宰，纠纷的解决靠得是财富的多少、经济力量的强弱，判不判刑看得是经济实力的强弱及出钱的多少。这一点，从一些略有影响的案件发生后，民众对双方身份、案件可能结论的种种猜测中就能够看出，因赔偿带来的对刑事部分处理的不可预见性，将引起公众对刑事司法公正的质疑，动摇公众对法律的信仰。

（四）将赔偿义务的履行向刑罚执行阶段的延伸的必要性

将赔偿义务的履行向刑罚执行阶段的延伸，从未来刑罚的适用和刑罚目的的实现等预期来说，既符合法律规定，也显得必要且合理可行。

（1）有必要将赔偿义务的履行向刑罚执行阶段进行延伸。赔偿损失不应仅仅在刑罚裁量及其之前阶段作为影响刑事案件处理的因素，应当建立起赔偿损失与刑事责任的长期关联，随

---

〔1〕 王瑞君：“赔偿在刑事诉讼不同阶段地位的失衡与解决对策”，载《社会科学研究》2010年第6期。

时发挥赔偿损失的激励作用，使得犯罪人能够随时关注对被害人的赔偿，有利于强化犯罪人的责任意识。现行的作法将赔偿定格在刑罚裁量及其之前阶段，实际上是对犯罪人现存经济实力的考验，经济实力强的通过支付赔偿轻易地获得较为宽泛的处理，而经济实力弱的则会失去赔偿影响刑事案件处理的机会，其后果是因经济实力的不同导致处理结果不同，从传统的刑罚观念来说，是不公平的。

（2）赔偿义务的履行向刑罚执行阶段的延伸也是现行法律规定的内容。按理说，犯罪人的赔偿义务的履行通常应当是在判决生效后，然而，在我国目前的司法实践中，罪犯一旦进入服刑阶段，极少有犯罪人赔偿被害人的情形出现，服刑期满或假释期间也鲜见赔偿义务的履行。在我国，刑事附带民事判决的执行，适用的是民事诉讼法的规定，民事赔偿判决一旦生效，犯罪人处于履行赔偿义务的状态。根据我国《民事诉讼法》的规定，民事判决生效后，当事人申请执行的期间为 2 年。申请执行时效的中止、中断，适用法律有关诉讼时效中止、中断的规定。一般来说，判决生效后导致执行时效届满而丧失执行权利的情形不多。既然如此，保留犯罪人赔偿义务的履行是合法和合理的。

（3）赔偿义务的履行向刑罚执行阶段的延伸具有可行性。尽管现在我国多数监狱经济效益不是很好，但毕竟已经有监狱开始尝试给参加劳动的罪犯发放报酬，并且，我国现行《监狱法》第 72 条也规定，监狱对参加劳动的罪犯，应当按照有关规定给予报酬并执行国家有关劳动保护的规定。退一步讲，尽管当下报酬的发放还有一定的局限，尚未在全国的监狱全面实现，并且已发放报酬的监狱发给罪犯的报酬数额较低，由此也就决定了让犯罪人履行赔偿义务在某种程度上会受很大局限，但这些不影响在有的地区、有的案件犯罪人履行赔偿义务。当然，在监服刑的犯罪人确实存在因经济条件所限，难以有效赔偿被害人的情况。但是，作为刑罚改革重要方向之一的社区矫正，由于犯罪人在社区接受矫正，其仍然可以就业甚至经营企业，完全可能有效地赔偿被害人。

（4）国外的社区矫正一般包含了罪犯的赔偿义务。国外的刑法对社区矫正内容一般都包括金钱刑罚和赔偿。《法国刑法典》在其“附考验期之缓刑”制度中第132-45条规定：“作出判决的法院或执行法官得特别规定被判刑人遵守下列一项或几项义务：……根据其承担义务的能力，赔偿全部或部分因其犯罪造成的损害；……”〔1〕《德国刑法典》第56b条对缓刑犯规定了法院可以要求其承担以下义务：“1. 尽力补偿由其行为所造成的损害；2. 向公益机构支付一定款项，但它应与行为和行为人的个人情况相适应；3. 提供公益劳动；4. 向国库支付一定款项。”〔2〕《挪威一般公民刑法典》第53条关于“缓刑及减轻和加重刑罚的根据”规定：“……作为缓刑条件，在缓刑期内，法庭可以责令犯罪人支付到期或者即将到期的赔偿。”〔3〕《葡萄牙刑法典》在其“监禁的暂缓执行”部分将赔偿被害人作为被判刑人在暂缓执行期间的义务作了规定，其中第51条规定：“暂缓执行监禁时，可以规定被判刑人履行某些目的在于弥补其犯罪危害的下列义务：在一定期间内向被害人支付其应当支付的全部或法院认为有可能支付的部分损害赔偿，或者通过提供适当的担保保证支付损害赔偿。在同一个条文还规定，法院可以要求

〔1〕《法国新刑法典》，罗结珍译，中国法制出版社2003年版，第36~37页。
〔2〕《德国刑法典》，许久生、庄静华译，中国方正出版社2004年版，第21页。
〔3〕《挪威一般公民刑法典》，马松建译，北京大学出版社2005年版，第15页。

社会矫正机构协助和监督被判刑人履行义务。”〔1〕《丹麦刑法典与丹麦刑事执行法》第57条规定，法院可以规定犯罪人应当遵守一定的有效条件，其中包括犯罪人应当“赔偿由其犯罪造成的损失”。〔2〕此外，其第60条还规定被定罪人不履行相应义务法院可以采取以下措施：“对其进行警告；或者以裁定的形式修改犯罪人须遵守的条件，延长其缓刑考验期限，甚至执行所判刑罚等。”〔3〕瑞典也是采取义务加制裁的方式，在“附条件之刑”一章的第5条规定：“罪犯被责令赔偿犯罪造成的损害的，应当尽其所能履行义务。法院可以指示，在缓刑期间，罪犯应当按照判决规定的次数和方式力图履行自己的义务，全部或部分赔偿损害。如果罪犯导致财产损害并且帮助罪犯适应社会是适当的，法院可以指示罪犯按照判决规定的次数和方式帮助受害方修复或弥补损害，或者考虑犯罪的性质及导致的损害，可以制定其他适当的条件。当然制定其他适当的条件要经受害方同意。”第6条紧接着规定了：“罪犯不能遵守附条件之刑的要求，法院可以采取的措施：决定警告罪犯；根据第5条的规定制定条件或更改先前规定的条件；撤销附条件之刑，决定对罪犯判处其他制裁。”〔4〕这些他山之石不妨作为我们的借鉴。

---

〔1〕《葡萄牙刑法典》，陈志军译，中国人民公安大学出版社2010年版，第22页。

〔2〕《丹麦刑法典与丹麦刑事执行法》，谢望原译，北京大学出版社2005年版，第13页。

〔3〕《丹麦刑法典与丹麦刑事执行法》，谢望原译，北京大学出版社2005年版，第13页。

〔4〕《瑞典刑法典》，陈琴译，北京大学出版社2005年版，第45页。

第六章 CHAPTER6 社区矫正制度的基本原则构建

社区矫正的基本原则，是指在社区矫正过程中应当遵循的基本准则。明确社区矫正的基本原则，有利于树立正确的社区矫正理念，并采取相应的工作机制，最终才能实现社区矫正的目的。《社区矫正实施办法》没有对社区矫正的基本原则作明确规范，国务院法制办制定的《社区矫正法（征求意见稿）》则坚持监督管理与教育帮扶相结合，专门机关与社会力量相结合，保障公众安全与维护社区矫正人员合法权益相结合的原则。该条明确了社区矫正的三项基本原则，即监督管理与教育帮扶相结合的原则、专门机关与社会力量相结合的原则、保障公众安全与维护社区矫正人员合法权益相结合的原则。笔者认为，社区矫正应当坚持如下三项基本原则：国家主导和社会参与原则、分级处遇原则、和解原则。

一、国家主导和社会参与原则

所谓国家主导，是指社区矫正工作尤其是法律事务性工作由国家主管机关负责。社区矫正本质上毕竟是国家的刑罚执行工作，而刑罚权专属于国家，因而由国家主导理所应当。所谓社会参与，是指综合运用社会力量参与社区矫正工作，促使社区矫正人员与社区之间的和解、和谐，最终使得社区矫正人员能够回归社会。

（一）国家主导原则

坚持国家主导原则，是指政府在社区矫正中应当发挥核心的引领作用。欧美国家和日本等社区矫正较为发达，但无论社区矫正如何发达和完善，都离不开政府机构的主导作用。我国开展社区矫正工作，必须首先强调政府的主导，而不是一般性的讨论政府与非政府组织与社区的合作，这主要是基于如下考量：

（1）我国社区矫正的孕育和发展属于政府推动型。与西方国家社区矫正早期是由民间力量推动孕育、形成和发展所不同的是我国社区矫正的孕育和发展完全是政府推动的结果。2002年，北京市和上海市开始试点社区矫正；2003年，在全国七个省市试点社区矫正；2012年，社区矫正正式开展。从社区矫正发展的历程来看，我国社区矫正的试点、推广都是政府主动改革行刑模式的结果。尽管政府的主动改革受到了学术界的影响，但这仍然不能改变政府推动型这一基本判断。由于我国传统刑罚文化的影响，社区居民一般都对罪犯避之不及，遑论“温和友善”地帮助保护罪犯。近代以来，中国人民不是受到侵略者的欺压，就是受到统治者的苛酷统治，新中国成立70年来，这种状况已经得到根本改善，但国人内心的安全感仍然有待提高，故此重刑威慑的观念仍然深入人心。在社区矫正试点之初，就不断有舆论质疑是否会影响公众安全，是否对罪犯“过于仁慈”。因此，我国社区矫正的发展不仅要靠政府投入人力物力，更要靠政府启迪和引导社会舆论，获取公众对社区矫正的认同与支持，还要靠政府对社区的赋权与信任。

（2）我国社会力量发育不充分。当前我国社区建设面临巨大困难，社区涣散且力量薄弱，发育不充分，而且传统的单位体制解体、新的社区整合机制尚未建立，这是当前我国社区建设面临的基本现实。在这样的现实背景下，社区矫正若主要依靠社区居民来参与就具有相当大的困难。实际上，英、美、日等国家的社区矫正也存在同样的问题，不过他们的中介组织比较发达，因而在一定程度上弥补了这个缺陷。因此，我国开展社区矫正工作必须坚持政府主导原则。

基于上述理由，社区矫正工作者的编制配备应当比英、美、日等发达国家更充裕。学者普遍认为社区矫正的工作负担在1∶40这个比例较为适当。〔1〕根据2001年的统计，美国每个缓刑工作者对一般缓刑管理的平均人数是133人、强化管理的是28人、电子监控的是15人；对一般假释的管理是73人、强化管理的是25人、电子监控的是21人；在缓刑、假释混合管理中，一般管理的是94人、强化管理的是24人、电子监控的是33人。〔2〕另外一些数据则更为惊人：从全美范围看，每名缓刑官平均负责的成年缓刑犯是260人，洛杉矶州有2/3的缓刑官平均每人监督1000名缓刑犯，这些缓刑犯仅通过邮件与缓刑官联系。研究显示，有1/4的重罪缓刑犯和1/3的轻罪缓刑犯在1个月以上都没有和缓刑官联系。〔3〕

笔者认为，我国不宜借鉴美国的这一标准，我国的标准应当保持在1∶20以内。理由如下：第一，我国犯罪圈比较狭窄，入罪的都是社会危害性比较大的行为，因而即使是缓刑犯，相对来说人身危险性也较大，故此一般情况下都需要强化监督；第二，我国重刑文化影响较深，推广社区矫正如果不注意强化监督，不仅不利于得到社区居民的支持，也容易给犯罪分子形

---

〔1〕参见刘强编著：《美国社区矫正的理论与实践》，中国人民公安大学出版社2003年版，第72页。

〔2〕转引自刘强主编：《社区矫正制度研究》，法律出版社2008年版，第387页。

〔3〕参见［美］罗纳德·J. 博格等：《犯罪学导论——犯罪、司法与社会》（第2版），刘仁文等译，清华大学出版社2009年版，第586页。

成误导，以为社区矫正就是“免处”；第三，美国的缓刑、假释再犯率高，其原因之一就是片面强调财政因素，在社区矫正队伍无力承担的情况下仍然大规模适用缓刑、假释，导致社区监督不到位；第四，我国社区资源不丰富，各种资源尤其是财力资源仍然主要掌握在政府手中，我国社区矫正得到非政府组织、慈善组织的支持较少，因而社区矫正在发展初期必须主要依靠社区矫正工作者来完成；第五，我国社区矫正尚处于发展初期，社区矫正工作者本身的业务水平不高，如果编制不到位，容易造成社区矫正的虚化，导致社会民众对社区矫正的反弹。

（二）社会参与原则

社区矫正的立足点和出发点都在社区，倡导社区矫正不是简单地将服刑人员“去机构化”，而是强调多方位、多层次、多角度运用社会力量参与社区矫正工作，促使社区矫正人员与社区的和解、和谐，最终使得社区矫正人员能够回归社会。2014年11月14日，司法部、中央综治办、教育部、民政部、财政部、人力资源社会保障部印发《关于组织社会力量参与社区矫正工作的意见》。该《意见》指出，充分认识社会力量参与社区矫正工作的重要性；进一步鼓励引导社会力量参与社区矫正工作；做好政府已公开招聘的社区矫正社会工作者的保障工作；着力解决社区服刑人员就业就学和社会救助、社会保险等问题。目前，不少省市都已经注意到通过政府购买服务的方式吸纳社会力量参与社区矫正。

社区矫正工作不仅是一项严肃的执法工作，更是一项社区社会工作、社会福利性工作；社区矫正工作千头万绪，内容繁杂，社区矫正机构的专职公务员显然难以完全胜任。因此，社区矫正工作必须吸纳非政府组织。譬如，北京市朝阳区2005年3月成立了朝阳区阳光社区矫正服务中心，这是从事社区矫正社会服务活动的非营利性组织，属公益性社团法人，采取协议形式承担北京市朝阳区政府委托的社区矫正社会服务职能。矫正中心的成立，是政府机关运用社会化、市场化的手段与民间组织共同处理社会问题的有效探索，有助于建立社会力量参与社区矫正工作的长效机制，还有助于缓解现阶段社区矫正专业人员不足的现状。不过，阳光社区矫正服务中心的形式还比较单一、政府背景的特征很强，未来社区矫正还必须进一步拓展这方面的思路。国外的经验证明，社区矫正工作的内容具有高度的复杂性，不是简单地监督管理、谈话聊天，而是包含复杂的技术内容，如尿检、心理辅导、电子监控、人身危险性评估、社会服务、公益劳动等。当前的工作机制没有明确非政府组织的法律地位，也没有明确非政府组织以何种方式参与社区矫正，这导致非政府组织的参与极为有限、社会志愿者服务发挥作用有限。

社会参与应当包括两个方面：一是社会参与监督。毛主席讲过，要让敌人陷入人民战争的汪洋大海。社区矫正人员并不是我们的敌人，而是社区成员，但是社区矫正人员毕竟具有一定的人身危险性，对他们既要保护，也要监督。但困难的是，社区矫正人员在社会内接受监督管理和教育，其人身自由虽然受到一定限制，但限制并不大，其大部分时间仍然与其他社区成员一道生活，仅仅依靠社区矫正工作者的力量是远远不足的。然而，社会参与监督并不等于发展一套无所不在的监控体系，成为福柯所说的“监狱社会”，而是说社区成员要有社区集体意识和安全意识，对社区矫正人员的活动能够有一定的关注度，但也不能过度干预其正常生活。二是社会参与保护。对社区矫正来说，社会参与保护是其核心内容。社区矫正人员大多面临一定的社会适应性障碍，或者是生理上的，或者是心理上的，对此社区矫正工作者与社区矫正机关不可能完全顾得过来，此时社会力量就可以发挥重大作用。国（境）外社区矫正机制有一个明显特征，即官方的社区矫正执行机构与非政府组织密切配合。社区矫正的本意，就是让犯罪人在社区服刑，不仅不割断犯罪人与社区之间的联系，反而还要想方设法加强犯罪人与社区之间的联系。因此，社区矫正必然就要求充分利用社区资源。譬如前文提到的加拿大的救世军、约翰·霍华德协会、伊丽莎白·弗莱伊协会、圣·伦纳德协会、第七步骤协会等组织，日本的改造保护法人、改造保护妇女会、帮助雇佣业主会等组织，荷兰的救世军、国家缓刑机构等都是社区矫正的生力军。一般来说，社区矫正执行机构负责监督、执法，非政府组织负责帮助、保护、教育、救治、训练等服务性项目。但是，这种界限正在被打破：社区矫正执行机构本身的人力资源有限，不足以完全单独实行社区矫正的全部内容，许多项目都需要外包给非政府组织。非政府组织在提供服务、组织项目实行的过程中，就需要对矫正对象的项目完成情况进行监督，并有义务随时报告给矫正官。

社区矫正工作在试点之初，难以得到社区资源的有效协助，但是这并非是说社区矫正就一直保持政府主导、社区参与的格局，而是随社区发育的日渐充分，逐渐形成政府指导、社区主导的格局，这才符合社区矫正的本意。必须坚持社区矫正不是简单地将罪犯从监狱排除，不仅是出于人道主义的考虑，而是出于矫正罪犯的考虑。只有形成政府指导、社区主导的格局，才能真正彻底地实现社区矫正的宗旨。

但是，社区矫正不能坐等社区的发育成熟，而是要积极地融入社区建设中：社区矫正本身即能促进社区建设，社区建设的每一分增长，又能反哺社区矫正，这才是双赢的格局。法国社会学家埃米尔·杜尔凯姆就曾经提出过著名的犯罪功能论，其中与社区发展有关的两条就是：①加强社会团结——对犯罪人的蔑视使得守法公民产生道德优越感，并促使其加强团结，以共同对付敌人——犯罪者；②明确道德界限——通过惩罚犯罪，明确社会中道德标准模糊的行为的界限。[1]将罪犯置于社区，毫无疑问将会引发社区居民的高度关注，在社区中营造出社区共同体意识，从而促进社区居民共同思考如何参与社区矫正——他们或多或少地对矫正对象“不放心”，由担心自身的安全而逐渐衍化成担心社区的安全，这就有利于改变社区居民对社区建设漠不关心的心理态度，从而激发其参与社区建设的热情。从另一个方面来看，社区建设尤其是社区组织建设搞好了，社区组织整合社区资源的能力将会大大增强，从而通过社区组织开发社区资源参与社区矫正的能力就将得到明显的改善与提高，也就更加有利于开展社区矫正。

二、分级处遇原则

（一）分级处遇的内涵

分级处遇原则，可以表述为：实行社区矫正，应当对社区矫正人员进行人身危险性评估。根据评估结果，实行分级处遇。

所谓分级处遇，是指按照一定的标准将服刑人分成不同的等级，并按相应等级实施不同的处遇。较早期的分级处遇主要是指对监狱服刑人员的分类管理分级处遇，社区矫正制度完善以后，基于矫正的需要，也开始推行分级处遇。社区矫正分级处遇，就是社区矫正机构根据社区矫正人员在入矫阶段的人身危险性评估结果，对社区矫正人员给予不同级别的处遇，并据此为社区矫正人员制定符合其人身危险性等级的包括监督管理

---

〔1〕 参见吴宗宪：《西方犯罪学》，法律出版社1999年版。

措施在内的个性化矫正方案。

贯彻分级处遇，首先是就限制服刑人员人身自由的程度，对确定其应当遵守的消极禁令和积极义务的强度及频率进行适当划分；其次是为社区矫正人员制定不同的教育矫正、劳动矫正方案。目前，我国地方社区矫正实践通常将社区矫正分为宽管、普管、严管三级处遇，其比监狱分级处遇相对简单些。如江苏省《罪犯分级管理暂行规定》将罪犯处遇分为宽管级（A级）、从宽级（AB 级）、普管级（B 级）、从严级（BC 级）和严管级（C 级）五个等级。其问题在于社区矫正人员的人身危险性本来就小于监狱服刑人员，且社区矫正服刑期限不长，没有必要分得过细。

分级处遇的实质是根据社区矫正人员的人身危险性给予不同强度的监管，是宽严相济刑事政策的体现，也是社区矫正科学化、现代化的应有之义。当前，我国监狱行刑基本贯彻了宽严相济的刑事政策，但社区矫正尚未贯彻落实这一政策。当前的社区矫正实践中，分级处遇原则未能得到很好的贯彻。不少省市的实施细则，不加区分地要求社区矫正人员必须参加社区服务，不仅给社区矫正人员带来困扰，也徒然增加社区矫正机构的工作量，令基层社区矫正工作者不能很好地集中精力矫正严管级别的服刑人员。从国外的立法例来看，缓刑、假释并不必然附加监督，而是根据服刑人员的人身危险性综合确定，这一点值得借鉴。

（二）完善社区矫正分级处遇的必要性

社区矫正分级处遇是社区矫正发展到成熟阶段的必然选择。早期的社区矫正分级处遇，基本上是对监狱服刑人员分级处遇的简单套用，因此出台的一些地方性社区矫正规范性文件存在一些不规范、不完善之处。在笔者看来，完善社区矫正分级处遇机制，具有如下功能：

1. 集中社区矫正资源，重点管控人身危险性较高的社区矫正人员

社区矫正规模的持续扩大，一方面反映出社区矫正工作已经取得了广泛共识，获得了社会的较高认同。但社区矫正人员总数不断扩张的背后，却潜藏着社区矫正工作者编制紧缺、工作经费紧缺这一尴尬现实。笔者在四川省 M 市 Y 区进行调研，该区所辖 25 个司法所中，实际配备有 1 名占用政法专项编制人员的司法所只有 13 个，共配备人员 13 人；另外 12 个司法所没有 1 名专职政法编的工作人员。其他学者的调研也普遍印证了社区矫正面临经费短缺、编制不足的问题。即便是在最早实施社区矫正、经济发达的北京市，也存在这一问题。[1]成都市甚至存在个别司法所 1 名工作人员监管服刑人员 125 人以上的罕见现象。[2]社区矫正试点之初，不少学者普遍将“节约行刑资源”作为论证社区矫正价值的重要理由，但“节约行刑资源”也可能变成“缺乏效益”。尽管学术界和实务界都在呼吁加强社区矫正机构建设、加强司法所基层矫正能力建设，但在短期内明显增加编制、增加工作经费投入并不现实。

在此，要提高社区矫正的效益、解决社区矫正资源不足与社区矫正人员总数不断增加的矛盾，完善分级处遇机制具有重要意义。实际上，具有较高人身危险性的社区矫正人员仅占较

---

〔1〕 北京市司法局课题组：“关于进一步完善社区矫正工作的思考”，载《中国司法》2015 年第 9 期。

〔2〕 成都市委政法委与司法部预防犯罪研究所联合课题组：“成都市社区矫正执法工作实证研究”，载辛国恩主编：《社区矫正论丛》（第 1 辑），中国人民公安大学出版社 2017 年版，第 31 页。

低比例，重新犯罪率多年稳定在0.2%以下即为明证。[1]从犯罪类型来看，交通肇事罪、危险驾驶罪等社区矫正人员的人身危险性几乎为零，偶发性的故意伤害案、职务犯罪案件的社区矫正人员的人身危险性也极低。对于这些人身危险性较低的社区矫正人员，完全可以大胆适用宽管，并明显区别于普管、严管人员，从而可以节约有限的社区矫正资源，集中精力监管、教育严管人员。这不仅可以提高工作效率，有效管控人身危险性较高的服刑人员，还可以降低社区矫正工作者的工作负担。社区矫正作为一种刑罚执行方式，必然存在对社区矫正人员一定的管理，这种管理发展到一定阶段，精细化是必然要求。将监狱行刑与社区矫正区分，是大的分级处遇；监狱行刑与社区矫正内部实行分级处遇，这是更精细的分级处遇。这样，根据服刑人员人身危险性的差异，形成不同的处遇等级，将有限的国家行刑资源投入到最应该发挥作用的服刑人员身上，才能实现社区矫正效益的最大化。河南省省委办公厅、省政府办公厅于2015年印发的《关于进一步加强我省社区矫正的意见》中，将社区矫正工作经费保障由社区服刑人员每人每年1600元提高到2000元。可以说该省在社区矫正工作经费保障上已经走在前列，即便如此，工作经费仍然显得短缺。可行的思路，并不是按照社区服刑人员平均分配这2000元工作经费，而应当在监督管理、帮助保护等方面实行差别对待、按“需”分配，方能取得法律效果与社会效果的统一。

2. 增强社区矫正的激励性与威慑性，提高社区矫正人员的矫正积极性

完善分级处遇，明显区分宽管、普管、严管的监管强度，

[1] 参见李豪：“司法部：全国累计接收社区服刑人员189.6万人”，载《法制日报》2017年1月16日。

将有效增加社区矫正的激励性与威慑性，提高社区矫正人员的矫正积极性。矫正方案具有一定的强制性，社区矫正人员必须无条件服从并认真遵守。这种强制虽然一般不会剥夺而只是限制服刑人员的人身自由，但毕竟是令人不快的体验。社区矫正的最终目标，是帮助服刑人员重新融入社会，但大目标的实现有赖于分阶段、分步骤地通过实现每个阶段的小目标而最终实现。分级处遇将矫正总目标划分为不同的小目标，并为这些小目标设置不同的处遇级别，通过激励与威慑两种手段促使服刑人员积极参与矫正，为发挥服刑人员的主观能动性和矫正积极性提供了方向。从提升社区矫正的激励性来讲，服刑人员通过自己的努力，通过级别改善获得一定的精神满足，获得参加矫正的成就感，进而激发其朝更高的级别不断努力的动力，有利于培养其良好的行为习惯；从提升社区矫正威慑性来讲，不遵守监督管理的各项规定，其结果将导致提高监管级别，最严重者甚至可能因为集中学习而被短期剥夺自由，从而督促社区矫正人员严格遵守监管规定，积极参与社区矫正。

基于上述模式，就可以形成监管程度存在明显差异的阶梯式监管等级，从正反两个方向来提高社区矫正的激励性和威慑性，鼓励服刑人员积极参与矫正活动，认真遵守监管规定。如果激励不足，服刑人员的机会主义思维会令其感到积极参与矫正活动没有回报，从而丧失积极性；如果威慑不足，服刑人员会缺乏对法律应有的敬畏之心，不仅对参与矫正活动没有积极性，反而可能产生消极对待甚至违反监管规定的不良后果。

3. 帮助社区矫正人员顺利回归社会

分级处遇最初是监狱行刑累进处遇制度的内容，后沿用于社区矫正。社区矫正有三大核心任务，即控制社区矫正人员的人身危险性、帮助和保护社区矫正人员、促使社区矫正人员回归社会。实施分级处遇，明显拉开宽管、普管、严管人员的监督管理等级，一方面集中社区矫正资源监管严管人员，另一方面提高服刑人员的矫正积极性，最终目的是为了帮助社区矫正人员顺利回归社会。根据服刑人员的人身危险性，分级对其实施不同的监督管理，一方面可以矫正服刑人员的不良生活习惯，击破其相对稳定的犯罪心理结构，另一方面又可以根据服刑人员的人身危险性变化，逐步减少对服刑人员人身自由的限制，从而帮助其逐步回归社会。同时，社区矫正应当避免对服刑人员放任自流和过度干预两种极端做法。对社区矫正人员放任自流，容易导致其人身危险性得不到有效控制，不利于其顺利回归社会，这一点在当前的社区矫正实践中已经得到重视，但另一方面，社区矫正实践存在对社区矫正人员过度干预的问题，却并未引起足够关注。

过度干预社区矫正人员的生活，有如下负面效应：首先，可能使社区矫正人员对“服刑人员”身份的自我认同加强，随时感受到自己“社区矫正人员”的特殊身份，影响其参与社会生活的正常、健康心理，甚至可能出现更加严重的反社会情绪或者自卑消极的不良情绪。接受社区矫正的社区矫正人员，本以为在社区处遇下能够相对正常的融入社会生活。但是，干涉过度或限制过于严格的社区矫正，可能令社区矫正人员长期处于“罪犯”这一身份标志下，其心理上也认同自己的社区矫正人员身份，可能导致出现各种消极不良情绪，不利于其重返社会。其次，可能给社区矫正人员带来烙印性耻辱，令社区对社区矫正人员施加有形或无形的压力或歧视，让社区矫正人员感到被社会无形的隔离，这不仅违背社区矫正的本义，也将给社区矫正人员的再社会化和重返社会带来巨大的阻力，而且可能引起社区矫正人员的逆反心理，自暴自弃，不能树立重返社会的决心和信念。由于社区矫正机关和社区过于强调社区矫正人员的身份，将可能给予社区矫正人员强烈的心理暗示——自己是需要矫正的“坏人”，社区矫正机关热心的矫正工作，很有可能促使社区矫正人员变得更坏。〔1〕社区矫正人员真诚悔罪，人身危险性已经明显降低甚至消除，如果此时不及时改变监管等级，过度强调报到、走访、汇报、参加集中教育、参加社区服务，容易对社区矫正人员造成不必要的烙印性耻辱，强化标签效应。

（三）实施分级处遇的关键：增强三级处遇的监管差异

当前，各省市社区矫正对服刑人员的监管强度、监管频率上存在较大差异，同时在三级处遇之间的监管差异上也存在明显的不一致。总体而言，当前三级处遇之间的监管差异并不明显，不仅造成社区矫正基层工作者不必要的沉重负担，而且严重影响了服刑人员的矫正积极性，强化了对社区矫正人员施加的标签效应和烙印性耻辱，同时浪费了有限的社区矫正资源。笔者认为，应当显著增强三级处遇的监管差异，充分体现宽者更宽、严者更严的矫正特点。具体可以有如下考虑：

1. 对宽管人员尽量减少不必要的生活干预

笔者认为，宽管人员应当从如下方面体现宽管：第一，不必强制参加社区服务。调研发现，社区服务在实践中存在诸多难题，表现出明显的形式化特征。〔2〕既然社区服务没有明显效果，同时又体现宽管人员“宽”的特征，完全不必强制宽管人员参加社区服务。第二，不必强制报到、不必强制参加集中教育学习。报到和集中教育学习，都是对服刑人员人身自由的限

---

〔1〕 参见吴宗宪：《西方犯罪学》，法律出版社 1999 年版，第 531~532 页。

〔2〕 参见何显兵：“社区矫正的实践困境与出路”，载《中国监狱学刊》2016 年第 6 期。

制。所谓定期报到和参加集中教育学习，一方面是为了确保社区矫正人员不脱管、不漏管，另一方面是帮助服刑人员增强法律意识、认罪悔罪意识。既然服刑人员已经处于宽管级别，说明其人身危险性极低，没有必要强制报到、强制参加集中教育学习。社区矫正工作者完全可以通过必要的帮助保护、灵活多样的电话报到、网络报到、网络教育学习等方式来实现教育目的，保证社区矫正工作者与社区矫正人员之间的正常联系。或许有人会批评，这种程度过“宽”了，没有体现出刑罚执行的特征，但刑罚的目的主要在于教育，而不是为了惩罚而惩罚。从国外的立法例来看，完全存在不附加监督的缓刑。根据是否对缓刑犯附加监督指令、是否要求缓刑犯参加特定项目，缓刑可以分为无监督的缓刑与附监督的缓刑两种。《法国刑法典》第2章第2节第3目“普通缓刑”则属于这种无监督的缓刑，缓刑犯不需要参加特定的矫正项目，只要在5年内不因普通法之重罪或者轻罪被判处无缓刑的新刑，原判决即可视为“不曾发生”。英美等国最初的缓刑往往也不曾附加监督指令，但后来随矫正模式的破产，刑罚民粹主义的强势，各种附监督的缓刑措施纷纷出台。〔1〕但附监督的缓刑或者说附强化监督的缓刑并不是普遍现象。例如在美国，尽管出现了所谓的中间制裁，但根据1997年的统计，87.8%的人仍然给予的是一般的监督，12.2%的人给予了中间制裁。〔2〕在洛杉矶，有2/3的缓刑官监督1000名以上的缓刑犯，而缓刑犯只需要每个月用电子邮件与缓刑官

〔1〕 参见王平主编：《社区矫正制度研究》，中国政法大学出版社2014年版，第60页。

〔2〕 参见刘强编著：《美国社区矫正的理论与实务》，中国人民公安大学出版社2003年版，第127页。

联系。[1]在日本，第一次被判处缓刑者通常并不附加保护观察（类似于我国的社区矫正）而只是单纯的缓执行，第二次被判缓刑者才必须附加保护观察。[2]可见，我国缓刑犯占社区矫正人员总数90%以上，给予缓刑犯宽管处遇在法理上存在正当性。

2. 对严管人员应当体现出“严”，强化中间制裁

从监狱行刑和社区矫正相比较而言，监狱行刑体现宽严相济中的“严”，社区矫正体现宽严相济中的“宽”；社区矫正内部，也应当体现宽严相济。对于人身危险性明显增高，但尚不需要撤销社区矫正、收监执行的社区矫正人员来说，强化监督的严管是控制社区矫正人员人身危险性、确保社会公共安全的必要手段。我们可以借鉴美国震惊式监禁、强化监督的缓刑等社区矫正模式，强化对严管人员的“严”管。具体如下：相对于普管，明显提高对严管人员报到、个别教育、提交书面汇报、参加社区服务的频率，必要时甚至可以要求每周报到两次以上，并可以将报到和走访相结合来强化社区矫正工作者对社区矫正人员的联系。责令严管人员参加一定期限的集中管理。最为严厉地强化监督措施，则是集中管理。所谓集中管理，是将部分具有较高人身危险性的社区矫正人员集中到社区矫正中心等场所集中管理，最大限度地限制其人身自由，可以认为这是一种短期剥夺人身自由的惩罚。集中管理在地方社区矫正实践中，已有地方规范性文件予以规定，如《四川省社区矫正实施细则》第91条就明确规定了集中管理。集中管理实际上是短期监禁加社区矫正的中间制裁模式，实事求是地讲，集中管理的地方性

〔1〕 参见［美］罗纳德·J. 博格等：《犯罪学导论——犯罪、司法与社会》（第2版），刘仁文等译，清华大学出版社2009年版，第586页。

〔2〕 参见张荆：“中日两国社区矫正制度建设比较研究”，载《北京联合大学学报（人文社会科学版）》2016年第4期。

文件有缺少法律依据之嫌疑，因为集中管理事实上就属于剥夺社区矫正人员的人身自由，且其规定的时间长达1个月之久，比治安管理处罚更为严厉。笔者认为，为区别于短期监禁刑和治安管理处罚，集中管理的时间不宜超过7日，且不能强制社区矫正人员佩戴戒具。集中管理以集中学习为主要方式，不能如同监禁刑或者治安管理处罚一般“蹲监狱”式的管理模式。如果社区矫正机构认为集中管理尚不足以体现从严，则可以按照法律的规定移送治安管理处罚或者提请人民法院作出其他司法惩罚并对严管人员实施电子监控。目前，部分省市对社区矫正人员一律实施电子监控，这样明显浪费行刑资源，对于宽管和普管人员来说完全没有必要，但对严管人员来说则是控制其人身危险性的良好手段。同时，集中管理、电子监控也可以作为撤销社区矫正的替代性措施，以缓和某些情形下撤销社区矫正过于严厉的弊端。

（四）对未成年人分级处遇给予特殊规定

阅读各省市出台的社区矫正规范性文件，普遍未对未成年人社区矫正作专章特别规定，最多是在部分条款中略有提及。当然，这并不是说社区矫正实践不考虑未成年矫正人员的特殊性，但这种考虑往往依赖于社区矫正工作者的个人矫正观念而非制度安排。《预防未成年人犯罪法》第46条规定，对被拘留、逮捕和执行刑罚的未成年人与成年人应当分别关押、分别管理、分别教育。监狱行刑对此已有明确规定，由于《社区矫正法》尚未出台，各地社区矫正规范性文件几乎没有对此作出特别规定。由于未成年人身心发育尚不成熟，其实施的行为往往具有偶发性、冲动性；即便是一些形成不良违法犯罪习惯的未成年人，往往也是由于缺乏必要的家庭保护、学校保护和社会保护所致。

笔者认为，分级处遇也应当考虑未成年服刑人员特殊的身心特征，对其作出与成年服刑人员差异化对待的特殊规定，具体如下：首先，对未成年服刑人员的宽管应当区别于成年服刑人员的“宽管”。未成年人实施犯罪，多为不良生活习惯、不良交往或者缺乏必要监护所致，其身心特征决定了其自控能力相对较差，心理结构不稳定。因此，未成年服刑人员即便确定为宽管，社区矫正工作者也应当加强与宽管人员的联系。这种强化联系不应当通过责令其当面报到来实现，而更应当通过上门家访、与其监护人或者老师保持密切联系、心理疏导和抚慰来实现。其次，对未成年矫正人员的“严管”应当区别于对成年矫正人员的“严管”。由于未成年人多处于青春逆反期，因此对未成年服刑人员通常不宜采取电子监控、集中管理等方式来严管。一方面避免未成年人对服刑人员的身份产生消极的自我认同，另一方面避免产生交叉感染。对未成年服刑人员的严管，宜采取强化走访、强化个别谈话教育、强化心理疏导等增加联系频率的方式进行。当然，对此也不能绝对化、简单化地理解。对于明显可能实施违法犯罪行为、人身危险性显著增高的未成年人，也可以采取集中管理、电子监控等形式，但应当采取克制、谨慎的态度。

三、和解原则

和解原则可以表述为：实行社区矫正，应当尽可能地采取积极的恢复性措施，促成社区矫正人员、被害人与社区达成和解。

（一）和解原则的内涵

和解是最近十年来刑事司法讲得比较多的一个概念。实务界最初进行刑事和解的探索，多是来自于地方检察机关出于构建“和谐司法”的本能考量，并未深入思考其所谓的学术渊源，也可能并未深入思考学者后来总结的中国传统——“和合文化”。

1. 过程与结果并重

仅仅注重结果的刑事和解，很容易产生三种异化现象：其一，异化为赔钱减刑。目前司法实践中的刑事和解，大多只是简单地要求犯罪人或者其辩护人提交被害人或者其家属书写的谅解书，司法官员本身并不过多直接介入和解过程，这就导致犯罪人为求得从轻处罚而与被害人讨价还价，更有被害人以不提交谅解书就拒绝民事赔偿为要挟，这就很容易导致产生“赔钱减刑”的异化现象。其二，对被害人形成强大的道德压力。被害人本身是受到犯罪直接或者间接伤害的人，本需要物质与精神上的双重抚慰，但犯罪人为求得从轻处罚，可能调动一切能够调动的力量，向被害人施加各种压力，尤其是犯罪人本身存在一定的怜悯之处，被害人受到各种社会关系的围攻，很容易违心地被迫“谅解”犯罪人，这对被害人来说是一种二次伤害。其三，鼓励犯罪人逃避责任。刑事和解与对抗性刑事司法的本质区别，就在于鼓励犯罪人承担责任，而不是通过法律的辩论来逃避责任。但仅仅注重结果的刑事和解，更多表现为讨价还价，在这种庸俗的交易中，犯罪人获得的不是勇于承担责任、忏悔自己罪过的心态，而是交易本身带来的“公平感”，犯罪人会感觉自己付出钱财之后，责任已经趋于消失、罪过已经得到弥补。这样的刑事和解，带来的往往并非心灵的解脱，而更可能给犯罪人带来对公正的曲解。因此，笔者认为，刑事和解应当过程与结果并重。

那么，如何做到和解与结果并重呢？这就涉及和解的程序与方法问题。在我看来，刑事和解应当注重如下几个方面的改革：首先，刑事和解应当改变过去那种完全抛给当事人自己解决的做法，司法官员应当积极地介入和解过程。也只有司法官员积极介入和解过程，也才能够真实、全面地考察犯罪人是否有真诚悔罪的表现、被害人是否有真心谅解的表现。对犯罪人是否从轻处罚以及从轻的程度，都可以通过对和解过程的考察来评估。其次，应当建立刑事和解小组，专司刑事和解工作。司法官员的案件负担较重，指望司法官员全身心介入刑事和解，是不切实际的。因此，司法机关应当革故鼎新，积极引入非政府组织和社会志愿者，建立由社区代表、心理辅导员、双方亲属、法律服务志愿者等共同参与的刑事和解小组，对刑事和解过程做跟踪辅导、介入。再次，要充分发扬“讲故事”这一和解方法。刑事和解的过程，并非仅仅是对赔偿数额的讨价还价，而是要求犯罪人对犯罪过程、自身经历进行漫谈式的讲述，对被害人心中的“犯罪恶魔”去妖魔化，只有被害人认识到犯罪人并非简单的犯罪符号，了解到真实、丰富的犯罪人内心经历，改变被害人对犯罪人僵硬、刻板的、充满恐惧与仇恨的“恶魔”形象，被害人才可能谅解犯罪人。此外，还要通过让被害人断断续续的叙述，描述其因犯罪受到的种种具体伤害，让犯罪人直面自己犯罪行为造成的严重后果，犯罪人的内心才可能产生裂变，深刻认识并反省自己的罪过，从而奠定其自新之路。最后，要充分发挥心理辅导员的功能，对犯罪人、被害人都要做充分的心理援助与心理辅导。被害人一般因为受害会产生强烈的复仇冲动、义愤以及恐惧，心理辅导员如果能够舒解被害人内心的义愤与恐惧，刑事和解才可能达到其目的。

2. 物质与精神并重

毋庸讳言，刑事和解应当以赔偿为中心。譬如加罗法洛认为，赔偿损失最能作为犯罪人悔罪的指标。[1]但是，刑事和解

---

〔1〕 参见［意］加罗法洛：《犯罪学》，耿伟、王新译，中国大百科全书出版社 1996 年版，第 384 页。

以赔偿为中心并不表明刑事和解仅关注赔偿数额。完美的刑事和解，应当以赔偿、道歉、自新为三个基本立足点。通过丰富的和解过程与心理辅导，建立犯罪人与被害人之间一定程度的坦诚互动是可能的，在此基础上形成的赔偿、道歉、自新是刑事和解过程的逻辑结果。

刑事和解应当物质与精神并重，其意义在于：首先，应当关注犯罪人在和解过程中的表现是否坦诚和勇于承担责任，是否给予被害人真诚的道歉，是否舒解被害人心中的愤怒与恐惧，这是刑事和解的要旨所在。缺乏真诚的赔偿协议，仅仅是双方的妥协与折中，并不能体现出双方真正的“刑事”和解，最多只能说是刑事附带“民事”的和解。其次，仅仅关注赔偿数额、赔偿协议，将导致刑事和解局限在刑事审判之前，对于确实经济困难的犯罪人将难以达成和解协议，直接导致刑事和解变成“有钱人的游戏”的局面。关注“刑事”和解的过程，如果双方能够坦诚沟通，达成和解协议，但赔偿的支付可以贯穿整个刑事司法的始终，甚至可以贯穿在犯罪人服刑完毕，最大可能地扩大刑事和解的适用范围。

3. 被害人与犯罪人并重

刑事和解应当关注两个对象：被害人与犯罪人。刑事和解体现了对被害人权益的保护，在一定程度上提升了被害人在刑事诉讼中的地位，但刑事和解并不是单纯地以被害人为中心。刑事和解既要关注被害人的恢复——减少内心的痛苦、愤怒与恐惧；也要关注犯罪人的恢复——通过直面犯罪造成的后果，深刻认识并反省自己的罪过，从而奠定被告人的自新之路。研究恢复性司法的学者都认为，犯罪人同样也是受害人——犯罪人或多或少地曾经受到过这样那样的苦痛经历——尽管这并不能减少其在本次犯罪中的责任。关注犯罪、关注被害人，同样也要关注犯罪人。只有关注犯罪人的需要，才能最终解决责任的承担问题。同时，也只有关注犯罪人的需要，关注犯罪人犯罪的原因，犯罪人才会感觉到不受歧视与贬低的和解过程，也可能更加有效地鼓励犯罪人勇于直面现实、承担责任。也只有在保护和关注犯罪人的刑事和解中，惩罚才可能尽量减少其对于犯罪人人格的进一步贬低和损害，也才可能在犯罪人接受刑事和解后形成更加健全的人格。通常，改过自新只能在促使其人格健全的过程中才能实现，通过贬损其人格不太可能促使犯罪人重新融入社会。

（二）社区矫正应贯彻和解原则

1. 将和解限制于审判阶段的缺陷

刑事和解应当贯穿刑事司法过程的始终，包括刑罚执行阶段也应当贯彻和解原则。不少学者都认识到将刑事和解局限在刑事审判之前的弊端。“我国的刑事损害赔偿在实践中，正逐渐形成以犯罪人在诉讼时的财产为限，采取金钱一次支付或者分期支付的运行状态，将执行阶段才应当解决的问题前置于审判甚至更前的阶段，加之，法律没有规定其他的赔偿方式，更没有建立创造性赔偿制度，这样的制度和实践作法所带来的制约犯罪人赔偿义务履行等的弊端越来越明显。”〔1〕

第一，犯罪人容易对被害人产生抗拒心理，难以彻底悔罪。犯罪人要走向自新之路，其前提是认识到自己对被害人及其家属造成了深切的痛苦。这种认识必须明确而又具体，才可能真正引发犯罪人的悔罪意识。犯罪心理学的研究表明，大多数少年犯罪人和成年犯罪人并不完全信奉犯罪的价值观，也不把自己看成是犯罪人，他们大多数人仍然具有传统的价值观和态度。

〔1〕参见王瑞君：“赔偿在刑事诉讼不同阶段地位的失衡与解决对策”，载《社会科学研究》2010年第6期。

因此，他们在实施犯罪的时候，就会面临犯罪行为与传统价值观之间的矛盾。为解决这个问题，他们学会了将犯罪行为合理化的技巧，通过这种技巧消除心理上的罪恶感，进行犯罪行为。这种技巧被学者总结为“中和技术”，主要包括：①否认责任。否认自己应当对犯罪行为负责，他们认为自己是社会环境的牺牲者，他们自己没有过错，全都是父母、仇人、其他人的错。②否认损害。认为自己的行为没有对他人造成损害，例如有些少年认为，帮派之间的斗殴只是问题解决的方式，警察不应介入。③否认被害人。把过错归咎于被害人，例如对令人憎恨的邻居、同学的攻击行为；对行为放荡女性的性侵犯等。④谴责那些谴责他们的人。他们经常认为这个世界是一个“狗咬狗”的腐化社会，谴责他们的人都是伪君子。[1]因此，犯罪人往往不认为自己有罪，或者至少认为被害人本身引发自己犯罪。犯罪人只有认识到自己罪行的社会危害性、对被害人及其家属的重大不良影响，才有可能产生悔罪意识。在司法实践中，由于被害人往往提出远超刑事附带民事诉讼赔偿范围的高额赔偿请求，并且以不满足则不提供“谅解书”为谈判砝码；同时，犯罪人被关押于看守所，无法与被害人面对面的交流，对被害人形象往往已经模糊。被害人的高额赔偿请求无疑将强化犯罪人的“中和技术”，不仅不能令其产生悔罪意识，而且可能对被害人及其家属产生严重的抗拒心理。即使其最终选择妥协，内心的悔罪意识往往被“花钱买刑”带来的负面影响所冲淡。这对犯罪人走向自新之路，无疑将产生严重的不良影响。

第二，被害人容易将犯罪人妖魔化，难以真正谅解犯罪人。研究表明，被害人在经历犯罪之后，往往产生如下心理反应模

〔1〕 参见［英］詹姆斯·马吉尔：《解读心理学与犯罪——透视理论与实践》，张广宇等译，中国人民公安大学出版社2009年版，第47~48页。

式：①初步印象阶段。在该阶段，被害人的反应大多是情感性的，被害人极易为混乱、无助、恐惧、易受侵害的感觉所淹没。②反冲阶段。在这个阶段，上述情感的强度下降了，而更为有力的新情感出现了，这包括愤怒、罪恶感、焦虑、警惕、羞耻和自我怀疑。这一阶段，被害人的安全感和能够控制自己生命的感觉被摧毁，对于他人的信任也被摧毁。[1]被害人因犯罪侵害产生的愤怒、冲动、怀疑引发强烈的复仇情绪，并极易被这种情绪所淹没。在现行刑事司法体系中，被害人无法与犯罪人面对面地表达自己的情绪，并且对犯罪人产生极端的仇视心理，犯罪人的形象被简单化、脸谱化、妖魔化。被害人不仅需要得到来自于犯罪人的赔偿，而且需要得到来自于犯罪人诚心诚意的悔过与道歉。然而，犯罪人因为各种原因可能无法满足被害人的赔偿要求，进而强化犯罪人在被害人心中的恶魔形象，并令被害人产生对现行刑事司法体系的强烈质疑，被害人产生新一轮的无助、无辜、无人同情的感受。尤其是双方关于赔偿数额的"拉锯战式"的谈判，更令被害人及其家属产生强烈的道德义愤，即使最终就赔偿数额达成妥协，这种谈判过程无疑令被害人产生更多的痛苦，"谅解书"即使被提交人民法院，被害人本身真心谅解犯罪人的可能性也极低。这样，赔偿与量刑的关系表面上达成了一致意见，但这种一致是虚假的，尽管刑事判决很快生效，但对被害人及其关系人仍然产生强烈的司法质疑。这不仅不利于犯罪人悔过自新，也不利于被害人真正从被害的痛苦中走出来。犯罪人或许被投入监狱、或许被判处社区刑罚，但由此造成的伤害远未得到解决。

第三，犯罪人赔偿能力的不同，可能造成公众对司法公正

---

〔1〕 参见［英］格里·约翰斯通：《恢复性司法：理念、价值与争议》，郝方昉译，中国人民公安大学出版社2011年版，第76~77页。

的质疑。无论人民法院和学者对“赔偿从轻原则”作出何种解释，但不可回避的是，由于“赔偿从轻原则”仅仅关注物质上的赔偿数额，忽略被害人的精神感受，导致社会公众从一般的法感情出发，产生强烈的质疑：犯罪人赔偿能力存在巨大差异，赔偿从轻在本质上就是“花钱买刑”，由此对司法公正产生极大的不信任感。

2. 社区矫正贯彻和解原则的可行性

将刑事和解贯穿于刑事司法过程的始终，不仅有理论上的依据，还有实践上的依据。例如广东佛山监狱，就与所在地的人民法院协商执行暂缓，将是否履行赔偿义务作为衡量改造的重要标准，每年都有50万元的赔偿金寄出监狱。[1]再如湖南省星城监狱也成功地对即将出狱的罪犯与被害人之间进行了刑事和解，效果非常好，“出狱后低头不见抬头见，只有化解矛盾才能互利双方”。[2]将刑事和解贯穿于刑事司法过程的始终，意义在于：对于经济基础确实比较差，无能力支付刑事附带民事赔偿金，因而未能达成和解协议的犯罪人，完全可以在减刑、假释裁定的过程中引入刑事和解。时间会慢慢消除伤痛，即使在刑事审判中未达成和解协议，在刑罚执行过程中符合和解条件的，刑罚执行机构也可以完全引入刑事和解。尤其是当前部分监狱尝试给参加劳动的罪犯支付报酬的试点，为刑事和解向刑罚执行阶段的延伸提供了很好的契机。社区矫正与恢复性司法似乎是不同的概念，以至于在部分学者提出“恢复性矫正”的提法后，遭到另一部分学者的质疑。但无论如何，社区矫正与

---

〔1〕 参见“广东省佛山监狱副监狱长庄文生发言”，载 http://www.jcrb.com/zhuanti/fzzt/xshj/nr/200901/t20090120_128288.html，访问日期：2009年1月20日。

〔2〕 参见资喻宇等：“说声‘对不起’可出狱 湖南首次尝试‘恢复性司法’”，载 http://hn.rednet.cn/c/2007/07/30/1273790.htm，访问日期：2007年7月30日。

恢复性司法、刑事和解之间存在沟通的内在可能。荷兰学者约翰·布拉德以社区矫正与恢复性司法的关系为切入点，讨论了社区矫正与恢复性司法之间的沟通路径，认为社区矫正具有拘禁刑在结构上所不具有的融合性潜质，围绕犯罪人周围的“关爱社区”（Community of Care）可以帮助犯罪人执行恢复性协议条款，帮助他成功履行协议所规定的义务。

以恢复性司法理念为指导，采取切实可行的措施，促使社区矫正人员与被害人、社区之间达成恢复的目标是完全可能的。江苏省镇江市司法局曾有这样一个案例：镇江市润州区和平路街道的社区矫正人员王某因犯故意伤害罪被判处有期徒刑 6 个月，缓刑 1 年，并对被害人张某附带民事赔偿 6500 元。王某的家人因王某被判刑及经济赔偿一直觉得冤枉、委屈，认为张某不该报案，因此经常辱骂张某的妻子，两家的关系自案发以后一直非常紧张。镇江市润州区和平路街道司法所进行了穿插调解，最后通过会面、道歉的方式达成了口头和解协议。

正如前文所述，刑事和解在司法实践中有一定异化，被告人为达到从轻处罚的目的，在司法审判期间往往愿意支付一定的补偿金。但在获得社区刑罚后，犯罪人并不一定从内心真正悔过，与被害人或者社区未必能真正达成和解。社区矫正人员在社会内服刑，生活在特定社区，如果与被害人、社区关系紧张，既不能确保其自身再融入社会，也难以获得包括被害人在内的社区居民的谅解，影响社会和谐。因此，社区矫正机构完全可以通过社区服务来达成服刑人员与所在社区的恢复，通过道歉、沟通、协商、叙述等方式达成服刑人员与被害人的和解。这才是符合现代司法理念的社区矫正，仅仅是形式上的讲讲课、写写悔过书，并不能完全达到社区矫正的预定目的。

（三）在社区矫正中贯彻和解原则

1. 以恢复性司法重塑刑事和解

学术界早有观点将社区矫正与刑事和解或恢复性司法联系起来研究，甚至有人直接将社区矫正理解为刑事和解。这种思路本身并没有什么不妥当，但具体观点却值得商榷。

例如，有观点认为，社区矫正是恢复性司法理念的具体制度展开，理由是社区矫正是行刑社会化的体现，行刑社会化就是恢复性司法理念的体现。〔1〕这种似是而非的观点并不鲜见，但显然存在疑问：社区矫正在欧美国家开展了100多年，是现代刑事司法理念的体现；而恢复性司法产生于20世纪70年代，主要是为了回应现代刑事司法的弊端而新生的后现代司法理念，两者怎么能等而视之？再如，也有观点认为刑事和解制度是我国借鉴西方国家"恢复性司法"的新方案而进行的司法改革措施，社区矫正是刑事和解必要的配套机制，刑事和解也有利于改善社区矫正的效果。〔2〕这种观点同样也存在偏差：刑事和解与恢复性司法形似而神不似，两者的理论基础完全不同；此外，刑事和解与社区矫正也并不是所谓的"互为条件"，刑事和解与社区矫正的产生时代差了将近百年。

刑事和解与恢复性司法都是在20世纪70年代得到发扬的，同样都为被害人权利保护运动作出了贡献，因此不少人认为这二者同源同种，但这种认识不甚准确。刑事和解在很多国家的法律当中都有明确规定，但规定有刑事和解的国家大多并没有在法律中正式规定恢复性司法。我们可以从恢复性司法形式之

---

〔1〕李欣："社区矫正是恢复性司法理念的具体制度展开"，载《检察日报》2008年4月14日。

〔2〕最高人民检察院检察理论研究《刑事和解与检察职能》课题组："论刑事和解与社区矫正"，载《辽宁公安司法管理干部学院学报》2006年第5期。

一的家庭成员会的下列流程管窥刑事和解与恢复性司法的差异：其一，肇事者向参与会议的亲戚、朋友、邻居描述案件过程，再次经历道德的洗礼；其二，由被害人描述案件给其所带来的悲痛、伤害和损失；其三，社区成员补充说明犯罪对他们生活所造成的影响；其四，罪犯开始认识到他/她的行为给别人造成的伤害，他/她应采取行动弥补伤害；其五，被害人表达他们的诉愿；其六，全体成员共同商讨解决问题的可行办法；其七，达成一致意见后，作出书面决定，该决定体现了团体的共同期望，即犯罪人有义务采取建设性行为以修复他/她所造成的伤害。〔1〕从上面的流程可以看出，恢复性司法的运行机制比刑事和解要复杂得多，参与的主体、主题也要丰富得多。更近一步说，恢复性司法不是对传统刑事司法的小修小补，而是对整个传统的对抗性刑事司法从理论渊源、运行机制发起了全面批判，可以说是彻底地颠覆，尽管其遮遮掩掩地表示，恢复性司法并非要取代传统刑事司法，而仅仅是提供一种更多的选择。〔2〕

综合上述意见，刑事和解与恢复性司法的差异主要表现在：①恢复性司法过程与结果并重，尤其强调加害者与受害者之间坦诚、深入的关于犯罪过程的信息交流，鼓励双方讲出真相；刑事和解则更多强调和解协议的达成，对和解过程本身的价值并不特别关注。②恢复性司法强调受犯罪间接影响的其他人都可以参与，如家庭、学校、社区都可以作为恢复性司法的参与人；刑事和解则并未强调社区司法的参与地位。③恢复性司法的目标在于鼓励犯罪人承担责任、培养犯罪人的能力、保卫社

〔1〕参见［美］安德鲁·卡曼：《犯罪被害人学导论》，李伟等译，北京大学出版社2010年版，第438页。

〔2〕更多的论述，可参见张庆方："恢复性司法研究"，载王平主编：《恢复性司法论坛》（2006年卷），群众出版社2006年版，第233~365页。

区的安全；刑事和解则简单地强调通过刑事和解达成协议，并未充分寻求和解之外的宏大目标。④恢复性司法虽并不主张替代传统的正式刑事司法，但其运转既可能在正式刑事司法体系之外，也可在正式刑事司法体系的支持下进行；刑事和解在传统刑事司法的框架内运转，即使是转处计划与替代方案也受到正式刑事司法体系的支持。⑤恢复性司法尽管也关注赔偿，但更关注赔偿背后蕴含的犯罪人勇于承担责任的态度和对被害人精神的安慰；刑事和解则主要关注赔偿结果，关注赔偿对被害人权利的保护，但并不充分关注赔偿对犯罪人的意义。究其根源，恢复性司法是关于整个刑事司法理论的颠覆与革新，包含了宏大的政治哲学、法律哲学的叙事与隐喻，自身具有一套非常完整的、全新的理论模式与操作方案，这是刑事和解所不能比拟的。

刑事和解与恢复性司法尽管存在上述差异，但也存在诸多契合之处。首先，刑事和解与恢复性司法都是关注被害人权利的保护。刑事和解与恢复性司法都要求改变传统的国家—犯罪人模式，在一定范围内辅之以国家对犯罪人—被害人双中心模式或者叫作非中心商议模式，这都提升了被害人在刑事司法体系中的地位，可以纠正“真正的辩护人反而被排除在刑事诉讼之外”的偏差。其次，刑事和解与恢复性司法都关注和解。以往恢复性司法研究者常常使用“调解”这一词语，但最新的研究表明，“调解”一词带有的中性色彩对被害人施加了不正当的压力，因而被“会见”“对话”之类的词语取代。[1]关注和解，事实上导致刑事和解与恢复性司法出现了交融，为恢复性司法的精神融入刑事和解提供了嵌入的契机。再次，刑事和解与恢

〔1〕参见［美］霍华德·泽尔：“恢复性司法”，章祺等译，载王平主编：《恢复性司法论坛》（2006年卷），群众出版社2006年版，第371~372页。

复性司法都排斥简单的惩罚模式，要求刑事司法能够体现多种多样的惩罚模式。承认错误、鼓励承担责任、赔偿被害人、惩罚都应成为刑事司法的可能选择，而不能采取抛弃的策略将犯罪人抛入监狱（进入严格的刑事司法体系）或者抛入社会（进入缓刑、假释等宽松的社区司法体系），而应通过对话、讲故事等总结加害人的错误，使其面临活生生的受害人而不是僵硬刻板的国家机器形象。最后，刑事和解与恢复性司法都关注对犯罪人权利的保障。刑事和解与恢复性司法都关注犯罪人的更生与重新融入社会，都希望用最小的刑罚代价获取最大的社会效果。

2. 社区矫正贯彻刑事和解的节点

第一，应当给犯罪人与被害人面对面接触的机会。一直以来，传统刑事司法的运行都存在一个根本特点，即犯罪人与被害人之间的绝对隔离。犯罪人作为嫌疑人被抓捕后，一直关押于看守所。很多时候，犯罪人对被害人并不了解，或者对被害人仅存模糊的印象。即使犯罪行为在熟人之间发生，犯罪人对被害人造成的痛苦以及犯罪的细节都存在诸多误解，当然也可能在心理上通过“中和技术”予以消解。在看守所的时候，犯罪人更多考虑的并非是对自己罪行的详细回忆与忏悔，而更多的是思考如何回答办案警察的问题、思考如何为自己辩解、思考如何逃避责任。国家对待犯罪人的态度与被害人对待犯罪人的态度是不同的：国家是理性的司法，要求刑事司法必须符合刑罚的目的；而被害人则往往带有强烈的道德义愤，惩罚的冲动占主导地位。但是，也必须承认被害人的复仇义愤具有其内在合理性，问题在于如何将被害人的复仇义愤引导入国家理性司法的轨道。由于现阶段被害人在刑事程序中的边缘性，被害人对刑事司法常常带有偏见，认为刑事司法体系过分偏袒犯罪人。当被害人遭受犯罪侵害以后，极易将犯罪人形象脸谱化、妖魔化，加之被害人常常不了解犯罪人的具体状况，对犯罪人赔偿能力又存在过高期待。一旦赔偿希望落空或者得不到满足，很容易产生强烈的道德憎恨。只有当被害人真实地了解犯罪人的具体状况，了解到犯罪人常常可能是温厚的父亲、体贴的丈夫、孝顺的儿子等，才可能真正与犯罪人冷静交流，并达成真正的和解。隔阂、冷漠的关系，加之铁幕划隔之下的犯罪人与被害人的关系，导致双方真诚和解的可行性、可能性都极低。

第二，应当教育罪犯真切认识到自己行为对被害人造成的痛苦。从本质上讲，悔罪是犯罪人人身危险性降低的表现，也是其走上自新之路的前提。对人身危险性已经降低的犯罪人从轻量刑，符合刑罚的预防目的。和解的前提是犯罪人真诚地表达悔悟，并真诚地改正其错误的行为方式。要做到这一点，就必须令犯罪人认识到自己行为的后果，完全认识到他的错误行为对他人所造成的影响。按照社会常理，犯罪人既然是犯罪的主导者、实施者，不可能没有认识到自己行为的后果。但这种认识并不符合实际情况，很多犯罪人并不知道其犯罪的后果，正是由于这种无知，才使得他们去犯罪。如果他们能够更为清晰地了解他们所造成的伤害，大多数犯罪人都会感到懊悔。关于被害人的研究表明，犯罪对于被害人的影响并不是立即显现出来的。犯罪所造成的伤害并不只是表面上的物质伤害那么简单，它以不可直观感受的方式影响着人们的情感和社会关系。前文已经谈到，犯罪人经常使用“中和技术”来消解其对犯罪危害性的认识。在直接面对面地交谈中，被害人可以用更直观、具体、明确地方式亲自告诉犯罪人，他的犯罪行为造成了多么严重的影响。犯罪人不是从警察、检察官或者法官那里间接了解到其行为的后果，而是直接从被害人那里得到全面的信息，这是一种戳穿犯罪人的漠不关心和罪责消解技术的方法。同时，犯罪人需要感受到来自被害人、来自社区共同体的羞耻感及否定评价，这样才能全面认识到自己行为的性质，才可能真正产生悔罪意识。只有当犯罪人产生悔罪意识的时候，被害人才可能谅解犯罪人，犯罪人自身才可能真正走上自新之路，踏上回归社会之路。

第三，社区矫正应当以修复犯罪人、被害人、社区三大主体之间的关系为内涵。被害人最重要的需求确实是赔偿，即便是不能对于物质损失进行完全赔偿，部分赔偿也是非常重要的。赔偿不仅仅是对被害人经济上的补偿，而且具有重要的象征价值，它意味着犯罪人真正地向被害人承认错误。但是，尽管赔偿处于被害人需求的中心位置，但并非被害人全部的需求。被害人还需要表达他们的情绪，在面对面的交流中，被害人的情绪表达才可能更加充分、彻底，也才能在情绪的释放后真正地从被害的阴影中走出来。惩罚和赔偿是被害人在犯罪发生之后最主要的要求，但是惩罚除了缓解被害人的压力、满足被害人的复仇心理之外，被害人实际上什么也没有真正得到。犯罪行为的相关主体，除了犯罪人和被害人之外，还包括社区。犯罪人、被害人都来自于某一特定社区，犯罪行为事实上影响到整个社区对安全感、道德正义感的认识。因此，赔偿从轻原则在考虑修复犯罪人与被害人关系的同时，还必须考虑所在社区的感受。也正是基于这种认识，《刑法修正案（八）》在缓刑、假释的适用上，专门规定必须考虑所在社区的感受。恢复性司法倡导者认为，赔偿尽管是修复的重心，但我们还应超越赔偿，关注被害人的情感需求。〔1〕在很多案件中，犯罪人并没有能力

〔1〕 参见［英］格里·约翰斯通：《恢复性司法：理念、价值与争议》，郝方昉译，中国人民公安大学出版社2011年版，第95~97页。

完全补偿被害人的物质损失，但是如果犯罪人通过其行为表明愿意尽力修复，被害人所遭受的心理伤害与关系伤害在一定程度上确实可以得到修复。同时，面对面的直接交流会谈，也可以令被害人产生刑事司法程序参与者的主体意识，这有助于强化其对司法正义的认识，消解其因犯罪侵害带来的自我否定与自我抛弃感。

第七章 CHAPTER7 社区矫正制度的主要内容构建

社区矫正的设计首先是考虑制度体系的建设，完善的社区矫正制度的基本框架应当包括社区矫正主体与社区矫正人员这一对关系主体，同时还应当有必备的实体与程序的矫正制度体系。只有通过完备的社区矫正制度体系，才能达成社区矫正制度设立者的目的。

一、社区矫正机构

任何一个刑罚执行制度，都必然要求配备相应的工作机构。在社区矫正试点阶段，社区矫正机构即被确定为司法行政机关，具体日常工作由司法所承担。社区矫正由司法行政机关具体负责执行，并没有争议，而争议主要有两点：一是社区矫正管理体制应当是“块”的管理还是“条”的管理，二是司法所是否应当承担社区矫正日常工作。

（一）社区矫正应采取多元化管理模式

目前，地方社区矫正管理体制都是在省、市、县三级司法行政机构内部专设负责社区矫正的处室、科室，但是有学者对此提出了批评，认为在市、县、区一级司法局不宜设置社区矫正的行政管理机构，而应由省司法厅社区矫正处实行垂直领导，在市、县、区设立独立的社区矫正工作站。[1]上述观点看似合

---

〔1〕 参见刘强主编：《社区矫正制度研究》，法律出版社2007年版，第376~379页。

理，但实则存在很大缺陷：

上述观点的论据之一就是监狱管理归省司法厅监狱管理局领导，市、县、区三级司法局的监狱管理科取消，这种论证是不严谨的。我国监狱的规模一般比较庞大，关押几千罪犯的监狱有不少。监狱的行政级别一般都为正处级，相反市司法局的级别才为正处、县区司法局的级别才为正科，显然其内设机构无法管理监狱。而且，很多市、县、区辖区内根本就没有监狱，那么如何管理？社区矫正不同。社区矫正的本质是将罪犯置于所在社区服刑，既然是社区服刑，最终罪犯必然是在基层政府辖区内服刑，这与监狱的设置根本不同。社区矫正要依赖社区资源，不取得基层政府、基层村民、居民自治组织的支持不可能完成；监狱则一般不依赖社区资源，与当地基层政府并没有直接的业务联系。因此，以监狱来类比社区矫正，是不妥当的。

上述观点的论据之二是美国、英国的社区矫正是垂直管理，效果不错，我国也可以借鉴，以避免地方保护主义，笔者认为这种论证也不够妥当。社区矫正的方法、技术，可以说是跨国界的，但社区矫正管理体制是个政治问题，具体的管理模式必须结合本国的政治体制、行政管理体制来确定。到底是垂直管理还是横向管理，需要考虑本国国情。换句话说，公安机关这种准军事机构都没有彻底实行垂直管理，社区矫正反而要实行垂直管理，这是毫无必要的。作为一种开放性社区刑罚执行制度，其依托的基本点就是社区，矫正的方式是需要多元化主体参与对犯罪人的教育改造和帮扶工作，矫正的目的是让犯人能够回归社会，这势必要充分利用基层群防群治的特点，20 世纪 50 年代被毛泽东同志肯定的浙江省的社会治安综合治理的“枫桥经验”恰恰就印证了这一点。我国东部和西部省区都有各自的基层矫正工作特点，发挥地方主体的能动性恰恰能解决垂直管理带来的工作效率和工作时间的滞后性弊端，社区矫正的核心并不是管理，而是“教育和帮助”，要充分体现其对社区矫正人员的权利救济作用，管理应当体现的是一种“社会治理”，是一种“社会援助与适当监管”的社会治理，借助社会治理的功能促使社区矫正人员能够正常地、及时地回归社会。

总之，社区矫正管理体制的设计，必须要考虑到社区矫正的特点，社区矫正必须与地方政府尤其是县区政府、乡镇、街道、社区打交道，如果实行垂直管理，这些横向资源则难以整合，显然不符合社区矫正的宗旨。笔者认为，社区矫正属于消极的刑罚执行方式，即一定条件下的刑罚不执行，《社区矫正法》的立法就应突出多元化治理主体的特点，发挥各种主体对社区矫正人员的群抓共扶作用，利用社区资源，促进罪犯与社区的融合，促进罪犯重返社区，省—市—县三级司法局行政机关都应内设社区矫正管理机构，分别设立社区矫正处、科，实行条块结合、以块为主的管理体制。

（二）司法所应当承担社区矫正日常工作

司法所最大的优点就是贴近社区。社区矫正的本质就是通过开发、组织、利用社区资源参与矫正活动，而不是单纯的非监禁处遇。脱离司法所，让市—县司法局直接实施矫正，远离社区，那就违背了社区矫正的本旨。同时，司法所已经逐渐形成了相对稳定的社区矫正工作机制。将社区矫正的职能移植到新的机构又将产生较长的空白期，不利于已经相对成熟的社区矫正工作的推行。笔者认为，司法所作为承担社区矫正日常工作的机构，已经在长期的实践中证明了其相对合理性，不宜另起炉灶。因此，化解社区矫正主体困境应当继续坚持司法所作为承担社区矫正日常工作的机构，同时也要清醒地认识到司法所的先天不足。目前看来，现实的方案就是加强对司法所的投入，夯实司法所的基础建设。具体说来：①中央政法专项编列社区矫正编制。社区矫正的本质是刑罚执行工作，必须专人专职从事社区矫正工作。按照国际惯例，可以按 1:25 的比例编列社区矫正编制，至少要确保每一个司法所有一个政法专编。②将社区矫正工作经费纳入财政预算，具体数额可以按照监狱服刑人员人头经费的 1/4 至 1/3 编列，确保每个社区矫正人员工作经费不低于 1500 元/年。③市县司法局成立社区矫正科（执法大队）专司执法工作，负责社区矫正的撤销、社区矫正人员的奖惩以及与公检法三机关的法律衔接。如此一来既可以确保社区矫正的社区性，又可以保证执法工作的严肃性与统一性。

二、社区矫正工作人员

从社区矫正的本质来看，社区矫正既然属于刑罚执行工作，因此必然需要刑罚执行工作者；社区矫正需要对社区矫正人员开展矫正治疗，又是一项社会工作，因此同时需要社会工作者；社区矫正需要开发和利用社会资源，因此还需要鼓励社会志愿者参与社区矫正工作。

（一）社区矫正专门工作者

1. 社区矫正官

社区矫正官，是指社区矫正机构中专门负责社区刑罚执行工作的人员，一般并不直接负责社区矫正日常工作。将社区矫正一般工作人员与社区矫正官相区别，能够提升社区矫正执法的严肃性，同时又不至于大规模扩大警察编制。

针对第五章所述社区矫正机关普遍存在执法权限不明的问题。结合中国社区矫正的理论与实践的国情，笔者认为，社区矫正机构有条件地设立警察是适当的。除其他学者已经讲过的理由外，还有如下理由：①社区矫正官专司刑罚执行工作，而不负责社区矫正日常工作，因此不会强化社区矫正人员的标签效应。更为重要的是，将社区矫正日常工作与刑罚执行工作相分离，社区矫正官与社区矫正工作者相分离，既有利于强化社区矫正的严肃性和权威性，又不会导致社区矫正人员强烈的抵触情绪。同时，社区矫正工作者与社区矫正人员往往生活在同一社区，具有一定的“熟人关系”，如果社区矫正工作者也负责刑罚执行，一定程度上会存在“人太熟，不好意思下手”的尴尬局面。②赋予社区矫正官警察身份和警察权力，并不违背联合国相关司法规则。有的学者认为，赋予社区矫正官警察身份，违反了联合国《囚犯待遇最低限度标准规则》，这实际上是一种误读。《囚犯待遇最低限度标准规则》第60条第2款规定：“刑期完毕以前，宜采取必要步骤，确使囚犯逐渐纳入社会生活。按个别情形，可以在同一监所或另一适当机构内制定出狱前的办法。亦可在某种监督下实行假释，来达到此项目的；但监督不可委之于警察，而应该结合有效的社会援助。”这里，明确的是“监督不可委之于警察”，而不是说假释执行的过程完全不能有警察。笔者认为，社区矫正官并不负责社区矫正的日常工作，社区矫正的日常工作主要由司法所的社区矫正工作者负责。因此，如果将所有的社区矫正工作人员赋予警察身份，的确不妥当。但是，如果区分社区矫正官和社区矫正工作人员，这一问题将完全得到解决。

笔者认为，社区矫正机关确实应当配备少量的司法警察，否则难以解决社区矫正执法的权限问题。但不能夸大这个结论，而是应重点说明设立社区矫正警察的职责定位：第一，区分社区矫正工作人员与社区矫正官。社区矫正工作人员承担社区矫正日常工作，社区矫正官承担社区矫正执法工作。有些学者认为，社区矫正官与社区矫正工作人员的关系类似于法官、检察官与司法警察的关系。我们不赞成这种类比：在法院、检察院，法官、检察官是司法官，司法警察是司法辅助人员；而在社区矫正机关，社区矫正工作人员负责日常的社区矫正工作如监督、管理、辅导、帮助社区矫正人员，社区矫正官则负责社区矫正执法工作如奖惩、提请治安处罚及提请撤销缓刑、假释、追查脱管人员。社区矫正官并不介入日常的社区矫正工作，以避免给社区矫正人员带来标签化效应，为其回归社会带来烙印性耻辱。第二，赋予社区矫正机关明确的执法权限，这些执法权均由社区矫正官负责。执法权内容如下：①关于追查脱管人员。追查由社区矫正官负责，同时明确社区矫正官拥有查询权（通过信息网络查询脱管人员的酒店入住记录、火车飞机等交通记录）、搜索追捕权（搜索、查找、临时控制、押解脱管人员）。②关于提请治安处罚。社区矫正机关提请公安机关给予治安处罚，社区矫正对公安机关的决定有异议的，法律应当赋予社区矫正机关向上级公安机关申请复核的权利。③关于提请撤销缓刑、假释。法律应当赋予社区矫正机关刑事拘留权（如果社区矫正机关提请撤销缓刑、假释，同时认为社区矫正人员有高度人身危险性的，社区矫正机关有作出刑事拘留决定的权力）、押解权（如果原裁判人民法院决定撤销缓刑、假释，由社区矫正机关的社区矫正官负责押解至监狱服刑）。

2. 社区矫正工作者

社区矫正工作者，是指在社区矫正机构中具有正式公务员身份、承担社区矫正日常工作的公务员，是社区矫正的专职工作人员。社区矫正是刑罚执行活动。管制是刑种，缓刑、假释、监外执行、附条件不起诉是刑罚执行方法，不论是刑种还是刑罚执行方法，其具体的执行都属于刑罚执行活动。既然是刑罚执行活动，就必须强调刑事执法的严肃性、专门性。对罪犯权利的剥夺、对罪犯自由的限制，都必须于法有据，而且必须由专门的刑罚执行机关的国家工作人员来实施。因此，尽管社区矫正强调要运用社区资源、发动社区群众，但涉及具体的执法活动，则必须由社区矫正机关的国家工作人员负责实施，社区矫正志愿者对社区矫正人员在社区矫正期间的活动进行监督、报告。同时，既然是刑罚执行活动，就必须强调执法的严肃性。涉及对罪犯权利的剥夺、限制等措施的运用，必须严格依照法定程序，不能随意任性而为。正因为社区矫正是严肃的刑罚执行活动，社区矫正主体就必须是社区矫正机构的专门工作人员。

当前，我国社区建设面临巨大困难——社区社会自我治理组织涣散、社区政府在社区基层管理上力量薄弱。在这样的现实背景下，社区矫正想主要依靠社区居民来参与就具有相当大的难度。实际上，英、美、日等国家的社区矫正、社区建设也存在同样的问题，不过它们的中介组织比较发达，因而在一定程度上弥补了这个缺陷。因此，我们在建设高效的社区矫正工作者队伍时必须坚持专业化、精英化的选拔标准。社区矫正本身是一项专业性很强的技术工作，非经长期的专业训练难以胜任该项工作。犯罪原因千差万别、犯罪人的个体情况也存在重大差异，社区矫正的本意就是要通过对罪犯的帮助、保护、教育、治疗、监督，击破其原有的犯罪心理结构。社区矫正工作需要工作者既当“保姆”（对矫正对象进行心理咨询、辅导、生活咨询、帮助其申请社会保障等福利）又当“父亲”（对矫正对象发布必须遵守的指令、监督其遵守各种指令、要求其汇报思想等），还要当“母亲”（要与邻居“拉家常”，即做好社区居民的公关工作，营造有利于矫正对象回归社会的舆论氛围）。这种工作的难度、复杂性比监狱行刑的难度、复杂性更大，所需的技术性更高。因而，即使是上海、北京等地目前将监狱管教人员派驻社区司法所从事社区矫正，也很难说其必定能够胜任这一工作。基于上述认识，社区矫正工作者的选拔必须坚持专业化、精英化的标准。乡镇司法所、街道司法所的工作人员可以保持原有规模，可以吸纳其进入社区矫正工作小组，但其不能成为专职的社区矫正工作者。专职的社区矫正工作者应当设立在区县司法局的社区矫正中心，并应取得专业的社会学、心理学、法学、教育学等领域的学士学位，经过在司法实践中长期训练方能专职、独立从事社区矫正工作。

（三）社区矫正社会工作者

广义的社区矫正社会工作者，包括专职社工和社工志愿者。专职社工，包括政府通过购买社会服务的非政府组织的社工和政府直接聘任的社工；志愿者则属于在社区矫正机构统一指导下适度参与社区矫正社会工作的兼职社工。

1. 社会工作者的类型

社工可以分为专职社工与兼职社工。本书第三章“社区矫正的模式”中对社工的管理机制进行了评述，主张：如果作为社区矫正工作者的辅助人力资源，从事资料整理、文件收发、计算机信息系统管理等社区矫正监管辅助工作或者后勤文秘工作，适宜采取聘请协管员的方式；如果作为专业的社会工作者从事社区矫正社会工作，适宜采取服务外包的模式。社工应当走向职业化、专业化，也只有职业化社工队伍才能满足社区矫正工作的需要。我国现有社工队伍规模缺乏统一口径的数据。2013 年 2 月的一个数据显示，当时全国有 10.2 万社工；[1]2017

〔1〕“司法部社区矫正管理局、民政部社会工作司共同调研北京市大兴区社区矫正社会工作者队伍建设情况”，载《人民调解》2013 年第 5 期。

年1月召开的全国司法厅局长会议披露的数据是8万余名。[1]不过，上述数据中真正受过社工专业训练和社区矫正专业训练的比例，可能要大打折扣。像北京市的“40、50”人群作为社区矫正辅助人员是可以的，但将其界定为社工则不一定妥当。目前，还缺乏对社区矫正社会工作者的统一法律定位，上海市社区矫正办公室和新航服务总站签订的《政府采购服务合同》中对于社区矫正社会工作者的角色定位作出了具体的规定：社会工作者主要协助社区矫正机构对社区矫正人员进行行为修正、教育感化、帮困解难、生活指导、心理咨询等工作，并接受社区矫正办的指导、管理、评估。[2]

笔者认为，社区矫正社会工作者并非社区矫正辅助人员，因为社区矫正的主体内容并不仅仅包括社区刑罚执行，社区矫正的工作内容中除社区刑罚执行以外的工作均可纳入社会工作的范畴。因此，社区矫正工作中的监督管理、考核奖惩应当由社区矫正官负责执行或者社区矫正官委托的社区矫正公务员执行。此外，职业训练、教育、帮助、保护等都属于社会工作的范畴。

2. 社工培训

社工要走向专业化、职业化，就必须经过专业的培训。社区矫正社会工作不是业余爱好，而是一项专门性比较强的工作。例如，广东省社区矫正就已经充分运用社会工作的重要手段，建立了市—区（县级市）—街（镇）三级社区矫正社会组织社工队伍，并在社区矫正工作中全面推行社会工作的理念、方法、技巧，实现社区矫正工作中执法职能与帮教辅导职能的合理分

---

〔1〕“司法部：8万多社会工作者参与社区矫正”，载 http://www.chinanews.com/gn/2017/01-15/8124726.shtml，访问日期：2018年6月3日。

〔2〕刘强：“上海市社区矫正的发展与评价”，载《法治论丛》2002年第6期。

配，从而实现行政执法与社会服务的有机结合；另一方面，作为天然同盟军，由专职社会工作者带领社区矫正社工开展专业的矫正服务，进行各种专业咨询、结对帮教工作。专职社会工作者参与到对社区矫正社工的管理、协调工作之中，建立健全司法社会社工的聘用、管理、考核、激励机制，有效提高了社区矫正社工的服务水准。例如，广州市各区均成立了“友善社会服务中心”。“友善社会服务中心”以社会工作个案管理的服务模式为主体，针对每一个社区矫正人员一人一档，建立专门的个案服务档案。针对不同类型的社区矫正人员，“友善社会服务中心”通过一整套科学的评估方法对社区矫正人员进行科学的分类管理，并在分类管理的基础之上有针对性地制定个性化的矫正方案。与此同时，社会工作事务所常用的危机干预模式、认知行为治疗、家庭治疗模式、情绪控制、心理康复治疗等方法，皆被“友善社会服务中心”运用于矫正服务之中，并在具体实践中取得了一系列的突出成效。其他地方也有类似机构，如海南政法职业学院以社会工作专业资源为依托，注册了“海口市友善社会工作服务中心”这一民办非营利市级社工服务机构。“海口市友善社会工作服务中心”主要在社区、福利院、司法、青少年、老年人、社区矫正、戒毒及劳务工、社会工作者培训等领域开展专业服务。当然，这种运行方式主要由专业社工队伍操作，但是志愿社工队伍仍要了解社会工作的方法、流程，否则很可能“好心办坏事”。因此，有必要在社工入职之前进行专门培训，培训合格者方授予社区矫正社工身份，才能参与社区矫正工作。

三、社区矫正的程序

社区矫正作为社区刑罚执行，必须遵循严格的程序，包括：①接收程序，即管辖、决定告知程序、文书送达程序、报到和移送程序、接收程序、宣告程序；②变更程序，即管辖的变更程序、社区矫正措施的变更程序、缩短矫正期限的程序、惩罚程序；③解除程序，即社区矫正终结程序、撤销程序。《社区矫正实施办法》规定了大致的程序，但有些程序的科学性还值得进一步讨论；《社区矫正法（征求意见稿）》对程序的规定尚不够细致。这里主要讨论如下两个程序：

（一）管辖

笔者认为，社区矫正人员应当由其住所地社区矫正机构接收管理。对于适用社区矫正的罪犯，人民法院、公安机关、监狱应当核实其住所地。社区矫正人员有多个住所地的，应当在征求其意见的基础上，以便于开展社区矫正工作为原则综合确定社区矫正执行地。户籍所在地与住所地不一致的，由住所地社区矫正机构接收管理，户籍所在地社区矫正机构协助、配合。

不同的法律、规范性文件对住所地使用的称谓存在细微的差异，有住处、住所、处所、居所、居住地、经常居住地等。如《刑事诉讼法》第75条第1款规定："监视居住应当在犯罪嫌疑人、被告人的住处执行；无固定住处的，可以在指定的居所执行。"可见，《刑事诉讼法》一般采用的是"住处"。《民法通则》第15条规定："公民以他的户籍所在地的居住地为住所，经常居住地与住所不一致的，经常居住地视为住所。"可见，《民法通则》采用的是"住所"，而住所的确定方式为"经常居住地"与"户籍所在地"相结合的方式。《社区矫正实施办法》采用的则是"居住地"的称谓，但未明确如何认定居住地。有关省市出台的地方性文件对此给予了明确，如《四川省社区矫正实施细则（试行）》第32条第1~3款规定如下："被告人、罪犯具有下列情形之一，且在当地有生活来源的，可以认定为居住地：（一）在当地购有（自有）房产，并能出具产权证或者其他具有法律效力的房产所有权、使用权证明的；（二）在当地租用房子，已连续居住六个月以上，并能出具与产权人签订继续租赁一年以上合同的；（三）在当地借用房子，已连续居住六个月以上，并能出具与产权人签订继续借用一年以上合同的；（四）在当地企、事业单位提供的居住场所已连续居住六个月以上，并且企、事业单位愿意为其提供可以继续居住一年以上担保的；（五）能够出具学校等行政事业单位为其提供的需要在当地就学六个月以上证明的；（六）近亲属或者监护人、保证人具有以上第一、二、三项情形，愿意予以收留、接纳，履行协助监管义务，并为其提供可以居住一年以上担保的。以上连续居住时间以当地公安机关发放的《居住证》《暂住证》时间或者村（居）民委员会提供的证明材料为准。如果裁定的社区矫正期限不满一年，上述继续租赁、借用、居住的时间以及提供就学证明需要的时间可以为社区矫正期限。社区服刑人员系未成年人的，其监护人应当符合上述条件。”《民法总则》第 25 条规定：“自然人以户籍登记或其他有效身份登记记载的居所为住所，经常居住地与住所不一致的，经常居住地视为住所。”笔者认为，按照《民法总则》的规定，《社区矫正法（征求意见稿）》采用“住所”一词较为妥当，便于保持法律用语的统一性。

中国正在成为一个流动人口大国。有报告显示 2016 年中国流动人口的规模达 2.4 亿人。不仅如此，越来越多的人在不同的城市购有房产，因此，登记的住所即户籍所在地与经常居所不同的现象越来越普遍。不仅如此，在不同的城市有不同经常居所的比例也越来越高。在这种情况下，确定社区矫正人员的管辖地就成为一个值得重视的问题。从现实情况来看，可以说，目前我国社区矫正处于“流动人口无法入矫、入矫人员限制流动”的状况。这种做法当然有利于对社区矫正人员的管理，但是弊端也很明显。关于“入矫人员限制流动”的问题，在后面再加以论述；在此，仅就“流动人口无法入矫”的问题而言，笔者认为，流动人口也有符合社区矫正基本条件，接受社区矫正的资格。从是否便于管理的角度来区分能否对服刑人员适用社区矫正，这在某种程度上也是一种不平等，尤其是在流动人口数量较大的地区，这种限制在很大程度上制约了社区矫正之功能的发挥。不仅如此，还有部分服刑人员既不在户籍所在地居住，也没有固定的经常居所。事实上，这类人员并没有现成的真正意义上的“社区”。因此，要想对他们进行社区矫正，首要任务就是为他们构建“社区”，提供生存所必要的住宿、饮食、医疗、就业等方面的保障。在这方面，国外已经有“中途之家”等比较成熟的做法。我国各地也可以借鉴国外经验，尝试设立具有“中途之家”性质的机构，为此类社区矫正人员构建“人造社区”。

在笔者看来，当社区矫正人员有不同住所时，管辖地的确定应当尊重社区矫正人员的自由选择。服刑人员根据自己的工作、生活状况，最清楚自己在哪个住所服刑最适合自己。有的服刑人员不愿意在犯罪发生地住所服刑，其原因可能是感觉社区排斥现象严重，也可能是担心被害人的报复；有的服刑人员不愿意在户籍所在地住所服刑，其原因可能是担心“无颜见江东父老”，不愿意在家乡人面前丢脸而愿意选择在相对陌生的城市服刑。对这些心态，社区矫正机构应当予以充分尊重，以提高服刑人员回归社会的可能性。如《四川省社区矫正实施细则》第 32 条第 4 款就规定：“符合上述规定的外省籍罪犯、被告人明确要求回原籍接受社区矫正的可予准许，”这实际上就是赋予服刑人员以选择权。当然，上述细则考虑得仍然不够细致，因为服刑人员的住所可能有多个，而不一定仅仅是在户籍所在地和经常居所地之间选择，还可能是在不同的经常居所地之间选择。此外，由于社区矫正人员的人口档案信息很多留在户籍所在地公安机关，因此当社区矫正人员在非户籍所在地的住所地服刑时，原户籍所在地的公安机关、社区矫正机构都有义务予以协助。

（二）社区矫正撤销程序

针对社区矫正撤销程序存在的问题，笔者认为有必要重塑社区矫正撤销程序。

（1）将撤销缓刑、假释、暂予监外执行由原裁判人民法院，原批准、决定机关管辖改为社区矫正所在地人民法院管辖。理由在于：①社区矫正机关所在地与原裁判人民法院，原批准、决定机关可能跨越不同省市，相隔遥远。如果机械地将撤销权赋予原裁判人民法院，原批准、决定机关，不仅耗费人力、物力，而且将导致由于路途遥远造成的上述程序困境。②由社区矫正机关所在地人民法院统一管辖缓刑、假释、暂予监外执行的撤销，便于相关机关的沟通、衔接、监督与制约。社区矫正机关的矫正行为，本就由社区矫正所在地人民检察院进行法律监督，即使人民检察院、人民法院对于是否撤销社区矫正存在不同意见，也便于相互之间的沟通与衔接。如果由原裁判人民法院，原批准、决定机关行使撤销权，则要么出现相互推诿、扯皮的现象，要么导致原裁判人民法院，原批准、决定机关行使“橡皮图章”的职能，因为原裁判人民法院，原批准、决定机关完全不清楚社区矫正人员的具体表现。③由社区矫正机关所在地人民法院行使撤销权，存在正当根据。我国法律具有统一性，法律适用在原则上也不应该存在地域分歧。同时，社区矫正撤销程序并非审判监督程序，只有审判监督程序才由原裁判人民法院及其上级法院或者相应级别的人民检察院才能启动。

撤销社区矫正并非是原裁判，原批准、决定存在法律错误或者事实错误，而是由于社区矫正人员违反社区矫正监督管理规定或者暂予监外执行的法定情形消失。因此，由社区矫正机关所在地人民法院根据级别管辖行使社区矫正的撤销权，不违反《刑法》《刑事诉讼法》确定的相应管辖原则。

（2）在调整社区矫正撤销案件管辖机构的基础上，调整、细化社区矫正撤销程序。具体阐述如下：①社区矫正机关认为符合撤销社区矫正条件的，应当向社区矫正机关所在地基层人民法院提出申请，制作法律文书并移送相关卷宗，同时将相关法律文书抄送同级人民检察院；②人民法院收到社区矫正机构相应法律文书和卷宗后，应当立案受理，并组成合议庭予以审理；③审理社区矫正撤销案件，应当向社区矫正人员送达相关法律文书，听取其辩解意见，同时允许其聘请辩护人予以辩护；④人民检察院收到社区矫正机关的法律文书后，应当向人民法院就是否同意撤销社区矫正提出书面意见，必要时派员参与案件审理，并就撤销程序全过程实施法律监督；⑤如果人民法院作出同意撤销社区矫正的决定，应当制作《刑罚执行通知书》，交由社区矫正机关将社区矫正人员移送至本省市监狱服刑。

四、社区矫正监督管理制度

监督管理的目的是确保社区矫正人员顺利完成社区矫正机构为其制定的矫正方案，保障公共安全。监督管理的目的可以分为两个方面：一方面是从积极意义上讲，督促社区矫正人员履行社区矫正措施中设定的积极义务，弥补犯罪对被害人和社会造成的伤害，并能够按部就班地执行教育矫正、劳动矫正、心理矫治、强制治疗等措施，实现社区矫正的目的，顺利回归社会；另一方面是从消极意义上讲，观察和了解社区矫正人员的日常生活情况，随时关注是否有危害社会的行为和不遵守社区矫正规定的行为，进而相应地采取防控措施，避免对社会造成新的伤害或者威胁。

（一）监督管理的原则

1. 分类监管原则

监督管理的目的，主要是为了控制社区矫正人员的人身危险性。因此，不能单纯地为了监管而监管，而应根据社区矫正人员人身危险性评估结论而确定不同的监管强度和制定不同的监管方案，在前文“社区矫正的基本原则”中已经谈到分类处遇原则，此处再进行补充说明。我国社区矫正实践已经初步实行了分类管理原则，一般将社区矫正人员分为宽管、普管、严管三类，但三者之间的监管强度差异并不明显，容易造成对社区矫正人员的干预过度。所谓干预过度，就是指超出为实现矫正目的所必需的干预强度。“服刑人员”本身就是负面标签，容易产生社会排斥效应。刑罚本身不可能没有标签，但这种标签必须适度。社区矫正人员作为犯罪人的一类，一般而言具有比普通人更大的人身危险性，但我们的目标是将其矫正成普通人。因此，目标和手段之间的平衡要求我们既不能像执行监禁刑一样，为社区矫正人员设定过多的监管措施，尽量为其营造正常的社会环境，又要求我们必须要确保社会治安及社区成员的正常生活不会因为社区矫正人员的存在而变得更糟。阅读联合国《非拘禁措施最低限度标准规则》的第12.1条和第12.2条也可以发现这两重目的。那么，这种监督管理是否具有惩罚的目的呢？笔者认为：首先，刑罚本身具有不可否认的惩罚性，而社区刑罚作为刑罚的一个类别，自然也具有惩罚性。如果社区刑罚的惩罚性主要不是体现在“矫正治疗”“帮助保护”上，那么就主要体现在本章的“监督管理”方面了。其次，本章的内容基本上都是对社区矫正人员的限制性条款，可以说带有一定的惩罚性。但是，这些措施的目的并不是为了惩罚。相反，正是因为单纯地惩罚无助于防止再犯，刑罚史上才发展出了社区矫正措施。因此，可以说社区矫正的监督管理措施具有一定的惩罚性，但其目的绝不是为了惩罚。笔者认为，对于宽管人员，应当尽可能地减少对服刑人员正常生活的干预，诸如社区服务、集中学习、电子监控等措施都不宜使用或者不宜频繁使用。

2. 比例原则

国内外有不少观点认为，社区矫正制度对于社区矫正人员过于宽松，呼吁加强监管。但从我国社区矫正制度的实践来看，社区矫正人员再犯率多年来稳定在2%左右，这充分说明了我国现有的社区矫正监管强度已经足够，不应在此基础上呼吁更多更密集的监管措施，否则将影响服刑人员正常生活，影响其回归社会。正是为了达到使犯罪人重新社会化的目的，社区矫正才将犯罪人置于社区之中给予矫正保护，而尽量减少官僚化的机构对犯罪人施加的标签效应和给犯罪人带来“监狱化”的负面效应。因此，社区矫正应当避免矫正工作者过度干预社区矫正人员的生活，影响其正常融入本地社区。但是，由于矫正工作本身的随意性和社区矫正的自身特点，很容易出现矫正工作者对社区矫正人员生活的过度干预现象。这种现象具有如下负面效果：第一，过度干预社区矫正人员的生活，可能使社区矫正人员随时感受到自己“社区服刑人员”的特殊身份，影响其参与社会生活的正常、健康心理，同时可能促使被矫治对象对自己的身份逐渐认同，出现更加严重的反社会情绪或自卑消极的不良情绪。第二，过度干预社区矫正人员的生活，可能给社区矫正人员带来“标签效应”，令社区对社区矫正人员感到有形或无形的压力或歧视，让社区矫正人员感到被社会无形的隔离，这不仅违背社区矫正的本义，也将给社区矫正人员的再社会化和重返社会带来巨大的阻力。而且可能引起社区矫正人员的逆反心理，自暴自弃，不能树立重返社会的决心和信念。由于社区矫正机关和社区过于强调社区矫正人员的身份，将可能给予社区矫正人员强烈的心理暗示——自己是需要矫正的“坏人”，社区矫正机关热心的矫正工作，很有可能促使社区矫正人员变得更坏。[1]第三，过度干预社区矫正人员的生活，可能令矫正工作者具有侵犯社区矫正人员的各种合法权益的便利，引发职务滥用或其他腐败行为。同时，还可能恶化与社区矫正人员的关系，酿成信任危机，从而引起对矫正的反抗，引发更加严重的反社会意识。社区矫正工作由于相对较强的随意性，矫正工作者在工作中具有较大的自由处理问题的权力，这些缺乏监督的权力行使空间，可能会衍生出滥用职权的行为。社区矫正本身就比较强调树立矫正工作者的人格魅力与人格权威，试图以社区中符合社会权威意识形态的正常行为模式来消解社区矫正人员原有的犯罪心理结构。如果社区矫正工作者利用职权实施违法行为或不道德行为，将大大破坏社区矫正本来就有限的价值。再社会化的本来含义就是破除原有的心理结构，学习和树立新的符合社会权威意识形态的行为模式，如果社区矫正人员看到最接近的制度权威遵从非法的或者反社会的行为模式，再社会化还可能实现吗？

（二）监管制度

根据《社区矫正实施办法》以及各省市制定的规范性文件，我国社区矫正实践的常规监管制度主要包括报告制度、请假制度、走访制度、修复制度、电子监控制度等。需要说明是，谈话制度、职业技能培训制度、集中教育学习制度等，实际上也

[1] 参见吴宗宪：《西方犯罪学》，法律出版社 1999 年版，第 531~532 页。

具有一定的监管功能，但我们将其归于教育制度中，而不纳入监管制度中讨论。

1. 报告制度

社区矫正人员应当定期或不定期向社区矫正机构报告其所在位置及近期参加矫正的情况。报告可以采取谈话报告、书面报告、电话报告、邮件报告等形式的一种或者多种。报告和报到是社区矫正在“限制自由”方面的最主要体现之一。《刑法》第39、75、84条分别规定了管制犯、缓刑犯、假释犯要按照执行机关/考察机关/监督机关的规定报告自己的活动情况。因为社区矫正人员的人身自由没有被剥夺，所以定期和不定期的报告就成为确保其没有脱管的重要方式之一。报告的目的，一方面是通过设定社区矫正人员的义务以体现社区矫正形式意义的惩罚性；另一方面，通过报告了解社区矫正人员的基本情况，是防止脱管、漏管的重要手段之一，并且可以作为调整社区矫正方案的依据之一。

报告分为定期和不定期。对于定期报告，社区矫正机构应当根据社区矫正人员的个人情况和执行阶段，确定报告的时间、地点和方式。事实上，报告的次数和时间间隔完全可以成为对社区矫正人员予以奖惩的一项措施，即考核分数较高的，可以延长时间间隔、减少报告次数；考核分数较低的，要缩短时间间隔、增加报告次数。不定期报告则用于了解社区矫正人员的即时动态。同时，社区矫正人员遇有特殊情况，如家庭变故、工作或生活中的障碍等，也可主动进行即时报告。

2. 请假制度

社区矫正人员离开所居住的县（市、区），应当向社区矫正机构提交书面申请，并提供担保人。社区矫正人员经批准外出后，应当按时返回居住地并向社区矫正机构报告；确有特殊原因不能按时返回居住地的，应当及时向社区矫正机构报告，经社区矫正机构同意后可适当延长外出时间。社区矫正人员外出，一般是开展就业、经商、就学、就医、探亲等活动。《刑法》第39、75、84条就已经分别规定，管制犯、缓刑犯、假释犯离开所居住的市、县或者迁居，应当报经执行机关/考察机关/监督机关批准。但目前面临的新情况是：随着市场经济的发展，一些社区矫正人员有外出经商或务工的愿望和需要。如果严格限制其流动，不利于社区矫正人员就业和赔偿被害人。有鉴于此，笔者认为，对于社区矫正人员的长期外出，不应当采取一概否定的态度，对于为满足就业谋生、赚钱养家、赔偿被害人的需求，对于确实有必要外出经商、务工的社区矫正人员，社区矫正机构应当允许其流动。但是，这必须以严格的审批制度为前提，防止"流动"沦为"脱管"。另外，还要建立责任人担保制度，要求除非特殊情况，否则流动的社区矫正人员，原则上应当有责任人担保。我国一些地区已经尝试了这种做法，例如江苏省姜堰市（今泰州市姜堰区）于2005年10月出台的《社区矫正对象请假就业迁居管理实施办法（试行）》全面推广了责任人担保制度，明确规定矫正对象外出打工必须要有责任人担保。

3. 走访制度

社区矫正工作人员应当定期或者不定期走访社区矫正人员的家庭、单位以及居住地的居（村）委会，掌握社区矫正人员的矫正情况。"走访"是与前文所设定的"报告"相对而言的，其目的都是为了确保社区矫正人员没有脱管，同时也及时了解社区矫正人员的工作和生活动态，及时采取相应矫正措施。关于走访的时间间隔，根据目前各地制定的社区矫正规范性文件来看，一般是每月定期走访一次。另外，一是在特定时期要走访，如春节等重大节日期间、“两会”时期等，因为在这些时期，社区矫正人员可能会思想不稳定，容易在他人的煽动下产生危害社会的举动；二是在社区矫正人员有受到惩处、有重大思想问题或者出现其他特殊情况时，应及时走访、掌握其思想动态、加强监管。在实践中，很多地区总结出了“四必访”，即新接收的矫正对象要走访、遇有特殊情况（如家庭变故、生活困难）时要走访、重点时段前（如重大活动、重大节假日）要走访、平时一个月一走访。这是很好的实践经验。走访是对社区矫正人员最基本的监督管理措施之一，但是目前，由于社区矫正的全面铺开，各地入矫的社区矫正人员数量大大增加，但工作人员数量有限，加上目前通讯工具发达，一些工作人员认为用电话、短信、网络方式与社区矫正人员沟通联系即可，因此“走访”形式有弱化倾向。但是，“走访”与“报告”的一个重大不同是：报告主要是社区矫正人员自行报告，而走访则往往要走访社区矫正人员以外的人，包括家庭、单位以及居住地的居（村）委会人员，可以全面掌握矫正情况，因此具有不可替代的地位。走访也可以由社区矫正工作者委托社区矫正志愿者进行，但应当对走访情况进行书面记录并及时存档。

4. 修复制度

社区矫正机构应当采取必要措施，督促社区矫正人员向被害人作出物质赔偿和道歉，帮助社区矫正人员与被害人、所在社区修复关系。社区矫正机构在适当的情况下，促成召开恢复性司法座谈会，其目的一是对犯罪人进行教育，二是对被害人进行安抚。在理想的情况下，可以在座谈会上由社区矫正人员向被害人道歉，表达悔罪之情；同时可以达成协议，由社区矫正人员向被害人作出物质赔偿，或者提供一定补偿性的劳务。根据实际情况，如果不宜安排社区矫正人员与被害人会面，或者在座谈会中没有达成一致的弥补协议，那么社区矫正机构应当要求社区矫正人员将其劳动收入按月提取25%专户储存，作为支付给被害人的赔偿金。恢复性司法指引下的社区矫正，重视对于社会关系的恢复，以及犯罪人、被害人、社区的整体提升。一方面，虽然物质赔偿不足以抵销犯罪造成的危害，但是在很多情况下，这是体现犯罪人悔罪之情的一个基础。另一方面，与物质赔偿相比，精神抚慰要重要得多。因为赔偿的目的是为了表明犯罪人的忏悔之情，安抚被害人以及其他利害相关者，使其感到自己被犯罪所损害的尊严得到了回复。在这一点上，精神抚慰比物质赔偿要更为贴近恢复性司法的目的。换言之，在一定程度上，物质赔偿仅仅是达成精神抚慰的一种方式。实践中完全可能出现虽然进行了足够的物质赔偿，但是社区矫正之目的仍不能实现的情况，也可能出现没有物质赔偿或者物质赔偿不足，但是被害人受到了精神抚慰，因而社会矛盾得以化解的情况。因此，仅仅重视物质赔偿是不够的，必须把精神抚慰放到更重要的位置，并采取切实措施促成其实现。

5. 保证人制度

社区矫正机构应当在社区矫正人员报到登记后，确定保证人，制定和落实监督管理措施。保证人由社区矫正人员年满18周岁且具有监督能力的亲属或者所在单位、居（村）委会有关人员担任。社区矫正人员系未成年人或精神病人的，保证人由其法定监护人担任。保证人应当对社区矫正人员进行监督、管理和教育，定期向社区矫正机构报告社区矫正人员的情况。遇有特殊情况，应当及时报告。保证人的职责主要包括：①协助社区矫正机构做好社区矫正人员的日常监管和教育工作，引导督促其遵守法律、法规，防止脱管和重新犯罪；②经常与社区矫正人员沟通思想，及时掌握其思想动态；③督促社区矫正人员按照规定向社区矫正机构报告，参加教育矫正、劳动矫正和心理矫治；④及时向社区矫正机构反映社区矫正人员的工作、生活、交友等情况，发现社区矫正人员有不安全苗头或违法违规行为时，主动、及时地向社区矫正工作机构报告。由于矫正机构人力资源有限，不可能对社区矫正人员实行 24 小时监管。为确保各项监管措施得到服从，有必要借助辅助性资源。因此，采用保证人辅助社区矫正工作的模式，既符合社区矫正的本质，也是现实的选择。

6. 电子监控制度

电子监控是近年来社区矫正的新动向，目前在部分地区已经发展到了比较成熟的阶段。技术高端的电子监控主要是让社区矫正人员佩戴电子手（脚）镯，技术低端的电子监控主要是为社区矫正人员配发 GPS 定位手机。电子监控通过实时定位和历史轨迹查询的方法，掌握社区矫正人员的活动范围与行动轨迹，并对异常情况进行实时报警。目前，各地在出台关于实施电子监控的文件时，多未区分监控对象。笔者认为，不加区别地对社区矫正人员一律实施电子监控存在重大疑问：电子监控的目的是为了控制社区矫正人员的人身危险性，但社区矫正人员本身是否具有人身危险性必须具体考量，而不能仅因其犯罪经历就认为其一定具有人身危险性。例如，对实施危险驾驶罪、交通肇事罪、过失致人死亡罪等过失犯来说，该类社区矫正人员并不具有人身危险性或者人身危险性较低，对其实施电子监控完全没有意义。

电子监控在中国社区矫正实践中已经基本普及，但是这一普及仍然存在重大困境：①缺乏明确的法律依据。电子监控毫无疑问地将泄露社区矫正人员的隐私，并限制其人身自由。因而，在缺乏明确法律依据的情况下，电子监控的合法性存在疑问。一些地方出台了具体文件，如广东省潮州市 2013 年出台了《关于开展社区矫正人员电子监控的通知》，然而这一《通知》仅仅是潮州市司法局的通知，连地方性法规都算不上，其开展工作的良好初衷并不能改变《立法法》的要求。即便《刑法修正案（八）》规定了社区禁止令，然而社区禁止令必须由人民法院判决作出，并非所有的缓刑犯、管制犯都被判决了社区禁止令。不考虑社区禁止令的区分、不考虑社区矫正人员的类别，统一使用电子监控，其执法的正当性便存在疑问。②具体的操作困境。笔者在调研中发现，部分地方在为社区矫正人员配发 GPS 定位手机时，要求社区矫正人员为此买单，但电子监控设备属于执法设备，让社区矫正人员为此额外支付费用的法律依据存在严重疑问。还有些地方免费为社区矫正人员配发 GPS 定位手机，但该手机每月需向电信运营商支付服务费，一些地方要求社区矫正人员支付此项费用，这同样存在前述疑问。即使法律上不存在障碍，但部分社区矫正人员以经济困难为由，拒绝支付 GPS 定位手机费用和通讯服务费，对此社区矫正机构也难以作出有效处理。③效果有限。就 GPS 定位手机而言，监控人员难以确保不出现“人机分离”的现象，所谓的“社区矫正人员跑不了也不能跑”的目标难以实现；就电子手（脚）镯而言，虽然理论上讲拆卸该电子手（脚）镯将发出报警指令，然而对于真正想拆卸的社区矫正人员来说，这在技术上并不是难题，其监控目标仍然难以实现。

笔者认为，可以通过如下思路来化解电子监控的实施困境：①电子监控应当采取自愿原则。社区矫正人员在衡量其他监督手段的情况下，同意佩戴电子监控设施，这样才可以化解其合法性危机。目前电子监控并没有明确的法律依据，地方省市的社区矫正实施细则的法律地位也不高，一些地方的细则明确规定严管人员要佩戴电子监控类设施，发现问题还要给予警告处分，这违反了法治国家的基本理念。②电子监控应当限定范围。不能对社区矫正人员一律采取电子监控措施，也不宜规定严管类服刑人员就必须采取电子监控措施。笔者认为，比较妥当的方案是人民法院判决附加社区禁止令的服刑人员，可以采取电子监控措施；另外，如果社区矫正人员严重违规，但社区矫正机关认为撤销社区矫正过于严厉时，服刑人员可以选择自愿佩戴电子监控设施作为撤销社区矫正的替代措施。③对电子监控收集的违规信息应当允许社区矫正人员辩解。电子监控捕捉信息敏感，如果社区矫正人员佩戴的电子监控设施显示其违反社区禁止令或者脱离居住区域，应当允许社区矫正人员合理辩解，而不宜径行依照电子监控信息予以惩处。

五、社区矫正的矫正治疗制度

要实现社区矫正的目的，不仅需要消极的人身危险性控制，还需要对社区矫正人员开展必要的矫正治疗，以促使其改恶从善、遵纪守法，并获得必要的职业技能。

（一）教育矫正制度

教育主要包括法律政策教育、认罪服法教育、伦理教育、文化教育、劳动技能教育等。

（1）法律政策教育，包括各类法律法规的学习和社区矫正方面规范性文件的学习。法律政策教育能够帮助社区矫正人员树立正确的对错观。特别是对于两类社区矫正人员要着重加强这方面的教育：一是没有认识到自己的行为是犯罪行为的罪犯，这主要是指与自然犯罪相对的一些行政犯罪，如扰乱市场经济秩序类的犯罪，行为人因为法律知识的缺乏，不知道自己实施了犯罪行为；二是虽然知道自己的行为是犯罪，但是自以为做得对、做得好，认为自己是除暴安良、为民除害或者大义灭亲的罪犯。要着重通过法律政策教育社区矫正人员今后从法律的视角规范自己的行为，而不是想当然地去做事。

(2) 认罪服法教育，包括召开“犯罪人-被害人-社区”座谈会，帮助社区矫正人员认清自己行为所造成的恶果、对被害人所造成的伤害和对他生活带来的深远影响以及自己的家庭成员因为自己的犯罪行为而蒙羞的状况等；召开座谈会、现身说法会等，通过正面或者反面教材，帮助社区矫正人员认识自己的错误所在。认罪服法教育的核心是唤醒社区矫正人员对于所犯之罪的羞耻心。

(3) 伦理教育，包括家庭伦理教育、社会伦理教育、职业伦理教育、生态伦理教育等。针对犯罪性质和社区矫正人员具体情况的不同，伦理教育应当有所侧重。例如，对于犯有破坏婚姻家庭类犯罪的社区矫正人员，应侧重家庭伦理教育；对于犯有破坏人际关系类犯罪的社区矫正人员，应侧重社会伦理教育；对于犯有职务犯罪的社区矫正人员，应侧重职业伦理教育；对于犯有破坏环境类犯罪的社区矫正人员，应侧重生态伦理教育；等等。

(4) 文化教育，包括各类知识普及讲座、文化知识辅导等。特别是对一些年纪较小、文化程度低的社区矫正人员应增加文化知识补习教育。笔者认为，对于应当参加义务教育的未成年人，应当协助其完成义务教育。

(5) 职业技能教育。社区矫正机构定期组织讲座，向社区矫正人员传授劳动职业技术，培养其一技之长。在条件允许的情况下，可以建立劳动职业技术培训基地，对社区矫正人员进行系统培训。培训结束后，对于合格的社区矫正人员可予以就业安置。

(二) 劳动矫正制度

劳动矫正的目的是培养劳动意识、掌握劳动技能，促使社区矫正人员具备重新融入社会的适应能力，同时通过劳动，弥补犯罪对被害人和社区所造成的伤害。

1. 向被害人提供补偿性劳动

在征得社区矫正人员和被害人双方同意后，社区矫正机构可以安排社区矫正人员向被害人提供一定时间的补偿性劳动。如果社区矫正人员和被害人达成协议，那么协议内容可以包括由社区矫正人员向被害人提供一定时间的补偿性劳动。这种补偿性劳动的目的：一是对被害人所受伤害作出一定的弥补，如安装被打碎的玻璃、修理被撞坏的车辆等；二是减轻被害人的经济损失，如通过一些服务性的劳动，免除被害人的一些经济支出，也就相当于对被害人作出了经济补偿；三是具有一定的象征性意义，即这种劳动体现了社区矫正人员的悔罪和歉意，是主动化解社会矛盾的一种表现。

2. 社区公益服务

针对本书第五章所提出的社区服务存在问题。笔者认为，有劳动能力的社区矫正人员承担社区公益服务的义务，既是对其进行惩罚的过程，也是矫正其犯罪思想和培养正确的生活态度和劳动能力的改造过程。所以，社区矫正人员应按社区矫正机构的要求参加一定时间的社区公益服务，由于公益服务是一种强制性活动，所以必须要在内容和程序上进行规范。在制度设计上应当确定：

（1）社区公益服务的决定机关。笔者认为，由于经过了对犯罪人裁决前的调查评估，法官作出了社区矫正裁定，那么法官更能全面客观判断接受社区矫正的犯罪人是具有一种什么样的人格、身体状况如何、适合做什么样的公益服务以及做公益服务的时间长短。因此，由法院作出裁定公益服务的时间量和完成的期限最能达到对犯罪人进行科学劳动矫正的效果。

（2）社区公益服务的人员范围。笔者认为所有的社区矫正人员都是应当承担社区公益服务义务，以体现惩罚与教育的统一性，但义务的轻重是由法院进行裁决的。

（3）明确社区公益服务的工作量。社区矫正具有一定的惩罚性或者说"矫正"的内容，那么一定程度的强制劳动矫正则是其具体体现，而且这种劳动应当有一定的量，在制度设计上就是要确定一定的劳动强度和劳动时间，在时间设计上可以是300小时至1200小时的幅度（是根据我国缓刑制度1年至4年的期限幅度设计的时间量），而且要集中在一定期间内完成，以体现一定的劳动强度。

（4）社区公益服务的形式。服务的内容可以是环境卫生维护、植树、搬运、养老院服务、医院护理以及其他非营利性社会公益性行业的工作。

（5）社区矫正人员承担社区公益服务义务的协调监管机构。社区公益服务的监督机构是社区矫正机构，其主要职责是协调社区矫正人去什么地方、什么单位、做什么内容社区公益服务，并进行有效监督。在实践中的具体项目由司法行政机关根据本地实际情况设置。笔者认为，社区服务宜在封闭的设施内进行，为了避免因社区居民围观造成的烙印性耻辱，社区服务宜在一定相对封闭的设施或区域内进行，但不得安排高危作业。同时，社区公益服务不宜公开宣传为社区矫正人员的活动，不宜令社区矫正人员佩戴社区矫正的相关标识；社区公益服务的方式应当结合所在社区的具体情况，方式可以灵活多样。例如在林区，可以组织植树造林；在乡村，可以组织帮助缺乏劳动力的家庭收割庄稼；在城市，可以组织为养老院、孤儿院进行慰问等多种方式。社区劳动过程中，可能存在劳动风险以及其他意外，为确保法律效果与社会效果的统一，应当为社区服务人员购买意外伤害保险。不能因为社区矫正人员的服刑身份，就剥夺其因劳动风险获得赔偿的权利。

(6) 明确社区公益服务的程序。应当由社区矫正机关以书面的方式依法院裁决的要求向社区矫正人员下达社区公益服务义务（包括服务地点、服务时间、服务内容、对社区矫正人员的考核要求等），社区矫正机构与用工单位如何办理人员交接手续等。

(7) 明确考评机制和处罚措施。确定此制度后，社区矫正机关就可以根据用工单位对社区矫正人员统计的工作量和对社区矫正人员的工作态度评价进行实地考核评估，确定其表现分数等级，填写公益服务考核表并附证据支撑材料，作为今后是否终止社区矫正的依据之一上报法院，对于那些故意不完成其社区公益服务的社区矫正人员，应当通过设立制裁措施对其进行惩罚，处罚种类可以规定为警告、延长服务时间、罚款、收监等几种内容。

（三）心理矫治制度

心理矫治的目的是矫治存在社会适应障碍的社区矫正人员的不良心理，帮助其心理回归健康，增强其消除心理障碍、适应社会环境、抵抗诱惑的能力，促使其回归社会。心理矫治的目的分为短期和长期两个层次：短期目的是就引起社区矫正人员实施本次犯罪的各种心理因素加以矫治，帮助其走出犯罪所造成的心理阴影，回归心理健康；长期目的是从今后的生活着眼，通过心理健康教育和矫治，增强其在正常社会环境下生存的心理承受能力和调节能力，帮助其重新融入社会，减少再犯。

1. 心理健康教育制度

社区矫正机构可以根据需要，对社区矫正人员开展心理测评。心理测评的基本方式包括问卷调查和走访调查。对存在心理偏差的社区矫正人员，社区矫正机构应当及时进行心理健康教育，帮助其克服心理危机。社区矫正人员的最大问题就是适应社会，而社会适应又与心理健康有着密切关系。一个心理健康的人，一般而言是一个社会适应良好的人。相反，一旦出现社会适应不良，即容易产生心理困惑和烦恼。所以，在社区矫正工作中，要主动引导矫正对象敢于面对自己的过去，积极调整自我，主动接触、适应社会环境。所以，心理健康教育的最终目标还是要回归到社区矫正的最终目标上，即使社区矫正人员能够重新融入社会。所以，要帮助矫正对象重建自信，重塑健全的人格，始终保持积极的心态，最终达到自觉适应社会、融入社会、回报社会的目的。

2. 心理咨询制度

社区矫正人员可以主动向社区矫正机构要求进行心理咨询，寻求心理帮助。一般而言，心理咨询的基本方式包括：①门诊咨询。设立门诊咨询室，对有心理问题的社区矫正人员进行当面咨询和提供疏导。②对于不愿意或者不方便进行门诊咨询的，设立热线电话，进行电话咨询。例如，山东省监狱制定了《服刑人员电话咨询须知》，山东省鲁南监狱专门制定了《心桥热线咨询员工作规范》，对开展热线咨询的原则、方式作了比较全面的规定。虽然这些规范性文件针对的都是监狱服刑人员，但其内容也可适用于社区矫正人员，因此可资借鉴。③在条件允许的情况下，还可尝试网络咨询，更方便快捷地提供咨询服务。

在进行心理咨询时，专业人员应当有针对性地采取疏导和教育措施。通过司法实践的总结，社区矫正人员的不良心理主要包括：①自卑自弃心理，抱着过一天算一天的心态混日子；②焦虑恐慌心理，对生活不知所措，生活自理独立能力差；③抑郁悲观心理，从经济实力上和心态上都难以承受各种实实在在的生活压力；④冷漠消极心理，对社会各类人士都产生抵触情绪，自我封闭回避现实；⑤抵抗报复心理，对司法惩罚心怀不满，极强的社会报复心理导致重新违法犯罪。针对社区矫正人员上述不同类型的心理，专业矫正工作者应当对社区矫正人员分别进行情感教育、心理疏导、性格塑造，帮助其树立正确的人生观、价值观。例如，对于因长期不被重视而产生自卑心理的社区矫正人员，专业人员应当适当运用“罗森塔尔效应”进行个别教育，通过“暗示”的方式表明对他们的期望，充分挖掘其潜能；要鼓励他们参加健康向上的社交活动，培养与人沟通的能力。对于因身体健康状况、经济状况较差而产生悲观心理的社区矫正人员，应当鼓励他们多认识自身的优势，同时也要鼓励他们的亲友尽力提供良好的环境支持和经济支持。对于不能与亲友和社区成员良好沟通而产生抵触、排斥心理的社区矫正人员，应当教育其树立正确的人生观，切断其与不良亚文化之间的联系，帮助其恢复重新融入正常社会的信心和决心。在心理咨询的过程中，专业人员如果发现咨询对象存在严重心理障碍，则应当及时对其采取进一步心理治疗的措施。

六、社区矫正帮助保护制度

帮助保护的目的是帮助社区矫正人员解决生活困难，培养其重新融入社会的能力，保护其免受社会歧视，正当权益不受侵害。帮助保护是社区矫正中的辅助措施，其主要目的可以分为两个方面：一是在必要的情况下，帮助没有能力的社区矫正人员解决生活困难；二是在其正当合法的保险、就学、就业等合法权益受到歧视或侵犯时，提供必要的保护，以避免其因为不能通过正当渠道获取生存条件而转投入不良亚文化群体。

（一）临时安置制度

对于确属无家可归、无亲可投或者有亲属但无人接纳，生活确有困难的社区矫正人员，社区矫正机构应当会同民政部门，在当地政府的协调下，选择适宜的场所进行临时安置。在条件许可的情况下，社区矫正机构也可以建立社区矫正中心，为社区矫正人员提供临时安置。

外国有“中途之家”的机构设置，例如在加拿大，国家借助遍布全国的165所由政府出钱租赁的私营“中途站”和由联邦矫正局建立的17个“社区矫正中心”来完成社区矫正任务。“中途站”根据与矫正局签订的合同约定收容假释犯人，为他们提供食宿、体能锻炼和康乐设施，而假释犯人的矫正督导工作则由矫正当局派出矫正官负责。这些“中途站”“社区矫正中心”或低度戒备监狱一般都设立在城市或近郊交通比较发达的地方，以方便假释人员白天外出工作或读书。再如日本，一旦被获准假释，被假释者必须在规定的时间里，到所属的保护观察所报到，接受保护观察。在一定期间内由更生保护设施提供免费食宿（通常为3个月左右，最长不超过半年），使其工作的收入能够储蓄起来，为离开更生保护设施做物质准备。因此，对于无家可归的社区矫正人员，我们也可以考虑设置临时安置场所。例如，北京市朝阳区建立了中国大陆第一家中途之家——朝阳区阳光中途之家，为“三无”人员提供食宿服务，收效良好。

（二）生活保障制度

社区矫正机构应当协助家庭经济困难的社区矫正人员向民政部门申请最低生活保障待遇，必要时可以给予专项救助。社区矫正人员在入矫前已经参加失业保险、养老保险、医疗保险的，其在入矫后，符合领取条件的按规定享受失业保险待遇；在入矫前没有参加上述保险的，按照自愿原则，劳动与社会保障部门应按照相关规定为其办理。

社区矫正人员普遍存在生活困难的问题。即便是在经济发达的北京市，根据北京市朝阳区司法局2008年的调研，全区的3192名社区矫正人员和刑释解矫人员中，8.77%的人员无生活来源，52.77%的人员月收入在1000元以下，51.25%的人员家庭月收入在2000元以下。其中，只有6.74%的人员享受低保，88.66%的人员从未享受过救助——这是一组惊人的数据。衣食足才能知荣辱，而在这种生存条件下，要让社区矫正人员重新融入社会是非常难的。因此，为社区矫正人员提供最基本的生活保障，也就成为我们的首要任务之一。

社区矫正人员的权益，没有被依法剥夺的，就都应当是合法享有的，因此需要保障的并不仅仅是前面几个条款所列举的若干项。只不过是因为临时安置、生活保障和保险是社区矫正人员维持基本生活所必需的，所以特地单独列举出来加以强调。对于其他没有列举出来的合法权益，社区矫正人员当然享有，因此在受到侵犯时，社区矫正机构应当予以协助维护。

七、社区矫正考核奖惩制度

考核奖惩的目的是客观评估矫正效果，形成激励机制，督促社区矫正人员完成矫正项目，重新融入社会。对社区矫正人员的考核奖惩是社区矫正工作的一项重要内容，其类似于监禁刑执行过程中的累进处遇制，是刑罚个别化在社区矫正领域的落实。考核是对社区矫正人员的矫正状况的动态把握，即通过各项细化指标，对社区矫正人员人身危险性和矫正效果进行跟踪性的评估。根据社区矫正人员的不同人身危险性和矫正效果，应当分类监督管理和个别化矫正，由此便形成了奖惩措施。

（一）考核指标体系

对社区矫正人员的考核指标主要包括：遵守监督管理要求的情况；认罪服法、接受教育的情况；参加劳动情况；心理健康情况；社会矛盾化解情况；其他考核指标。社区矫正中的矫正措施，凡是对社区矫正人员设定的义务，或者可以对社区矫正人员重返社会有所帮助的措施，均应尽量予以量化，纳入考核指标，以此来激励其积极配合矫正。我国目前各社区矫正试点大多都采取了记分制的形式，便于量化，较为客观。并且，记分制也是监狱管理形成的成熟经验，简便易行，因此笔者主张以记分制形式进行考核。2016 年，司法部发布《关于计分考核罪犯的规定》，对计分考核进行了比较细致的规定。由于监狱行刑和社区矫正存在重大差异，因此社区矫正的计分制不能简单地套用监狱行刑计分制。但是，内在的逻辑却是一致的，司法部宜在经验成熟的时候，形成规范性文件，对社区矫正计分制进行详细规定，这样公开、公正地考核社区矫正人员，能够令其预测自己行为的后果、预测刑期和可能得到的奖惩，有利于其尊重司法权威，并逐步形成符合社会主流规范的心理结构和观念文化系统。

（二）奖励制度

社区矫正奖励分为两个大的类别，即行政奖励和司法奖励。行政奖励即适用从宽的社区矫正措施，由社区矫正机构自行作出；司法奖励包括撤销禁止令、减刑等，由社区矫正机构提请社区矫正机构所在地人民法院作出。目前社区矫正实践中，奖励制度存在的最大问题是对于服刑人员缺乏激励性。在监狱服刑中，有减刑、假释的激励；而在社区矫正中，表扬等行政奖励流于形式，缩短矫正期限等司法奖励又很少实施，这是社区矫正最需要完善之处。

1. 行政奖励制度

笔者认为，社区矫正人员遵守社区矫正相关规定，服满刑期 1/3 以上，社区矫正机构根据考核情况，认为其人身危险性降低的，可以实施从宽的社区矫正措施，包括：①减少社区矫正人员报告的次数和社区矫正工作人员走访的次数；②减少社区矫正人员参加集中教育活动的次数；③减少社区矫正人员参加公益劳动的时间；④其他从宽的社区矫正措施。一些地方性的规范性文件，把“从宽的社区矫正措施”限缩为“从宽的监督管理措施”，因此没有包含教育矫正、劳动矫正等矫正治疗措施中的强制性、义务性措施的从宽处理，这是不全面的。

坚持分级处遇原则，就必然要求有从宽、从严的社区矫正措施，以对应不同人身危险性的社区矫正人员。目前，我国地方省市出台的实施细则中，都不同程度地落实了分级处遇原则，但这种落实尚显不足。例如，《四川省社区矫正实施细则（试行）》第106条规定，社区矫正人员每月参加社区服务时间不少于8小时，严管级别人员可以适当增加社区服务时间。这里仅体现了普管和严管，而未体现宽管。实际上，社区矫正并非一律要对社区矫正人员附加监督，美国社区矫正人员有80%以上基本处于不附加监督的情况。

2. 司法奖励制度

被判处管制、被宣告缓刑、被裁定假释以及被裁定、决定监外执行的社区矫正人员在社区矫正期间，认真遵守社区矫正各项规定，接受教育改造，确有悔改表现，或者有立功表现的，可以减刑；有重大立功表现的，应当减刑。减刑的同时，社区矫正期限相应缩短。缩短矫正期限，是对社区矫正人员最具激励性的机制，但目前很少适用，未来有较大的改革空间。按照“将考核和奖惩相衔接”的基本立场，如何评价“悔改表现”的四个方面情形应当按照考核得到的分数来衡量。但因为前述原因，笔者没有在法条中列出各项考核指标的分值，所以在本条中也没有列出减刑或者假释所需要达到的分值。对于这一点，需要由各地在制定社区矫正实施办法或者细则时加以细化。我国的传统是缓刑、假释期间基本上不考虑减刑，但《刑法》对此并未明确禁止。笔者认为，为贯彻宽严相济的刑事政策，增加社区矫正的弹性幅度，激励社区矫正人员积极参与社区矫正，减刑等司法奖励制度确有必要。

（三）惩罚制度

与奖励制度对应，社区矫正的惩罚制度应当包括适用从严的社区矫正措施、治安管理处罚等行政惩罚，以及撤销社区矫正等司法惩罚。社区矫正惩罚分为两个大的类别，即行政惩罚和司法惩罚。行政惩罚包括适用从严的社区矫正措施、治安管理处罚两类，其中，从严的社区矫正措施由社区矫正机构自行作出，治安管理处罚由公安机关作出。司法惩罚包括三类：一是延长社区矫正期限，二是将非监禁刑转化为监禁刑，三是增加社区禁止令。这三类司法惩罚均由社区矫正机构提请社区矫正执行地人民法院决定。

1. 从严的社区矫正措施

社区矫正机构根据考核情况，认为社区矫正人员的人身危险性增加的，可以实施从严的社区矫正措施，包括：①增加社区矫正人员报告的次数和社区矫正工作人员走访的次数；②增加社区矫正人员参加集中教育活动的次数；③增加社区矫正人员参加公益劳动的时间；④其他从严的社区矫正措施。既然社区矫正的适用前提是遵守各项矫正措施，那么是否意味着一旦违反这些措施就要退回到监禁刑？答案是否定的。联合国《非拘禁措施最低限度标准规则》明确强调了这一点："非拘禁措施的失败不应自动导致拘禁措施的施加。"从社区矫正人员的利益出发，在一种社区矫正措施失败之后，我们应当做的是尝试其他更可行的社区矫正措施。只有当所有社区矫正措施都不可能防止其危害社会时，才不得不采取收监（所）执行措施。从严的社区矫正措施，主要是指强化社区矫正的监督，也可以称为“中国式的中间制裁”。

2. 集中管理和治安管理处罚

社区矫正人员在社区矫正期间，违反社区矫正中的强制性规定，情节较重的，可以实行集中管理；违反《治安管理处罚法》的，提请公安机关予以治安管理处罚。

“社区矫正中的强制性规定”，包括监督管理、矫正治疗等方面的强制性、义务性规定。“情节较重”的标准，以“超过适用从严的社区矫正措施的标准”和“没有达到易科拘役和收监（所）执行的标准”来衡量。如果违反的是监督管理规定，情节较重，那么还要根据《治安管理处罚法》第60条的规定进行治安管理处罚，即处5日以上10日以下拘留，并处200元以上500元以下罚款。根据《刑法修正案（八）》的规定，违反禁止令，尚不属情节严重的，也要由公安机关依照《治安管理处罚法》的规定处罚。

最为严厉的强化监督措施是集中管理。所谓集中管理，是将部分具有较高人身危险性的社区矫正人员集中到社区矫正中心等场所集中管理，最大限度地限制其人身自由，可以认为这是一种短期剥夺人身自由的惩罚。在地方社区矫正实践中，已有地方规范性文件对集中管理予以规定。如《四川省社区矫正实施细则（试行）》第91条规定：“社区矫正人员有下列情形之一的，可以根据需要在社区矫正场所进行集中管理：（一）对其提出收监执行建议的；（二）有线索表明其有实施再犯罪风险的；（三）有酗酒、吸毒、赌博等行为恶习，需要实施心理干预的；（四）可能妨害重要公共场所以及国家重大节日、重大活动期间公共秩序，尚不构成收监执行条件的；（五）法律规定的其他情形。对社区矫正人员进行集中管理，由县级社区矫正机构提出建议，报县级司法行政机关批准。对社区矫正人员集中管理的时间一次不超过三十日。”集中管理实际上是短期监禁加社区矫正的中间制裁模式，实事求是地讲，集中管理的地方性文件有缺少法律依据之嫌疑，因为集中管理事实上就是剥夺社区矫正人员的人身自由，且其规定的时间长达一个月之久，比治安管理处罚更为严厉。因此，《社区矫正法》对集中管理作出明确规定较为妥当，否则矫正实践中容易引发非议。笔者认为，为区别于短期监禁刑和治安管理处罚，集中管理的时间不宜超过7日，且不能强制社区矫正人员佩戴戒具。集中管理以集中学习为主要方式，不能采用如同监禁刑或者治安管理处罚一般“蹲监狱”式的管理模式。如果社区矫正机构认为集中管理尚不足以体现从严，则可以按照法律的规定移送公安机关作出治安管理处罚决定或者提请人民法院作出其他司法惩罚。

3. 撤销社区矫正，收监执行

撤销社区矫正是最严厉的惩罚措施，适用必须高度慎重且严格依法，并充分保障社区矫正人员的申诉、抗辩权。社区矫正人员在社区矫正期间，违反法律、行政法规或者社区矫正中的强制性规定，情节严重的，可以撤销社区矫正，收监执行原判刑罚。如何认定“情节严重”？根据笔者的一贯立场，应当依据考核分数来认定。概括地讲，根据“两高两部”联合发布的《关于对判处管制、宣告缓刑的犯罪分子适用禁止令有关问题的规定（试行）》第12条第2款的规定，社区矫正人员违反禁止令，达到以下标准，即可认定为“情节严重”：①三次以上违反禁止令的；②因违反禁止令被治安管理处罚后，再次违反禁止令的；③违反禁止令，发生较为严重危害后果的；④其他情节严重的情形。对于因保外就医而暂予监外执行的社区矫正人员，有下列情形之一的，即可认定为“情节严重”：①骗取保外就医的；②以自伤、自残、欺骗等手段故意拖延保外就医时间的；③办理保外就医后并不就医的；④违反监督管理规定经教育不改的。

管制犯不遵守管制规定时，由于没有相应的罚则，导致管制的实际监督工作无法正常进行。没有罚则的规定，难以确保良好的执行。有学者提出增设管制易科拘役之规定，以保障管制之执行。笔者赞同这种意见，国外也有限制自由刑易科自由刑之规定。如《俄罗斯联邦刑法典》第 90 条第 4 款规定："在未成年人多次不履行强制性感化教育措施时，可以根据专门国家机关的报告撤销这种措施，而移送材料，以追究未成年人的刑事责任。"日本对少年犯独立适用的保护观察，如果犯罪人违反遵守事项及再犯罪者，也有撤销或终止保护观察、通知法院给予新的处分，通常是给予剥夺自由的处分的类似规定。笔者认为，轻微违反管制考察规定或过失违反管制规定的，不应给予严厉处罚，而只能采取儆戒、警告、批评等措施；只有恶意违反管制规定或违反管制规定情节较重的，才考虑给予拘役。

八、建立社区矫正中止制度

所谓社区矫正中止，就是指社区矫正在进行的过程中遇到法定事项可以采取"暂停"措施，社区矫正中止后可能会出现两种情形：一种是法定事由消失，对社区矫正人员的社区矫正恢复进行；一种是法定事由出现持续一定时间，则对社区矫正人员的社区矫正终止。笔者在此推荐河北省司法厅社区矫正管理局提出的设想：

中止制度主要适用于以下情形：

（1）社区矫正人员脱管的。社区矫正人员脱离社区矫正机构监督管理的，社区矫正中止。中止自社区矫正机构知道或应当知道脱管之日起计算，至被决定收监或重新接受社区矫正之日止。中止期间不计入社区矫正刑期。

（2）社区矫正人员涉嫌犯罪被羁押的。社区矫正人员人身自由已被限制或者剥夺，社区矫正人员不再具备同时接受社区矫正的条件，社区矫正机关也不可能对其继续实施社区矫正监督管理措施，因此，此时社区矫正应中止，中止自被羁押之日起计算。在社区矫正期间内对该罪审判判决生效，不构成犯罪的，社区矫正继续执行，中止期间计入社区矫正期限；构成犯罪的，撤销原判决（裁定），数罪并罚，中止期间不计入社区矫正期限。社区矫正期限届满，未出判决或判决未生效的，解除社区矫正，不构成犯罪的，中止期间计入社区矫正期限；构成犯罪的，中止期间不计入社区矫正期限。

女性暂予监外执行人员在社区矫正期间内怀孕的。女性暂予监外执行人员为逃避监管等原因，在暂予监外执行期间又怀孕不能按期收监又被决定暂予监外执行的，应规定自原暂予监外执行终止之日起中止社区矫正，中止期间不计入社区矫正刑期。〔1〕

九、将履行赔偿义务履行纳入社区矫正制度

（一）实现赔偿义务对矫正罪犯的价值

不少人都提出要在社区矫正阶段考虑赔偿义务，但对赔偿义务在社区矫正阶段的价值并未产生深刻认识，大多局限于满足被害人的需求、平息社区的愤怒等方面，实际上在社区矫正阶段增加罪犯的赔偿义务具有重要意义。

（1）有利于实现和解，恢复罪犯与被害人之间被破坏的社

〔1〕注：来自于笔者收集的河北省司法厅社区矫正管理局研究成果：“社区矫正衔接工作亟待解决的问题与制度完善”。

会关系。学术界对刑事和解的讨论，大多局限于审查起诉阶段与量刑阶段，较少讨论侦查阶段，更少涉及刑罚执行阶段。但是，如果以恢复性司法来重构刑事和解，或者说是从恢复性司法的角度来理解刑事和解，和解应当贯穿于刑事诉讼的始终。将赔偿义务的履行限制在刑罚裁量及其前阶段，一方面容易产生“赔钱减刑”的公众误解，另一方面也限制了经济条件确实困难的罪犯获得社区矫正的可能。对经济条件确实困难但确实有深刻悔罪表现符合社区矫正条件的罪犯，完全可以给予社区矫正，同时责令其在社区矫正阶段积极履行赔偿义务，对于恢复罪犯与被害人之间、罪犯与社区之间的关系至关重要。

（2）有利于扩大社区矫正的范围。我国新《刑事诉讼法》已经明确引入刑事和解，该法第 288 条第 1 款规定：“下列公诉案件，犯罪嫌疑人、被告人真诚悔罪，通过向被害人赔偿损失、赔礼道歉等方式获得被害人谅解，被害人自愿和解的，双方当事人可以和解：（一）因民间纠纷引起，涉嫌刑法分则第四章、第五章规定的犯罪案件，可能判处三年有期徒刑以下刑罚的；（二）除渎职犯罪以外的可能判处七年有期徒刑以下刑罚的过失犯罪案件。”但如果稍不注意，刑事和解就可能沦为“有钱人的游戏”——以经济条件的限制将贫困的罪犯排除在刑事和解的范围之外，并且还会在社会舆论上产生一定的负面影响。如果将赔偿义务的履行引入社区矫正，则可以将这种不利影响降到最小，而且还可以有效扩大社区矫正的范围，多方面实现社区矫正的价值，给司法机关在社会上树立良好的刑罚执行形象。

（3）有利于矫正对象的积极改造。《刑法修正案（八）》虽然规定有社区禁止令，但禁止令更多是管束的范畴，基本上不涉及保护、帮助、改造的内容。在社区矫正阶段引入赔偿义务，可以促使罪犯积极寻求就业，保持良好的心态再融入社会，在劳动中重获人的尊严与价值肯定。

笔者在对西藏、四川、青海等省区的藏族习惯法研究中发现“罚赔”习惯作为藏族群众较能接受的化解犯罪人与被告人乃至两个家庭之间矛盾的主要方式，是在相关当事人共同参与基础上达成的赔偿协议的过程。它有利于恢复加害人因犯罪行为而破坏的社会关系的恢复，在犯罪人接受“罚赔”后，使得受害人的受损权利得到一定程度的修复和弥补，犯罪人往往能获得被害人家庭的谅解，有利于恢复被犯罪人破坏了的社会关系。而藏区这种用经济赔偿修复被损害的社会关系方式与社区矫正法所追求的恢复犯罪人和社区之间的正常社会关系的理念是不谋而合的。由此可以看出，将民事赔偿纳入社区矫正制度建设中也是符合社区矫正价值取向的。

（二）在社区矫正实现赔偿义务的路径

（1）目前在开展社区矫正工作的地方，可以尝试将试敦促部分既有能力的管制犯、缓刑犯、假释犯履行赔偿义务作为社区矫正的内容。目前，让管制犯、缓刑犯、假释犯履行赔偿义务，客观上存在一定的难度和不确定性。但有些管制犯、缓刑犯、假释犯还是有能力在管制、缓刑和假释期间履行部分甚至全部赔偿义务的，因为我国现行的规定只是禁止上述人员从事特定行业的工作，如果从事允许的职业，有收入，那么就可以用来对被害人进行赔偿。事实上，也不乏收入还不低的缓刑犯甚至假释犯，让这些人继续履行一定的赔偿义务，可以为被害人获得赔偿提供了另一个可能的渠道，至少使得部分被害人能够得到一定的赔付。

（2）有必要将赔偿义务的履行从立法上纳入社区矫正的内容。如前所述，开展社区矫正，不能仅仅从如何更好地改造犯罪人的角度来进行，要同时考虑被害人的利益。于是，有必要将社区矫正与赔偿损失联系起来，规定罪犯在社区服刑期间有条件的，必须参加劳动，并将劳动的一部分收入用于支付损害赔偿，并规定有赔偿条件的而不履行赔偿义务的将承担不利后果。

（3）要从立法上为罪犯能履行赔偿义务设立相应的制度。如社区矫正机关应当允许社区矫正人员为偿还债务而在一定区域和时间段进行务工、经商等，提供这种保障，在我国当前就业形势严峻的情况下显得非常必要。为罪犯履行赔偿义务积极创造条件，在他国也有这方面的先例，如美国的“创造性赔偿”。“创造性赔偿”的一个例子是美国明尼苏达赔偿中心，它是明尼苏达州矫正局于 1972 年开展的以社区为基础的居民区矫正活动，这一活动直到 1976 年底才结束。所有财产罪的罪犯在明尼苏达州监狱被关押 4 个月之后，从中随机挑选出一些人送到该赔偿中心，并使这些人获得假释。罪犯在离开监狱去赔偿中心之前，必须签订一个合同，答应做工作并将部分收入定期付给被害人。〔1〕

我国社区矫正工作起步相对较晚，在不同地区因经济发展水平、社会环境等差异很大，社区矫正的内容相对比较窄，特别是对罪犯在社区中适用的社区服务项目和劳动机会还没有广泛开发，这一现象在广大的农村地区和西部地区更为突出。因此，要有意识地丰富社区矫正制度的内容，包括开展为罪犯提供工作机会，为他们履行赔偿义务积极创造条件等。

（三）题外思考

最近几年，我国刑事附带民事赔偿兑现率较低，成为司法实践的突出难题。笔者认为，解决刑事附带民事判决执行难的

---

〔1〕［德］汉斯·约阿希姆·施奈德：《国际范围内的被害人》，许章润等译，中国人民公安大学出版社 1992 版，第 28 页。

问题，要充分运用民事诉讼法的有关规定，如诉讼保全和先予执行等。据了解，因为刑事附带民事案件的审判，从案件的立案侦查、审查起诉到案件的审理程序的运作和案件的定性等实体问题的解决较为复杂，民事诉讼法规定的诉讼保全和先予执行等内容在理论上能够运用于刑事附带民事案件，但由于案件需要解决的问题较多，涉及刑事和民事两方面，加之渠道不顺畅，导致刑事附带民事案件的民事执行一般要推到案件判决生效之后，由于加害方不主动履行、无能力履行等原因，也就出现了上文所说的，赔偿兑现率非常低的困境。所以，应思考如何让诉讼保全和先予执行等措施在刑事附带民事案件中能够实际发挥作用的问题。

另外，要改变法院执行部门被动甚至怠于执行的情况。这在笔者探讨的社区矫正期间，被判刑人的民事赔偿义务的履行问题上同样适用，当然主动赔偿与不主动赔偿，对矫正的后果影响应有所区别。我国《民事诉讼法》第236条第1款规定："发生法律效力的民事判决、裁定，当事人必须履行。一方拒绝履行的，对方当事人可以向人民法院申请执行，也可以由审判员移送执行员执行。"第239条规定，申请执行的期间为2年。现实情况是，由于当事人包括刑事案件的受害人提起刑事附带民事诉讼，是为保护自身权益而进行的，如果判决确定的内容得不到兑现，就违背被害人的本意。而现实情况是，一方面法院执行部门不主动甚至懈怠执行，另一方面广大民众通常对法律没有细致的了解，诉讼后自然的想法是：法院既然判我胜诉，对方就应该赔偿我的损失。许多人不懂得如果对方不履行赔偿义务，还需要向法院申请执行，还有过期作废一说？所以，在目前我国民众对法律知识了解不多的背景下，在裁判文书生效后的规定期限内，如果应该履行义务的一方没有履行义务，强制执行程序应该自动启动，权利人明确表示放弃权利的除外。退一步讲，至少法律应当规定法院有告知义务，即法院应当主动告知当事人申请执行的权利，这样做既不会违背意思自治原则也能够推进案件便捷快速地进入执行程序。

第八章 CHAPTER8 社区矫正工作运行机制的构建

一、社区矫正运行机制的现状考察

（一）社区矫正的裁判机制

从逻辑起点来看，社区矫正裁判机制是社区矫正运行的第一个环节。本书此处重点探讨运行机制，因此对实体问题不做赘述，只做简略讨论。

1. 缓刑适用的标准

缓刑适用标准看似明确，但却存在文本中的法与行动中的法之间的重大差异，通俗地说，文本与实践之间存在鸿沟。

《刑法修正案（八）》对适用缓刑提供了更加细致的标准，即："对于被判处拘役、三年以下有期徒刑的犯罪分子，同时符合下列条件的，可以宣告缓刑，对其中不满十八周岁的人、怀孕的妇女和已满七十五周岁的人，应当宣告缓刑：（一）犯罪情节较轻；（二）有悔罪表现；（三）没有再犯罪的危险；（四）宣告缓刑对所居住社区没有重大不良影响。"由此可见，适用缓刑最核心的标准应当是"不具有再犯危险"，也即不存在人身危险性。按照刑法条文的规定，似乎只要符合上述四个条件即可判处缓刑，但司法实践却并非如此，某些罪名即便符合《刑法》规定的缓刑适用标准，也很难适用缓刑，原因有二：其一，刑事政策限制适用缓刑。主要包括：①职务犯罪，在严惩贪腐的刑事政策背景下，以前职务犯罪缓刑适用率过高引起了中央政法委的高度关注，因此当下的司法实践对职务犯罪适用缓刑极其慎重——但实际上，职务犯罪人只要被开除公职，已经失去再犯罪的可能性；②危险驾驶罪，直到2018年初，危险驾驶罪的缓刑适用率都极其低下，甚至出现发生交通事故构成交通肇事罪的缓刑适用率接近90%而未发生交通事故仅构成危险驾驶罪的缓刑适用率在某些地方还不到10%的严重“倒挂现象”——但实际上，只要吊销驾驶证，就已经失去再犯罪的可能性；③毒品犯罪，在严打毒品犯罪的刑事政策和毒品累犯率较高的双重压力下，不少省市的司法机关甚至有“毒品犯罪一律不适用缓刑”的潜规则。其二，刑事政策不限制适用缓刑但法官对“再犯罪的危险”判断持高度疑虑，如抢劫等暴力犯罪。根据笔者的调研，部分市县的人民法院有“抢劫等暴力犯罪原则上不适用缓刑”的潜规则，法官声称这种犯罪的社会危害性大且属暴力犯罪，必须严惩。

从上文的叙述可以看出，在不少人的意识中认为“缓刑不是刑”或者“缓刑过于轻缓”，因而对刑事政策严打的犯罪往往会采取“严格限制适用缓刑”的态度而并没有完全根据《刑法》确定的缓刑适用标准来判断是否适用缓刑——刑罚的目的在实务者看来，并非仅仅是报应、威慑、教育的某一个方面，而是根据刑事政策灵活调整上述三种刑罚目的的位阶。在一般情况下，人民法院会根据《刑法》规定的缓刑适用标准来判断；而某些特定的罪名由于某种原因，当刑罚目的强调报应、威慑时，即不完全按照通常的缓刑适用标准来判断。这个问题比较复杂，限于行文重点，不再赘述。

2. 社区矫正适用前调查评估机制

《社区矫正实施办法》第4条规定：“人民法院、人民检察院、公安机关、监狱对拟适用社区矫正的被告人、罪犯，需要调查其对所居住社区影响的，可以委托县级司法行政机关进行调查评估。受委托的司法行政机关应当根据委托机关的要求，对被告人或者罪犯的居所情况、家庭和社会关系、一贯表现、犯罪行为的后果和影响、居住地村（居）民委员会和被害人意见、拟禁止的事项等进行调查了解，形成评估意见，及时提交委托机关。”

目前，学术界对社区矫正适用前的调查评估使用的学术称谓繁杂。有学者使用“审前评估”，但“审前”的称谓显然不准确，人民法院不会在审判前启动这一程序，一般都是审判后拟适用管制、缓刑、假释、监外执行时方进行调查评估；〔1〕有学者使用“判前评估”，但“判前”的称谓也不准确，因为假释是裁定、监外执行可以是决定；〔2〕还有人使用“裁前评估”，但这种称谓同样忽略了判决、裁定、决定的差异。〔3〕应当说，我国早期刑事诉讼法学界主要使用“审前调查”一词，这是因为引介国外的刑事诉讼制度时形成的惯例。为了避免争议，统一使用“社区矫正适用前调查评估”是比较妥当的做法。〔4〕现将社区矫正适用前调查评估机制叙述如下：

（1）社区矫正的委托主体和调查对象。根据《社区矫正实施办法》的规定，人民法院、人民检察院、公安机关、监狱对被告人、罪犯都有社区矫正适用的一定权限：①人民法院可以判决管制、缓刑，裁定适用假释，决定暂予监外执行。②公安

〔1〕任文启：“完善我国社区矫正审前调查评估制度的思考——基于文本和现实的比较分析”，载《甘肃政法学院学报》2016年第2期。

〔2〕陈庆：“社区矫正判前调查评估制度探析”，载《中北大学学报（社会科学版）》2013年第2期。另可参见《吴桥县审（裁）前调查评估实施细则》。

〔3〕余俊：“社区矫正裁前评估：现状、问题与完善”，载《贵州警官职业学院学报》2016年第2期。

〔4〕可参见《山东省社区矫正调查评估工作规范（暂行）》。

机关对被判处拘役，监狱对被判处有期徒刑、无期徒刑的罪犯，由监狱或者看守所提出书面意见，报省级以上监狱管理机关或者设区的市一级以上公安机关批准。③人民检察院不能直接决定适用社区矫正，但人民检察院可以在审查起诉过程中拟提出判处管制、缓刑的量刑建议时，进行调查评估。但部分省市调整了调查的范围，例如《山东省社区矫正调查评估工作规范（暂行）》，增加了"人民法院拟对被告人适用禁止令的"，同时规定暂予监外执行"患严重疾病，短期内有死亡危险的"不予委托调查评估；再如《吴桥县社区矫正审（裁）前调查评估实施细则》规定的调查对象未将暂予监外执行包括在内。

（2）社区矫正适用前调查评估机制的启动。人民法院、人民检察院、公安机关、监狱在启动委托调查评估前对适用社区矫正已经有肯定性的倾向意见。也就是说，只有当这些机构拟适用社区矫正时，才会启动委托调查评估程序；如果这些机构不准备适用社区矫正，就不会启动委托调查评估程序。

人民法院、人民检察院、公安机关、监狱对启动委托调查评估程序具有选择权。从文本上来看，《社区矫正实施办法》使用的是"可以"而非"应当"，而且第 4 条中"受委托的司法行政机关应当根据委托机关的要求"也同时使用了"应当"一词，可见该《办法》制定者是有意选择"可以""应当"并列，故不宜将"可以"解释为"应当"。有学者认为，对拟适用缓刑、假释的情况宜引入强制性规范，规定为"应当"而非"可以"委托县级司法行政机关进行调查评估，使调查评估成为前置程序。[1] 但这只是建议，而非规范解读。由于尚缺乏正式法律规定，因此地方省市也有创新，例如《山东省社区矫正调查

---

〔1〕 顾顺生："适用缓刑、假释前调查评估：'应当'而不是'可以'"，载《检察日报》2014 年 11 月 12 日。

评估工作规范（暂行）》规定，公安机关、监狱拟对罪犯提请假释的，应当委托开展调查评估。

（3）社区矫正适用前调查评估的主体。调查评估的主体是县级司法行政机关。根据《社区矫正实施办法》的规定，调查评估的主体是县级司法行政机关而非司法所，《社区矫正法（征求意见稿）》第10条第2款规定："社区矫正在社区矫正人员的居住地执行。社区矫正决定机关根据需要可以委托社区矫正机构或者居民委员会、村民委员会等组织对罪犯的社会危险性和对社区的影响，进行调查评估。"可以看出，国家立法导向把调查评估权放得比较开，只要基于委托关系，社区矫正机构、居民委员会、村民委员会都有进行调查评估的权利。在实践中，由于司法所贴近社区，更便利于了解拟适用社区矫正对所在社区的影响，因此司法行政机关一般都将该调查评估的任务交由司法所办理。例如《吴桥县社区矫正审（裁）前调查评估实施细则》第7条规定："县级司法行政机关收到委托调查材料后，应当在3个工作日内将调查任务指派给调查对象户籍所在地的司法所。调查对象有与户籍所在地不一致的长期居住地且将在居住地执行社区矫正的，县级司法行政机关可将调查任务指派给该居住地司法所。"笔者认为，对于调查评估程序应当建立一整套完整的评价机制来保证调查评估的客观公正性，以实现多数人可以获得社区矫正的机会，立法落实这一机制对假释犯显得尤为重要，未来的立法应当将调查评估报告作为司法机关裁定是否进行社区矫正的重要证据之一。评估调查机制应当包含：调查评估机构应当具备的条件、接受社区矫正的调查评估对象、调查评估的程序、调查评估报告的格式要求、调查评估的使用等规定。但目前《社区矫正法（征求意见稿）》规定把调查评估权交给居民委员会或村民委会进行的立法想法是不合适的，建议修改。

司法行政机关不得拒绝委托调查评估。根据《社区矫正实施办法》的规定，司法行政机关不得拒绝委托调查评估。但是，实践中也存在具体问题，例如调查对象的户籍信息、居住信息错误，委托机关发出《委托调查评估函》后，司法行政机关经核实本县辖区内无其户籍信息或者经常居住地信息，就必须退回委托机关。

（4）委托调查评估的执行程序。由于《社区矫正实施办法》并未规定详细的执行程序，部分地方省市会签了《实施办法》《工作规范》对详细的执行程序进行了规定，部分地方则尚未出台具体的规范性文件，而更多是凭常识或经验办事。一般来说程序大致如下：①委托机关发出《调查评估委托函》或者《委托调查函》并附《起诉书》《起诉意见书》《判决书》以及日常表现材料、被告人、罪犯身份信息等相关材料。有的委托机关仅仅发出《委托函》，在委托函上载明被告人、罪犯身份信息和基本犯罪事实，并不附具体材料。司法行政机关收到《委托函》后，核实被告人、罪犯具体身份信息、居住信息等，如遇信息不实则退回委托机关，信息属实则启动调查评估。司法行政机关启动调查评估程序以后，一般是指定被告人、罪犯户籍所在地或者经常居住地司法所具体负责调查评估。有的省市规定调查人员还必须制作调查笔录、调取相应书面材料后，填写《调查评估表》、制作《调查评估意见书》，并及时邮寄回委托机关；有的省市则因缺乏规范性文件，调查程序则不太正规，往往只是简单地出个意见。

（5）委托调查评估的内容。按照《刑法》的规定，缓刑的适用条件包括四个：一是犯罪情节较轻；二是有悔罪表现；三是没有再犯罪的危险；四是宣告缓刑对所居住社区没有重大不良影响。但按照《社区矫正实施办法》第 4 条的规定，调查评估的内容仅仅是“其对所居住社区影响”，也就是说仅仅调查缓刑适用条件当中的第四个。但是，司法实践中，司法行政机关较多考虑是否适合社区矫正以及自身监管能力，出具调查意见所考虑的调查评估内容往往超越了《社区矫正实施办法》的规定。例如《吴桥县社区矫正审（裁）前调查评估实施细则》第 13 条规定：“审前社会调查内容包括调查对象的家庭背景、个性特点、犯罪前表现、悔罪表现、社会反响、监管条件等情况以及辖区公安派出所意见。具体包括：（一）家庭背景，包括家庭成员及与调查对象相处的情况、家庭经济状况等情况。（二）个性特点，包括生理状况、心理特征、性格类型、爱好特长等情况。（三）犯罪前表现，包括工作或学习表现、业余生活、邻里关系、社会交往、违纪违法等情况。（四）悔罪表现，包括对犯罪行为的认识、悔罪态度；附加刑及附带民事赔偿履行情况和履行能力等。（五）社会反响，包括被害人或其亲属态度（成年被害人的应尽量争取被害人的意见）、社会公众态度；调查对象适用社区矫正后可能对所居住村（居、社区）的影响等情况。（六）监管条件，包括家庭成员态度、经济生活状况和环境、村（居、社区）基层组织意见等情况。（七）辖区公安派出所意见，包括是否具备监管条件等。”通观上述调查内容，实际上远远超越了《社区矫正实施办法》规定的“其对所在社区的影响”，而是较为全面的人身危险性评估以及所在社区的意见。

（6）调查评估结论的法律效力。《社区矫正实施办法》未规定司法行政机关调查评估结论的法律约束力。司法实践中，一些司法行政机关对社区矫正适用机关不采纳调查评估结论意见较大，“对于一些未进行审前调查评估但判处了社区矫正的罪犯，司法行政机关不予接收的问题依然存在，不予接收的理由是审判机关没有考虑执行机关的意见，判决本身存在瑕疵。甚至有些地方存在评估机关作出不适合社区矫正的评估意见而法院未予采纳时，司法行政机关也不予接收的情况”。〔1〕笔者认为，司法行政机关的理解存在偏颇，以人民法院未考虑司法行政机关的意见为由拒绝接收社区矫正人员更是违法行为。按其本质，是否适用社区矫正（暂予监外执行除外）属于司法权而非行刑权，因此调查评估结论仅属社区矫正适用机关是否适用社区矫正的参考性意见。因此，社区矫正决定机关是否适用社区矫正从本质上来说，当然不受调查评估结论的强制性约束。

但从另一个方面来看，缓刑适用条件有四个：犯罪情节较轻；有悔罪表现；没有再犯罪的危险；宣告缓刑对所居住社区没有重大不良影响。调查评估结论仅针对第四项条件，如果调查评估结论认为“宣告缓刑对所居住社区存在重大不良影响”，则社区矫正决定机关不宜决定适用社区矫正——人民法院就宣告缓刑对所居住社区是否具有重大不良影响的判断，显然没有司法行政机关的判断清楚，否则也就不需要进行委托调查评估，而完全可以径行决定适用社区矫正。因此，笔者认为，社区矫正决定机关对司法行政机关调查评估结论得出“宣告缓刑对所居住社区存在重大不良影响”的，不应当对被告人、罪犯适用社区矫正。《山东省社区矫正调查评估工作规范（暂行）》第19条第2款规定：“在判决、裁定、决定作出后七日内，委托机关应当以书面形式告知县级司法行政机关调查评估意见采信情况。不予采信的，应当说明原因。”这种规定值得借鉴。

笔者认为，要体现对犯罪人进行社区矫正前的社会风险调查评估的客观公正性，应当设计科学的评估机构选用程序，不

---

〔1〕任文启：“完善我国社区矫正审前调查评估制度的思考——基于文本和现实的比较分析”，载《甘肃政法学院学报》2016年第2期。

能简单地把评估权交由社区矫正机构进行，而是应当将制度设计成由法院在评估机构名册中选择与假释犯无利害关系的第三方机构进行社会风险调查评估，而这项工作也可以成为司法机关购买社会服务的一项内容，其效果应该会比现行的操作方式更好。

（二）社区矫正机构的内部权力运行机制

根据《社区矫正实施办法》的规定，社区矫正决定作出以后，县级司法行政机关社区矫正机构对社区矫正人员进行监督管理和教育帮助，同时还规定司法所承担日常工作。完整的监管教育机制还包括社区矫正的具体制度，但本书已有专章讨论社区矫正基本制度框架，故在此主要讨论运行机制。

1. 社区矫正股、社区矫正执法大队、社区矫正中心、乡镇司法所之间的社区矫正权力运行机制

社区矫正主体是县级司法行政机关，这点并无疑义。但是，县级司法行政机关、县级司法行政机关社区矫正机构、司法所、社区矫正中心之间到底是什么关系，实务中如何运行，还需要进一步探讨。

早期社区矫正的日常工作都是县级司法局社区矫正股负责领导，社区矫正执法大队（警察大队）负责刑罚执行、乡镇司法所负责日常监管教育。后来学术界出现强烈的声音，认为司法所不具有承担社区矫正的实力，主张设立社区矫正执法大队统一管理；同时，加强乡镇司法所的政法专编在事实上存在困难，将有限的编制集中于区县，集中开展社区矫正工作也成为现实的选择。因此，全国各省市近年来大力开展社区矫正中心建设。建设社区矫正中心以后，如何理顺司法局社区矫正执法大队、社区矫正中心、乡镇司法所之间的关系成为重要的研究课题。

附1：浙江省司法厅《关于进一步加强县（市、区）社区矫正中心建设的指导性意见》（节选）[1]

《意见》明确，要把握标准，切实加强县（市、区）社区矫正中心规范化建设。一是统一规范职能定位。县（市、区）社区矫正中心依照法律法规和政策规定，组织实施社区矫正监督管理工作，统筹整合多方资源组织开展教育矫正活动，协调落实社会适应性帮助措施，促进社区服刑人员顺利融入社会。二是统一规范工作职责。县（市、区）社区矫正中心主要履行调查评估、报到登记、入矫和解矫宣告、风险评估、电子监管、视频指挥、巡查督察、应急处置、集中学习教育、社区服务、心理健康教育、心理咨询和心理疏导、考核奖惩等具体工作，负责与公检法等部门的沟通协调工作，承担社区矫正工作委员会办公室日常工作。三是统一规范中心名称。各县（市、区）社区矫正中心的名称统一为“××县（市）社区矫正中心”或“××市××区社区矫正中心”。四是统一规范场所面积。参考县（市、区）辖区内在册社区服刑人员月平均数量确定社区矫正中心所需面积，一般不低于500平方米。五是统一规范功能设置。县（市、区）社区矫正中心应当根据实际工作需要设置综合办公区、执法监管区和教育帮扶区等3个功能管理区和办公室等10个功能室。“三区十室”等应设置统一的标牌，实行制度、流程、职责等上墙。六是统一规范力量配置。县（市、区）社区矫正中心工作人员一般不少于5名，可聘请社区矫正社会工作者作为中心工作人员，从事教育帮扶、心理矫正、基础管理

[1] 浙江省司法厅《关于进一步加强县（市、区）社区矫正中心建设的指导性意见》，载 http://www.zj.gov.cn/art/2016/11/4/art_13098_2193804.html，访问日期：2018年3月2日。

等工作。七是统一规范装备设施。县（市、区）社区矫正中心除社区矫正指挥中心（监控指挥室）所需装备设施外，还应当配备面部+指纹识别仪、执法记录仪、身份证识别仪等必要的装备设施。

附2：湖南省司法厅《县市区社区矫正中心建设基本规范》（节选）[1]

第五条　社区矫正中心建设面积应不低于200平方米，可以参照辖区内人口数、社区服刑人员数等因素综合确定面积，按照统一名称、统一功能、统一设施、统一标牌、统一色调的要求规范建设。社区矫正中心对外统一悬挂“××县（市、区）社区矫正中心”标牌，内部装修格调庄严、简洁、实用。

第六条　社区矫正中心的功能区域应设置监督管理区、教育帮扶区和综合办公区域，每一功能区内设若干功能室。监督管理区应设立宣告室、监控室、训诫室。教育帮扶区应设立教育培训室、社会联络室、心理咨询室、图书阅览室，可以设置技能培训室等。综合办公区域包括社区矫正工作人员办公室、驻检（警）室和档案室等。

第七条　社区矫正中心根据工作需要，可以建设辅助功能区域，比如社区服务基地、技能培训基地、警示教育基地和过渡性安置基地等。

第八条　社区矫正中心的主要功能区域配置要求：

〔1〕湖南省司法厅《县市区社区矫正中心建设基本规范》，载 http://www.csx.gov.cn/sfj/ywgz69/sqjz/1826786/index.html，访问日期：2018年3月2日。

（一）入矫（解矫）宣告室应设置宣告席和被宣告席，设置矫正小组成员席，并为社区代表、社会志愿者等设置旁听席。宣告室正中悬挂司法行政徽章。

（二）监控室应装备省、市、县、乡四级互联互通的定位监控管理系统和信息工作平台，实现对社区服刑人员的实时定位监控。

（三）训诫室应配备基本的社区矫正执法装备。

（四）教育培训室应设有讲台、课桌和多媒体教学设备。

（五）个别教育室应摆放桌椅等基本设施。

（六）心理咨询室应按工作要求布置基本设施，并根据工作需要配备基本的心理分析软件和心理辅导设备。

（七）社区矫正工作人员办公室及驻检（警）室应有社区民警和检察人员日常办公需要的基本设施。

（八）档案室应当按照《保密法》和《档案法》相关规定装备档案资料柜、档案资料录入复印设备等，配备相应的防火、防盗、防潮、防虫等设施。

（九）其他功能室的设置和配置，依据各地实际情况自行确定。

县级司法局社区矫正股（社区矫正和安置帮教股、基层股）主要负责领导、统筹全县社区矫正工作；社区矫正执法大队主要负责具体开展社区矫正的报到、管理、惩戒、收监等刑罚执行工作；乡镇司法所负责日常的社区矫正监管工作。成立社区矫正中心的初衷，主要有如下考虑：①整合社区矫正资源。整合帮教辅助、社会力量参与、心理矫治等工作，而乡镇司法所缺乏整合社区矫正资源的平台。②便于集中统一开展监管教育工作。检察院、公安局可以根据需要在社区矫正中心平台开展检察监督和协助工作，同时可以开展集中统一的社区矫正执法、电子监控、劳动技能培训、集中法制教育等工作。根据调研，实践中不少区县社区矫正中心与社区矫正执法大队实际上是“一套班子、两块招牌”，职能存在重合与交叉。学术界主张“区县统一开展社区矫正、司法所不再承担社区矫正日常工作”的观点，并未在社区矫正中心落实，乡镇司法所事实上仍然负责社区矫正日常工作。

实践证明，基层司法所贴近社区最能整合社区资源。社区矫正毕竟不是监狱或者拘役所，集中统一的监管教育只是个别现象，绝大多数时间都在社会内服刑。因此，那种主张取消司法所承担社区矫正日常工作的观点并不可取，而且事实上，司法所的职权并不低。此处附录江苏省苏州市司法局网站所刊《江苏省司法行政机关社区矫正刑罚执行权力清单·司法所社区矫正刑罚执行权力清单》：[1]

江苏省辖市司法局社区矫正刑罚执行权力清单

【编号】SJ-01

【权力名称】社区服刑人员减刑建议审核及提请

【权力依据】刑法、刑事诉讼法、《社区矫正实施办法》（司发通［2012］12号）、《最高人民法院关于办理减刑、假释案件具体应用法律若干问题的规定》（法释［2012］2号）

【权力运行】县级司法局提出减刑建议→设区的市司法局审核、提请→居住地中级人民法院裁定。

---

〔1〕“江苏省司法行政机关社区矫正刑罚执行权力清单”，载苏州市司法局网站：http://www.sfj.suzhou.gov.cn/szsfj/InfoDetail/?InfoID=7d1c3bfa-9eac-4173-a2da-07d88b346d06&CategoryNum=008002，访问日期：2018年3月2日。

【编号】SJ-02

【权力名称】社区服刑人员不服警告处罚的复核

【权力依据】《社区矫正实施办法》（司发通［2012］12号）、《江苏省社区服刑人员监督管理办法》（苏司通［2012］127号）

【权力运行】社区服刑人员自收到警告处罚决定之日起十日内向设区的市司法局申请复核→设区的市司法局应当在十五日内作出决定并送达当事人，复核决定为最终决定。

【编号】SJ-03

【权力名称】对中级人民法院裁判的缓刑、假释社区服刑人员撤销缓刑、假释的建议

【权力依据】刑法、《社区矫正实施办法》（司发通［2012］12号）

【权力运行】设区的市司法局向原裁判人民法院提出撤销缓刑、假释建议→人民法院依法作出裁定。

【编号】SJ-04

【权力名称】居住地变更异议指定

【权力依据】刑法、《社区矫正实施办法》（司发通［2012］12号）、《江苏省社区服刑人员监督管理办法》（苏司通［2012］127号）

【权力运行】社区服刑人员提前一个月向司法所提出书面申请→司法所在三个工作日内审核上报→县级司法局在三个工作日内发函征求新居住地县级司法局意见→新居住地县级司法局五个工作日内作出答复→县级司法局在五个工作日内作出是否准予变更决定→设区的市范围内居住地和新居住地的县级司法局意见不一致的→设区的市司法局指定。

江苏省司法所社区矫正刑罚执行权力清单

【编号】SFS-01

【权力名称】适用前调查评估

【权力依据】刑法、《社区矫正实施办法》（司发通［2012］12号）

【权力运行】司法所调查并出具评估报告→县级司法局研究决定。

【编号】SFS-02

【权力名称】对社区服刑人员接受监督管理、参加教育学习和社区服务等情况进行考核

【权力依据】《社区矫正实施办法》（司发通［2012］12号）、《江苏省社区服刑人员监督管理办法》（苏司通［2012］127号）

【权力运行】司法所按月对社区服刑人员接受监督管理、参加教育学习和社区服务等情况进行考核→评定社区服刑人员良好、合格、基本合格、不合格四种情况→公示。

【编号】SFS-03

【权力名称】等级管理

【权力依据】《社区矫正实施办法》（司发通［2012］12号）、《江苏省社区服刑人员监督管理办法》（苏司通［2012］127号）

【权力运行】对宣告执行后三个月内社区服刑人员实施严格管理→三个月期满后进行风险评估→提出严格管理、普通管理、宽松管理等级建议→县级司法局审批。

司法所根据季度考核结果调整等级→拟调整为宽松管理的，

提出调整建议→县级司法局批准。

【编号】SFS-04

【权力名称】外出请假审批

【权力依据】《社区矫正实施办法》（司发通［2012］12号）、《江苏省社区服刑人员监督管理办法》（苏司通［2012］127号）

【权力运行】社区服刑人员申请七天内的请假→司法所审批→县级司法局报备。

社区服刑人员申请超过七天、三十天内的请假→司法所审核→县级司法局审批。

【编号】SFS-05

【权力名称】居住地变更审核

【权力依据】《社区矫正实施办法》（司发通［2012］12号）、《江苏省社区服刑人员监督管理办法》（苏司通［2012］127号）

【权力运行】社区服刑人员提前一个月书面申请→司法所审核建议→县级司法局发函征求新居住地县级司法局意见→县级司法局审批。

【编号】SFS-06

【权力名称】月度考核

【权力依据】《社区矫正实施办法》（司发通［2012］12号）、《江苏省社区服刑人员监督管理办法》（苏司通［2012］127号）

【权力运行】司法所每月对社区服刑人员遵纪守法、接受监督管理、参加教育学习和社区服务等情况进行考核→按季度评定管理等级→公示考核结果。

【编号】SFS-07

【权力名称】禁止进入场所审核

【权力依据】刑法、《社区矫正实施办法》（司发通［2012］12号）、《关于对判处管制、宣告缓刑的犯罪分子适用禁止令有关问题的规定（试行）》（法发［2011］9号）

【权力运行】社区服刑人员提出进入禁止令场所申请→司法所审核→县级司法局审批。

【编号】SFS-08

【权力名称】会客审核

【权力依据】刑法、《社区矫正实施办法》（司发通［2012］12号）、《江苏省社区服刑人员监督管理办法》（苏司通［2012］127号）

【权力运行】社区服刑人员提出接受媒体采访、会见外国人等申请→司法所审核→县级司法局审批。

【编号】SFS-09

【权力名称】保外就医罪犯参加社会活动审核

【权力依据】刑事诉讼法、《社区矫正实施办法》（司发通［2012］12号）

【权力运行】保外就医罪犯提出参加就医以外社会活动申请→司法所审核→县级司法局审批。

【编号】SFS-10

【权力名称】社区服务审核

【权力依据】《社区矫正实施办法》（司发通［2012］12号）、《江苏省社区服刑人员教育矫正办法》（苏司通［2012］145号）

【权力运行】社区服刑人员提出免于参加社区服务申请→司法所审核→县级司法局批准。

【编号】SFS-11

【权力名称】提请警告

【权力依据】《社区矫正实施办法》（司发通［2012］12号）、《江苏省社区服刑人员监督管理办法》（苏司通［2012］127号）

【权力运行】司法所对违反监督管理规定具有相关情形的社区服刑人员提请给予警告→县级司法局审批。

【编号】SFS-12

【权力名称】对暂予监外执行的罪犯收监执行审核

【权力依据】刑事诉讼法、《社区矫正实施办法》（司发通［2012］12号）、《暂予监外执行规定》（司发通［2014］112号）

【权力运行】司法所对暂予监外执行罪犯条件消失进行审核→县级司法局研究提出建议→原批准、决定机关研究决定。

江苏省司法厅赋予司法所的刑罚执行权力清单共有12项，尽管司法所没有最终决定权，但却是这些权力运行的起点。足见司法所在社区矫正实践中的重要地位，更遑论日常的社区矫正工作。

（二）社区矫正小组中的权力运行机制

目前，社区矫正实践广泛采用“社区矫正小组”的工作模式，即为每一名矫正对象确定一个“矫正小组”。如《江苏省社区矫正工作条例》第15条规定：“司法所应当为社区矫正人员确定矫正小组，并与矫正小组签订社区矫正责任书，根据小组成员所在单位和身份，明确各自的责任和义务。矫正小组组长由社区矫正执法工作者担任，成员包括社区民警、社区矫正社会工作者、志愿者、村民委员会或者居民委员会代表、社区矫正人员所在单位或者就读学校代表、家庭成员或者监护人、保证人。社区矫正人员为女性的，矫正小组应当有女性成员。矫正小组成员按照社区矫正责任书履行下列义务：（一）督促社区矫正人员按照规定向司法所报告有关情况、参加教育学习和社区服务、遵守有关监督管理规定；（二）定期向司法所反映社区矫正人员遵纪守法、日常生活、工作学习等情况；（三）发现社区矫正人员有违法犯罪或者违反监督管理规定的行为，及时向司法所报告；（四）协助司法所开展教育帮扶工作；（五）社区矫正责任书确定的其他义务。”从上述规定来看，江苏的社区矫正小组是典型的“横向联合面对面”模式，确保每名社区矫正人员都有一个专门的社区矫正小组。

为什么笔者坚持认为，社区矫正工作离不开乡镇司法所？从上述社区矫正小组的组建模式就可以得出结论：只有乡镇司法所的工作人员，才可能与社区民警、村委会（居委会）干部、工作单位（学校）代表、家属、保证人直接面对面。如果是由区县司法局社区矫正执法大队或者社区矫正中心直接全面负责社区矫正，则显然不可能直接深入地发动社区资源，即便强行组成工作小组，区县工作人员远离社区，如何实现社区资源整合？陌生人之间是不太可能成功整合社区资源的。

从社区矫正小组的组成人员和工作模式可以看出社区矫正工作者与社区之间的潜在权力运行机制：通过组建社区矫正小组，夯实了社区矫正的社区社会基础，扩大了软性监督力量，有效化解了社区矫正工作者时间、精力不足的问题。通过组建社区矫正小组，实际上通过签署协议的方式将社区矫正监管的国家权力隐晦且软性地授权给了其他社区成员，不仅扩展到所在社区，而且扩展到了学校或单位，造成事实上的“全景式公众监狱”。社区矫正工作小组将社区民警纳入其中，向社区矫正人员隐晦而象征地展示了警察权威，克服了社区矫正机关经常提到的“威慑力不足”的问题。通过工作小组，社区矫正工作者有效整合社区资源，从而将国家权力弥散于社区，不仅可以发挥社区资源参与社区矫正，而且可以通过社区矫正有效提升社区整合力度，促进和推动社区发展。

（三）社区矫正机构与社区矫正决定机关之间的权力运行机制

社区矫正虽然是行刑权，但并不是封闭运行的权力，需要受到其他权力的制衡与约束。

1. 社区矫正机构与人民法院之间的权力运行机制

根据《社区矫正实施办法》的规定，社区矫正机构与人民法院之间的权力运行主要在如下五个节点交汇：其一是人民法院在决定是否适用社区矫正时委托县级司法行政机关开展调查评估，具体由社区矫正机构负责实施；其二是人民法院核实社区矫正管辖地，通知社区矫正人员向其居住地司法行政机关报到；其三是人民法院将社区刑罚裁判或决定交付社区矫正机构执行；其四是社区矫正机构认为社区矫正人员不再符合继续进行社区矫正的条件时，提请人民法院撤销社区矫正机构；其五是社区矫正机构认为社区矫正人员可以减刑的，提请人民法院裁定减刑。第一个问题前文已经讨论，此处讨论后面四个问题。

（1）人民法院社区矫正管辖地确定机制。《社区矫正实施办法》第5条前半段规定：“对于适用社区矫正的罪犯，人民法院、公安机关、监狱应当核实其居住地，在向其宣判时或者在其离开监所之前，书面告知其到居住地县级司法行政机关报到的时间期限以及逾期报到的后果，并通知居住地县级司法行政机关。”“居住地”看似明确，但实际上选择性较大，包括户籍所在地、经常居住地、就学所在地等。[1]按照规定，人民法院在决定适用社区矫正时，应当核实被告人、罪犯的居住地，但是并没有规定如何核实以及核实的程序。

核实居住地是确保社区矫正得以顺利交接的重要环节。如果人民法院事先已经委托居住地司法行政机关进行评估调查，则核实居住地事实上已经由司法行政机关先期核实；如果人民法院并未事先委托司法行政机关评估调查，而是径行宣告决定适用社区矫正，则人民法院核实居住地这一环节就显得尤为重要。根据《社区矫正实施办法》的规定，人民法院核实居住地并非必须向司法行政机关事先核实，而是简单地规定“应当核实其居住地”，核实环节并不需要向司法行政机关事先沟通，而是在“宣判后通知居住地县级司法行政机关”。可能产生的后果是被告人、罪犯的户籍所在地或者其他居住地，更多是依靠被告人、罪犯的家属或者辩护人提供相应证据。由于我国社会现阶段人口频繁流动，人民法院与罪犯居住地很可能跨市甚至跨省，而社区矫正经费保障又是地方财政负责，因此社区矫正机构事实上可能并不愿意过多承担社区矫正职责，尤其是对于行踪不定、缺乏固定住处的社区矫正人员。在核实居住地这一环节，社区矫正机构事实上处于被动接收地位，没有拒绝接收社区矫正人员的权力。

（2）人民法院与社区矫正机构之间的社区矫正人员交付接收机制以及人民法院与社区矫正机构之间就社区矫正人员的交付接收环节长期不被重视。“忽视非监禁判处后的交付执行工作是一个突出的共性问题，很多法院没有意识到社区矫正工作的

---

〔1〕具体可参见本书第四章第二节“管辖”部分。

刑罚执行属性，认为交付矫正不过是收收转转地例行公事，脱管、漏管等险情时有发生。个别法院对判处非监禁刑的案件多起、多年积压不交付执行，出现大面积的漏管。有的法院不向被告人解释社区矫正的含义，不书面告知其按期到矫正机构报到。有的法院让服刑犯人自己携带社区矫正手续去社区矫正机构报到。有的案件罪犯缓刑考验期已满，矫正机构还没收到法院的判决书等矫正文书。"[1]"两高两部"《关于进一步加强社区矫正工作衔接配合管理的意见》（以下简称《衔接意见》）第5条规定："对于被判处管制、宣告缓刑、假释的罪犯，人民法院、看守所、监狱应当书面告知其到居住地县级司法行政机关报到的时间期限以及逾期报到的后果，并在规定期限内将有关法律文书送达居住地县级司法行政机关，同时抄送居住地县级人民检察院和公安机关。社区矫正人员前来报到时，居住地县级司法行政机关未收到法律文书或者法律文书不齐全，可以先记录在案，并通知人民法院、监狱或者看守所在5日内送达或者补齐法律文书。"

事实上，《社区矫正实施办法》第5条明确规定，人民法院、公安机关、监狱应当在判决、裁定生效起3个工作日内，送达判决书、裁定书、决定书、执行通知书、假释证明书副本等法律文书，同时抄送其居住地县级人民检察院和公安机关；县级司法行政机关收到法律文书后，应当在3个工作日内送达回执。《衔接意见》仅仅是对《社区矫正实施办法》的重申和强调。人民法院重审判轻执行是社区矫正实践中存在的突出问题，但背后反映了人民法院在社区矫正机构前的强势权力地位，审判权明显强势超越行刑权，审判权对行刑权可以有重大制约，

〔1〕山东省高级人民法院审监一庭课题组："关于人民法院参与社区矫正相关问题的调研报告"，载《山东审判》2017年第4期。

但行刑权对审判权缺乏实质影响。

（3）社区矫正撤销权力运行机制。《社区矫正实施办法》规定了社区矫正的撤销程序，程序规定得比较明确，但根据该《办法》规定，撤销缓刑、假释并非社区矫正人员居住地人民法院管辖，而是原裁判人民法院管辖，这就存在社区矫正机构可能市际甚至省际提请撤销社区矫正的问题。此处有如下两个问题需要研究：

第一，社区矫正机构认为需要撤销缓刑、假释，而人民法院经审理认为不需要撤销缓刑、假释，两者的矛盾如何处理？《社区矫正实施办法》第25条、第26条的规定仅仅是可以提请缓刑、假释、暂予监外执行的情形，而非人民法院撤销缓刑、假释、暂予监外执行的实质性条件。因此，当社区矫正机构以第25条、第26条之规定向人民法院提出撤销缓刑、假释、暂予监外执行时，人民法院完全有可能裁定不予撤销。

附：四川省屏山县人民法院［2017］川1529刑更2号刑事裁定书裁判要旨〔1〕

本院认为，四川省屏山县司法局提出罪犯李某华在缓刑考验期内有违反法律的行为，自2017年2月9日起至2017年3月9日止，经多方查找下落不明，脱管一个月，经查，证人刘某、吕某均证实在2月中旬见过李某华，协查回复情况表明电话联系过李某华，故罪犯李某华并不是下落不明，其四川省屏山县司法局提出撤销缓刑的事实理由与本院查明的事实不符，其提请撤销缓刑的理由不能成立。

〔1〕　参见屏山县人民法院网：http://www.psfy.gov.cn/Showarticles.asp? ID=3712，访问日期：2018年3月5日。

本书不讨论上述裁判要旨是否妥当，引用上述裁定书是为了证实社区矫正机构与人民法院之间完全可能存在认识上的差异。实践中，社区矫正机构启动社区矫正撤销程序的时候并不多，一般都是以此作为最后的威慑手段。调研中发现，社区矫正机构认为，如果人民法院裁定不予撤销，对社区矫正机构的威信将是重大打击，社区矫正人员将更加不服监管、不配合矫正。上述裁定书是屏山县司法局向屏山县人民法院提请撤销社区矫正，同一辖区内的司法局与人民法院还存在沟通交流渠道，如果是跨市跨省提请撤销社区矫正，人民法院一旦裁定不予撤销社区矫正，社区矫正机构缺乏有效的交流渠道，很可能带来一系列问题。

第二，人民法院审理社区矫正撤销案件采取何种方式？从上文引用的屏山县人民法院裁定书可以看出，人民法院的审理程序是比较严格的，不仅有各种书面证据，还有证人证言。裁定书引用的证据未包含社区矫正人员陈述和辩解，因此有可能采用的是书面审理或者听证会的形式。但在实践中，因为脱管、漏管而提请撤销社区矫正的案件，社区矫正人员一般不会到庭参加审理——没有规定此处脱管、漏管是否需要网上追逃；尤其是在跨市跨省提请撤销社区矫正的案件，人民法院仅凭社区矫正机构的书面材料通过书面审理很难得出清晰的结论，对撤销社区矫正也会表示疑虑和审慎的态度。山东省高级人民法院的调研指出：“目前，人民法院对社区矫正机构提请撤销非监禁刑的建议均采书面审查方式，服刑犯人无法参与程序、无法行使辩护权，人民法院依据社区矫正机构单方提交的书面材料撤销非监禁刑，作出错误裁判的风险较大，特别是对于下落不明的服刑犯人，在搞不清楚其具体状态甚至生死不明的情形下，贸然作出裁判会留下较大的后遗症。对于异地矫正机构提请撤销的案件，人民法院更是存在较大的审查困难。有些法院就未在规定时间内作出裁判。有的法院不作处理，对决定不予收监的不说明理由、不出具法律文书。”〔1〕

从上述两个问题可以看出，人民法院较为注重程序正义和人权保障，社区矫正机构更为关注监管秩序、监管权威，两者之间存在一定程度的紧张状态。从权力运行的机制来看，审判权是最终权威，行刑权虽然对审判权颇多非议，但从制度上来看，行刑权最终必须服从审判权。

（4）社区矫正减刑权力运行机制。《社区矫正实施办法》第28条规定了社区矫正人员的减刑程序，但在司法实践中，社区矫正人员减刑受到很大阻碍。2017年生效的《关于办理减刑、假释案件具体应用法律的规定》第18条规定：“被判处拘役或者三年以下有期徒刑，并宣告缓刑的罪犯，一般不适用减刑。前款规定的罪犯在缓刑考验期内有重大立功表现的，可以参照刑法第七十八条的规定予以减刑，同时应当依法缩减其缓刑考验期。……”假释考验期间和暂予监外执行期间能否减刑，前述司法解释没有明确规定，但从法律原理上说，如果有立功表现，仍然应该可以减刑。山东省高级人民法院2005年《关于办理减刑、假释案件的实施细则（试行）》第30条规定：“除具有刑法第八十一条第一款规定的特殊情况和假释期间有重大立功表现的情形，经假释的罪犯一般不得减刑，其假释考验期也不得缩短。”

社区矫正奖惩机制面临的最大问题是激励不足。社区矫正人员最大的渴望是缩短刑期，司法解释设定了“重大立功表现”这一限制性条件，而且即便有，减刑幅度也不大，甚至还不一

〔1〕 山东省高级人民法院审监一庭课题组：“关于人民法院参与社区矫正相关问题的调研报告”，载《山东审判》2017年第4期。

定被人民法院批准。应当承认，当下最高人民法院的态度是严格控制减刑，而行刑机构则希望通过综合运用奖惩措施激励服刑人员积极参加矫正活动。审判权对行刑权的严格制约，致使人民法院和社区矫正机构之间存在内在的紧张状态，短期内严格限制减刑的司法规则不太可能突破。

2. 社区矫正机构与监狱之间的权力运行机制

社区矫正机构与监狱之间的权力运行节点，主要包括如下几个方面：第一，监狱提请人民法院裁定假释、提请上级决定暂予监外执行时，可以委托县级司法行政机关调查评估“对所在社区的影响”；第二，决定适用社区矫正时，核实居住地并通知居住地司法行政机关，做好社区矫正人员的交付接收衔接工作；第三，办理提请撤销社区矫正的案件；第四，收监执行的交付接收工作。第一个问题和第二个问题与人民法院相关权力运行机制相似，此处不再赘述，主要讨论后面两个问题。

（1）监狱撤销社区矫正的权力运行机制。《社区矫正实施办法》第26规定，暂予监外执行的社区矫正人员符合规定情形的，居住地县级司法行政机关向批准、决定机关提出收监执行的建议书并附相关证明材料，批准、决定机关应当自收到之日起15日内依法作出决定。根据《刑事诉讼法》第266条的规定，在监狱服刑的罪犯符合法定条件的，暂予监外执行由监狱提出书面意见，报省级以上监狱管理机关批准。因此，暂予监外执行的批准机关应当是省级监狱管理局，故社区矫正机构如果认为应当撤销暂予监外执行的，应当向原批准暂予监外执行的省级监狱管理局提出收监执行的建议书。值得关注的是，《社区矫正实施办法》第27条第2款规定：“监狱管理机关对暂予监外执行罪犯决定收监执行的，监狱应当立即赴羁押地将罪犯收监执行。”此处的“监狱”指向不明，到底是原批准的省级监狱管理局所管辖的监狱，还是居住地按照关押分类办法的监狱，并没有明确规定。如果是原批准的省级监狱管理局所管辖的监狱，则跨市跨省的收监执行存在很大困难，因此2016年“两高两部”联合发布的《衔接意见》第17条规定：“社区矫正人员因违反监督管理规定被依法撤销缓刑、撤销假释或者暂予监外执行被决定收监执行的，应当本着就近、便利、安全的原则，送交其居住地所属的省（区、市）的监狱执行刑罚。”

如果原批准机关是与社区矫正人员居住地跨省的监狱管理局，撤销暂予监外执行还相对简单，因为收监执行刑罚的监狱并非作出原批准决定的省级监狱管理局所管辖的监狱，因此通常监狱管理局不会驳回社区矫正机构的建议；但是，如果原批准机关是与社区矫正人员居住地在本省范围内，则可能存在障碍。由于暂予监外执行的特殊性，实践中存在监狱认为不符合继续关押条件（尤其是老残病犯）而希望置于社会内服刑；但社区矫正机构对这类人员的帮扶压力较大，倾向于严格按照《社区矫正实施办法》确定的条件收监执行。尽管同属司法行政机关，但并非一套系统，两者的权力运行机理并不相同，存在此消彼长的矛盾关系。

（2）收监执行的权力运行机制。《社区矫正实施办法》规定了暂予监外执行犯收监执行的两种模式：①人民法院对暂予监外执行罪犯决定收监执行的，居住地县级司法行政机关应当及时将罪犯送交监狱或者看守所，公安机关予以协助；②监狱管理机关对暂予监外执行罪犯决定收监执行的，监狱应当立即赴羁押地将罪犯收监执行。在实践中，由人民法院决定暂予监外执行后又决定收监执行的案件极少，通常都是由监狱管理机关决定收监执行。因此，当社区矫正机构向监狱管理机关提出收监执行的建议后，仅需要按照《衔接意见》提交相关材料。

监狱管理机关需要与监狱、公安机关之间协调好关系：在监狱管理机关拟批准收监执行时，应当按照就近、便利的原则事先通知关押监狱，提前赴居住地做好收监执行准备；否则可能造成罪犯脱逃，最终需要由公安机关予以追捕或者网上追逃。但是《衔接意见》第20条第1款又规定："被裁定、决定收监执行的社区矫正人员在逃的，居住地社区矫正机构应当在收到人民法院、公安机关、监狱管理机关的裁定、决定后，立即通知居住地县级公安机关，由其负责实施追捕。"如果按照《社区矫正实施办法》，由监狱负责收监执行；但按《衔接意见》，是社区矫正机构通知公安机关对在逃服刑人员追捕，似乎有些矛盾。

3. 社区矫正机构与公安机关之间的权力运行机制

社区矫正机构与公安机关之间的权力运行，主要有如下节点：第一，社区矫正人员违反监督管理规定或者人民法院禁止令，依法应予治安管理处罚的，县级司法行政机关应当及时提请同级公安机关依法给予处罚；第二，司法行政机关提请撤销缓刑、假释、收监执行时，撤销缓刑、假释的建议书和收监执行建议书同时抄送居住地同级公安机关；第三，人民法院裁定撤销缓刑、假释或者对暂予监外执行罪犯决定收监执行的，居住地县级司法行政机关应当及时将罪犯送交监狱或者看守所，公安机关予以协助；第四，被裁定、决定收监执行的社区矫正人员在逃的，居住地社区矫正机构应当在收到人民法院、公安机关、监狱管理机关的裁定、决定后，立即通知居住地县级公安机关，由其负责实施追捕；第五，司法行政机关应当建立突发事件处置机制，发现社区矫正人员非正常死亡、实施犯罪、参与群体性事件的，应当立即与公安机关等有关部门协调联动、妥善处置。汇总上述节点，社区矫正机构与公安机关之间的权力运行交汇点，主要集中在收监、追捕环节，提请治安处罚和应急处理是公安机关职责的应有范围，试分述如下：

（1）社区矫正机构与公安机关在日常监管环节的协作机制。《社区矫正实施办法》和《衔接意见》并未明确在社区矫正日常监管教育环节中社区矫正机构与公安机关的协作机制。但是，社区矫正实践普遍采用的社区矫正小组工作模式，通常将社区民警作为社区矫正小组成员。将社区民警作为小组成员，一方面可以增强社区矫正工作的权威性，这也是社区矫正工作者强烈呼吁赋予社区矫正执法者警察身份的重要原因；另一方面，如果社区矫正人员违反禁止令或者治安管理处罚法，也便于及时与公安机关取得联系，予以治安处罚。在司法实践中，派出所的工作任务十分繁重，调研时发现，为数不少的社区矫正工作者反映公安机关对社区矫正支持度不足，公安机关与社区矫正机构之间的权力协作机制一方面依赖于制度的形成与完善，另一方面依赖于社区矫正工作者与社区民警之间的个人信赖关系。

（2）社区矫正机构与公安机关在收监执行环节的协作机制。根据《社区矫正实施办法》的规定，人民法院裁定撤销缓刑、假释或者对暂予监外执行罪犯决定收监执行的，居住地县级司法行政机关应当及时将罪犯送交监狱或者看守所，公安机关予以协助。在社区矫正实践中，即便社区矫正机构配备有警察，[1]但社区矫正警察的装备、训练都远不如公安民警，押送罪犯至监狱或看守所之间有相当距离，甚至可能路途遥远，如果缺乏必要的武器装备、戒具，显然存在一定的执法风险。因此，公安机关指派民警参与押送十分必要。

---

〔1〕部分省市的社区矫正机构配备有社区矫正警察大队或者社区矫正执法大队，但实际上，现行《警察法》中的警察并未包含社区矫正警察，尽管实践具有一定的必要性，但对此迫切需要正式法律依据予以规范。

同时，根据《社区矫正实施办法》和《衔接意见》，撤销社区矫正后，社区矫正人员在逃的，居住地社区矫正机构应当立即通知居住地县级公安机关，由其负责实施追捕。此处追捕的职责仅属于公安机关，社区矫正机构仅负责通知义务。但当抓捕之后，按照司法解释的规定，仍然应当由社区矫正机构负责押送至监狱或者看守所，而公安机关予以协助。

（四）社区矫正机构与人民检察院之间的权力运行机制

《社区矫正实施办法》第 2 条第 3 款规定："人民检察院对社区矫正各执法环节依法实行法律监督。"这就确立了人民检察院在社区矫正中的法律地位，即检查监督地位。具体说来，社区矫正机构与人民检察院之间的权力运行机制主要体现在如下环节：

1. 社区矫正适用前的监督机制

人民检察院对社区矫正的适用有权进行法律监督，但社区矫正的适用主要是司法裁判或决定过程，与社区矫正机构无关，在此不作讨论，主要讨论社区矫正适用前的监督机制。社区矫正适用前，社区矫正决定机关与社区矫正机构之间的主要交汇点，即为社区矫正适用前调查评估机制：根据《社区矫正实施办法》的规定，人民检察院对拟适用社区矫正的被告人可以委托司法行政机关开展调查评估；根据《刑事诉讼规则》第 486 条的规定，人民检察院办理未成年人案件，可以制作社会调查报告，社会调查既可以自行调查，也可以委托调查；根据《衔接意见》第 3 条的规定，评估意见同时抄送居住地县级人民检察院。这里的监督机制，应当主要是指第三种情形，前两种情形是人民检察院委托社区矫正机构开展调查评估，本身对调查评估意见是否采用具有裁量权。之所规定社区矫正机构将评估意见抄送居住地县级人民检察院，就是为了便于人民检察院对社区矫正机构开展调查评估能够有监督的信息渠道。值得考量的是，尽管《衔接意见》规定调查评估应当客观公正，但并未规定人民检察院认为调查评估意见不妥时，赋予人民检察院提出纠正意见的权力。人民检察院作为法律监督机关，如果认为社区矫正机构开展调查评估存在程序失当、未客观公正独立地作出调查评估意见时，仍然有权实施法律监督；之所以未明确赋予人民检察院提出纠正意见的权力，是因为调查评估本身并非法律判断而是事实判断，就调查评估意见本身进行纠正并不妥当，但人民检察院仍然可以就调查评估的过程进行监督。有实务工作者对调查评估在实践中存在的问题进行了梳理，并提出了批评意见。[1]但在《衔接意见》出台之后，可以认为调查评估制度已经纳入了检察监督的范围。但是，检察监督本身不能代替调查评估，而只是通过监督规范调查评估过程。因此，人民检察院与社区矫正机构之间，就调查评估活动存在监督与被监督的关系，但是这种监督更多是对调查评估本身的客观性、公正性的监督，而非从实体上直接要求社区矫正机构变更调查评估意见，否则可能导致刑事司法裁判过程的不稳定性。

值得研究的是，县级社区矫正机构的调查评估意见是抄送被告人、罪犯居住地县级人民检察院而非社区矫正决定机关所在地人民检察院，居住地县级人民检察院与社区矫正决定机关所在地人民检察院在事实上可能存在分离，如果调查评估意见仅抄送居住地人民检察院而不抄送社区矫正决定机关所在地人民检察院，则人民检察院仅能监督调查评估过程，而难以监督社区矫正决定机关的决定过程。

---

〔1〕 南通市通州区人民检察院课题组："检察机关监督社区矫正的实践、问题和对策——以N市检察机关社区矫正监督工作为样本"，载《犯罪与改造研究》2017年第3期。

2. 社区矫正交付接收环节的监督机制

交付接收环节是当前社区矫正衔接配合的薄弱环节，相关学术文献对此都展开了研究。《衔接意见》第9条规定：“人民检察院应当加强对社区矫正交付接收中有关机关履职情况的监督，发现有下列情形之一的，依法提出纠正意见：(1) 人民法院、公安机关、监狱未依法送达交付执行法律文书，或者未向社区服刑人员履行法定告知义务；(2) 居住地县级司法行政机关依法应当接收社区服刑人员而未接收；(3) 社区服刑人员未在规定时间期限报到，居住地社区矫正机构未及时组织查找；(4) 人民法院决定暂予监外执行，未通知居住地社区矫正机构与有关公安机关，致使未办理交接手续；(5) 公安机关、监狱管理机关批准罪犯暂予监外执行，罪犯服刑的看守所、监狱未按规定与居住地社区矫正机构办理交接手续；(6) 其他未履行法定交付接收职责的情形。”

上述意见看似明确，但实际上存在一个缺陷：是哪一个检察机关对交付执行接收过程开展监督？是居住地人民检察院还是社区矫正决定机关所在地人民检察院？从《社区矫正实施办法》和《衔接意见》来看，应当指的是罪犯居住地的人民检察院。[1]但是，当居住地的县级人民检察院与社区矫正决定机关

---

〔1〕《社区矫正实施办法》第5条规定：“对于适用社区矫正的罪犯，人民法院、公安机关、监狱应当核实其居住地，在向其宣判时或者在其离开监所之前，书面告知其到居住地县级司法行政机关报到的时间期限以及逾期报到的后果，并通知居住地县级司法行政机关；在判决、裁定生效起三个工作日内，送达判决书、裁定书、决定书、执行通知书、假释证明书副本等法律文书，同时抄送其居住地县级人民检察院和公安机关。……”《衔接意见》第5条第1款规定：“对于被判处管制、宣告缓刑、假释的罪犯，人民法院、看守所、监狱应当书面告知其到居住地县级司法行政机关报到的时间期限以及逾期报到的后果，并在规定期限内将有关法律文书送达居住地县级司法行政机关，同时抄送居住地县级人民检察院和公安机关。”从上述规定来看，抄送的都是“居住地县级人民检察院”，可见监督主体是“居住地县级人民检察院”而非“社区矫正决定机关所在地人民检察院”。

不在同一辖区甚至跨省时，如何监督？例如四川省某县人民检察院如何对内蒙古自治区某县人民法院“未依法送达交付执行法律文书，或者未向社区服刑人员履行法定告知义务”进行监督？这是个问题。当然，此处主要讨论社区矫正机构与人民检察院之间的权力运行机制，社区矫正机构与监督社区矫正机构的人民检察院肯定属于同一辖区，上述问题在此处并不存在。

在交付执行接收环节，人民检察院对社区矫正机构的监督主要是“居住地县级司法行政机关依法应当接收社区矫正人员而未接收；社区矫正人员未在规定时间期限报到，居住地社区矫正机构未及时组织查找”两个方面。《衔接意见》第5条第2款规定：“社区矫正人员前来报到时，居住地县级司法行政机关未收到法律文书或者法律文书不齐全，可以先记录在案，并通知人民法院、监狱或者看守所在5日内送达或者补齐法律文书。”也就是说，社区矫正机构不能单方拒绝接收社区矫正人员，而应首先予以接收，法律文书不全不是拒绝接收的理由而只是“要送达或者补齐法律文书”。同时，如果社区矫正机构收到法律文书但社区矫正人员并未在指定期间报到的属于漏管，此时社区矫正机构应当及时组织查找，必要时可以提请撤销缓刑、假释、暂予监外执行。人民检察院的检察监督重点放在这两个方面，通过信息平台掌握社区矫正的实际情况，及时开展检察监督。

3. 社区矫正监督管理环节的监督机制

《衔接意见》第12条规定：“人民检察院应当加强对社区矫正监督管理活动的监督，发现有下列情形之一的，依法提出纠正意见：①社区服刑人员报到后，居住地县级司法行政机关未向社区服刑人员履行法定告知义务，致使其未按照有关规定接受监督管理；②居住地社区矫正机构违反规定批准社区服刑人员离开所居住的市、县，或者违反人民法院禁止令的内容批准社区服刑人员进入特定区域或者场所；③居住地县级司法行政机关对违反社区矫正规定的社区服刑人员，未依法给予警告、提请治安管理处罚；④其他未履行法定监督管理职责的情形。”

从上述规定来看，人民检察院的检察监督延伸到了具体的社区矫正监督管理领域。除上述第①种情形属于程序监督外，第②③种情形均属于社区矫正的实体工作范围，“违反规定批准”“未依法”导致人民检察院对社区矫正机构的具体监管开展了监督，但这里存在执法自由裁量权的问题，社区矫正人员违反规定是否均需予以警告？社区矫正人员违反《治安管理处罚法》是否均需予以提请治安管理处罚？这种监督很有可能导致社区矫正机构在检察机关面前采取形式主义立场，即为了避免出现检察机关发出“纠正意见”而完全不顾实际情况地一律不予批准或者予以机械地处分。如何合理界定检察监督的工作范围与接入力度，促进执行权与监督权的合理运行值得深入研究。

4. 撤销社区矫正收监执行环节的监督机制

《衔接意见》第22条规定：“人民检察院应当加强对社区矫正收监执行活动的监督，发现有下列情形之一的，依法提出纠正意见：①居住地县级司法行政机关未依法向人民法院、公安机关、监狱管理机关提出撤销缓刑、撤销假释建议或者对暂予监外执行的收监执行建议；②人民法院、公安机关、监狱管理机关未依法作出裁定、决定，或者未依法送达；③居住地县级司法行政机关、公安机关未依法将罪犯送交看守所、监狱，或者未依法移交被收监执行罪犯的文书材料；④看守所、监狱未依法收监执行；⑤公安机关未依法协助送交收监执行罪犯，或者未依法对在逃的收监执行罪犯实施追捕；⑥其他违反收监执行规定的情形。”撤销社区矫正的收监执行环节在实践中也存在较大问题，《衔接意见》并未彻底解决该问题。如前所述，社区矫正人员居住地人民检察院对居住地的社区矫正机构、人民法院、公安机关、监狱能够实现检察监督，但社区矫正人员居住地的人民检察院如何对不在同一辖区的人民法院、公安机关、看守所、监狱实施监督？此处主要讨论人民检察院对社区矫正机构的检察监督问题，因此对上述问题留待下一节展开充分讨论。

人民检察院对社区矫正机构在撤销社区矫正、收监执行环节的监督，主要体现在如下几点：①未依法提出撤销社区矫正的建议。②撤销社区矫正后，未依法将罪犯送交看守所、监狱或者未依法移交文书材料。从制度上看，上述规定并不存在问题，但在实践中这种检察监督机制很容易导致行刑权与监督权的异化：当社区矫正机构认为即使社区矫正人员存在违法违规问题但尚属于可挽救可教育对象因而不予提请撤销缓刑、假释或者暂予监外执行时，人民检察院认为必须依法提请撤销，如何处理？由于人民检察院属于法律监督机关，当其提出纠正意见时会给社区矫正机构带来巨大压力——尽管法律并未明确规定纠正意见具有法律强制效力。由于人民检察院并不直接介入日常监督管理和教育帮助，仅能从文字材料判断社区矫正人员的人身危险性而缺乏经验认识，这可能导致行刑权异化为监督权的附属权力的隐性权力运行机制。

二、社区矫正运行机制的完善

社区矫正运行机制，一方面是社区矫正的流程运行，另一方面是不同权力主体之间的权力交汇与运行。社区矫正在我国已经实施了17年（从2002年北京、上海试点开始算起），学术界和实务界的研究文献也非常丰富。但遗憾的是，关于社区矫正整体运行机制的学术文献却较为缺乏。无论是《社区矫正实施办法》还是《衔接意见》抑或是原国务院法制办公布的《社区矫正法（征求意见稿）》对社区矫正的运行机制都缺乏宏观、整体的考量，导致社区矫正在实践中的运行长期存在种种问题。社区矫正的运行机制，主要包括适用机制、交付执行接收机制、监管机制、撤销机制四个环节，检察监督贯穿始终，并不是一个单独的环节，因而本书不将其作为一个单独的环节予以叙述，而是融合在上述四个环节中一并讨论。

（一）社区矫正适用机制的完善

社区矫正适用机制，也可以称之为社区矫正决定机制，鉴于《衔接意见》第一部分就是“加强社区矫正适用前的衔接配合管理”，因此界定为“社区矫正适用机制”而非“社区矫正决定机制”。社区矫正适用机制，主要是管制、缓刑的判决机制、假释的裁定机制、暂予监外执行的决定机制。此处主要讨论机制，因此对适用标准不再赘述。社区矫正适用机制存在的问题，突出地表现在委托调查评估机制的科学性流程设置和核实居住地两个方面。

1. 社会调查评估机制的完善

（1）委托调查评估发起机制的完善。根据《社区矫正实施办法》和《衔接意见》，监狱对罪犯提请假释“应当委托其居住地县级司法行政机关调查评估”，其余拟适用管制、缓刑、暂予监外执行的，“需要调查其对所居住社区影响的，可以委托其居住地县级司法行政机关调查评估”。这里有两个问题需要澄清：

“需要调查其对所居住社区影响的”，是否为社区矫正适用的必备条件。《刑法》第 72 条规定，宣告缓刑的第四个条件为“对所居住社区没有重大不良影响”；《刑法》第 81 条规定，对犯罪分子决定假释时，“应当考虑其假释后对所居住社区的影响”。对于管制和暂予监外执行，《刑法》与《刑事诉讼法》未设置“对所居住社区的影响”这一限制性条件。笔者认为，根据《刑法》第 72 条和第 81 条的规定，决定适用缓刑、假释，都必须考虑“对所居住社区的影响”，因为这是《刑法》规定的必备条件；由于《刑法》和《刑事诉讼法》对管制和暂予监外执行未作强制性规定，因此决定适用管制、暂予监外执行时，适用机关可以将“对所居住社区的影响”作为参考因素。

社区矫正适用机关对委托调查评估的启动是否可以自由裁量。如上所述，适用缓刑、假释，必须考虑“对所居住社区的影响”而管制、暂予监外执行未做硬性规定。现行司法解释已经规定了监狱提请假释必须委托调查评估，那么人民法院拟适用缓刑或人民检察院建议适用缓刑是否必须委托调查评估呢？从《社区矫正实施办法》和《衔接意见》的条文来看，似乎得不出这个结论。也许部分法官会认为，量刑是法官的权力，法官可以自行决定是否委托调查评估而不需要有强制性规定。但笔者认为，如果人民法院拟适用缓刑或人民检察院建议适用缓刑，“应当”而非“可以”委托社区矫正机构开展调查评估。理由如下：首先，“对所居住社区的影响”是缓刑适用的必备条件，法官在裁量是否适用缓刑时“应当”而非“可以”考虑这一因素。其次，人民法院对于适用缓刑是否对“所居住社区有重大不良影响”无法从案件审理中得出结论，而必须开展社会调查评估。“对所居住社区有重大不良影响”是事实判断而非法律判断——同一个犯罪，可能 A 罪犯适用缓刑可能在 A 社区有重大不良影响，而 B 罪犯适用缓刑在 B 社区则可能没有重大不良影响——不同社区对相同犯罪的反应可能存在重大差异甚至完全不同，人民法院通过案件审理对此不可能得出清晰的结论。再次，或许有人会认为，人民法院可以不委托调查评估而自行开展调查评估，因而人民法院对于开展委托调查评估具有选择权。但事实上，一方面人民法院缺乏社会调查评估的人力资源和社区资源；另一方面人民法院也缺乏开展社会调查评估的动力。

综上，笔者认为，人民法院、人民检察院、监狱对于拟适用缓刑、假释的，应当考虑对罪犯适用缓刑、假释对所居住社区的影响，并就此委托县级司法行政机关开展调查评估；人民法院、看守所、监狱对拟适用暂予监外执行的，如果需要考虑对所居住社区的影响，可以委托县级司法行政机关开展社会评估。

（2）调查评估内容的规范化。根据《社区矫正实施办法》第 4 条的规定，调查评估的内容包括被告人或者罪犯的居所情况、家庭和社会关系、一贯表现、犯罪行为的后果和影响、居住地村（居）民委员会和被害人意见、拟禁止的事项等。实际上，《社区矫正实施办法》规定的调查评估内容自相矛盾——《社区矫正实施办法》第 4 条第 1 款规定的是“需要调查其对所居住社区影响的”，而第 4 条第 2 款则规定了前述众多内容，而这些内容已经超越了《刑法》规定的缓刑适用的四个条件，即犯罪情节较轻、有悔罪表现、没有再犯罪的危险和宣告缓刑对所居住社区没有重大不良影响；假释的适用条件也是四个，即认真遵守监规、接受教育改造、确有悔改表现、没有再犯罪的危险。一些地方的规范性文件甚至超越了《社区矫正实施办法》规定的内容，如本章在前述所引《吴桥县社区矫正审（裁）前调查评估实施细则》第 13 条的规定。

“对所居住社区的影响”，应该是指对家庭的影响、社区居民的感受、被害人的反应等综合因素，宜表述为如下内容：被告人或罪犯的一贯表现、犯罪对所在社区造成的影响、居住地村（居）委会的意见、被害人意见。居所不应当是调查评估内容，而是调查评估的前提，即核实居住地，如果在此地居所都没有，对所在社区的影响无从谈起；犯罪行为的后果不应是调查评估的内容，这是人民法院的缓刑适用条件之一；拟禁止的事项不应是调查评估的内容，而是人民法院根据犯罪情节的裁量。可能部分同志会对上述观点提出质疑：调查评估内容宽泛一些，给人民法院的参考资料更充分，不是更有利于妥当适用社区矫正吗？何必限制得如此严格？对此，笔者认为：正因为调查的内容过多，在一定程度上甚至有侵犯审判权的嫌疑，因而导致人民法院对调查评估意见的采纳率反而降低，只有恪守调查评估“对所居住社区的影响”这一限定，才可能提高人民法院对调查评估意见的采用率。

（3）调查评估意见的性质应明确规定。现实中社区矫正机构广为诟病的一点，即他们提交调查评估意见以后，人民法院不予采用——调查评估意见认为可以适用社区矫正，人民法院却不予适用社区矫正；调查评估意见认为不宜适用社区矫正，人民法院却可能适用社区矫正。笔者认为，造成这种现象的原因是两方面的：一方面是社区矫正机构错误地理解为评估意见的性质；另一方面是人民法院对评估意见的采纳与否也可能存在偏差。笔者认为，调查评估意见应当确认为属于证据。目前尽管调查评估是由代表国家公权力的社区矫正机构作出的，但这仅属于“意见”，这种意见是否客观、公正，还需要经过庭审质证并最终通过司法审查予以认定。既然属于证据，笔者认为，调查评估意见应当组织庭审质证，司法实践中人民法院对调查评估意见往往不予质证而径行决定是否采纳，是不妥当的。《刑事诉讼法》第198条第1款规定：“法庭审理过程中，对与定罪、量刑有关的事实、证据都应当进行调查、辩论。”调查评估意见是影响是否适用缓刑的关键证据，尤其是在社区矫正机构作出否定性意见时，如果人民法院不组织质证而直接予以采纳，无疑将剥夺被告人的辩护权。

既然调查评估意见属于量刑证据，最终仍然需要通过司法审查予以确认，因此调查评估意见并不具有终局效力，社区矫正机构因人民法院不采纳调查评估意见而拒绝接收社区矫正人员显然是不妥当甚至是违法的。但与此同时，人民法院如果未经质证或者不阐述充分的理由直接否定调查评估意见也是不妥当的。笔者认为，如果经庭审质证认为调查评估过程不客观不真实，则人民法院可以否定调查评估意见，但此时应当在裁判文书中说明理由。

1. 居住地核实机制的完善

《社区矫正实施办法》第 5 条规定："对于适用社区矫正的罪犯，人民法院、公安机关、监狱应当核实其居住地……"核实居住地，是确定社区矫正执行管辖地的关键，实践中不少漏管现象的出现，多是因为居住地核实出现了问题，社区矫正决定机关与社区矫正机构之间缺乏沟通衔接。对这一关键环节，司法解释却着墨不多，未详细规定核实的程序。实际上，居住地本身就是一个语焉不详的概念。如本书第四章所述，司法实践中居住地的界定存在多样性:《社区矫正实施办法》采用的则是"居住地"的称谓，但未明确如何认定居住地。有关省市出台的地方性文件对此给予了明确，但各地认定标准存在差异。[1]在司法实践中，核实居住地往往是通过被告人或其近亲属或者辩护人向人民法院（以及其他社区矫正决定机关）举证，人民法院往往直接依据这些居住证明材料核实居住地。但一方面，由

〔1〕 详见本书第七章的"三、社区矫正程序：（一）管辖"部分内容。

于缺乏全国统一的规范性文件据以确定居住地，各省市的地方性文件规定又不尽一致，导致人民法院核实居住地后作出的社区矫正决定受到部分社区矫正机构的抵制——尤其是在社区矫正决定机关与居住地社区矫正机构跨省的情况下——社区矫正机构认为社区矫正人员在当地没有居住地，以至于偶现拒绝接收的现象。笔者认为，居住地核实机制应当从如下几个方面予以完善：

（1）通过发布联合司法解释，确定居住地认定的全国统一标准。没有全国统一标准而只有地方标准时，社区矫正决定机关与社区矫正机构在跨省市时很容易出现认识上的分歧，不利于社区矫正交付执行时的衔接配合，甚至可能造成推诿扯皮现象，造成社区矫正人员脱管、漏管。同时，统一标准，也有利于人口流动的矫正管辖地移转。

（2）存在多个居住地时遵循“自愿原则”。当社区矫正人员有户籍所在地、经常居住地、其他居住地时，很可能有多个居住地，人民法院如何核实并确定居住地？笔者认为，应当尊重服刑人员的自愿选择。社区矫正的目的不仅仅是惩罚，主要是通过监督管理、教育帮助促使其重新融入社会。服刑人员基于某种特殊考虑，在多个居住地之间自主选择最终的社区矫正管辖地，一方面有利于服刑人员恢复正常生活，另一方面也减少服刑人员的内心抵触情绪，使其自觉自愿地参与社区矫正活动。

（3）人民法院等社区矫正决定机关核实居住地时，应当有社区矫正机构的参与。社区矫正决定机关在核实居住地时，如果属于拟适用缓刑、假释，则应当委托居住地社区矫正机构予以调查评估，委托本身就可以成为核实居住地的一个步骤；如果属于拟适用管制、暂予监外执行，则属于“可以委托调查评估”，此时如果决定不予委托调查评估，则可以通过如下程序来解决社区矫正机构参与核实居住地的问题：首先，由被告人、罪犯或其近亲属、辩护人提供居住地的证明；其次，在存在多个居住地时，询问被告人、罪犯愿意选择何处居住地；再次，通过相关渠道与被告人、罪犯选择的居住地向居住地社区矫正机构核实。这种核实程序本身，就属于加强社区矫正衔接配合的一种方法，通过核实居住地，可以有效避免社区矫正决定机关与社区矫正机构推诿扯皮的现象，防止出现漏管。

（二）社区矫正交付执行接收机制的完善

1. 文书送达机制

《社区矫正实施办法》第 5 条规定："对于适用社区矫正的罪犯，人民法院、公安机关、监狱应当核实其居住地，在向其宣判时或者在其离开监所之前，书面告知其到居住地县级司法行政机关报到的时间期限以及逾期报到的后果，并通知居住地县级司法行政机关；在判决、裁定生效起三个工作日内，送达判决书、裁定书、决定书、执行通知书、假释证明书副本等法律文书，同时抄送其居住地县级人民检察院和公安机关。县级司法行政机关收到法律文书后，应当在三个工作日内送达回执。"上述规定明确界定了社区矫正决定机关与社区矫正机构的文书送达义务以及送达时间。但在司法实践中却存在一个比较尴尬的问题：社区矫正人员前来社区矫正机构报到，社区矫正机构却未收到相应法律文书，此时应当如何处理？一部分社区矫正机构以未收到法律文书为由拒绝接收社区矫正人员，从而事实上导致社区矫正人员漏管；一部分社区矫正机构先接收社区矫正人员，再催送法律文书。为什么人民法院等社区矫正决定机关不及时、不准确送达法律文书？一方面是因为前期核实居住地出现了问题，但主要是因为法律并未规定未及时送达法律文书的法律责任，导致社区矫正决定机关重适用、轻执行。2016 年出台的《衔接意见》除对暂予监外执行作了特别文书规定外，也未明确未送达法律文书的法律责任，只是为了防止漏管，而在第 5 条第 2 款规定："社区服刑人员前来报到时，居住地县级司法行政机关未收到法律文书或者法律文书不齐全，可以先记录在案，并通知人民法院、监狱或者看守所在 5 日内送达或者补齐法律文书。"但是，如果人民法院、监狱、看守所仍然不予送达或者补齐法律文书如何处理？相关司法解释并未作出规定。《衔接意见》第 9 条规定，人民法院、公安机关、监狱未依法送达交付执行法律文书，或者未向社区服刑人员履行法定告知义务的，人民检察院应当依法提出纠正意见。但是，何地人民检察院进行纠正？居住地人民检察院能否跨区域监督社区矫正决定机关？如果是社区矫正决定机关区域所在地人民检察院为监督主体，那么社区矫正机构是否需要在催收法律文书的同时抄送社区矫正决定机关所在地人民检察院？操作上存在空白和难题。笔者认为，可以从如下几个方面完善法律文书送达机制：

（1）明确法律文书送达主体和告知主体。《社区矫正实施办法》第 5 条规定的送达主体不明确，其规定的是"人民法院、公安机关、监狱"三者并列的形式，但这里存在不明确之处：何种情况下人民法院是送达主体、何种情况下公安机关是送达主体、何种情况下监狱是送达主体？按照社区矫正的种类和决定程序划分：管制和缓刑由人民法院判决；假释由监狱提请并由人民法院裁定；暂予监外执行在交付执行前由交付执行的人民法院决定，在交付执行后，由省监狱管理局或者司法部监狱管理局、设区的市一级以上公安机关批准。根据《衔接意见》第 5 条、第 6 条的规定，建议将法律文书送达主体和告知主体明确如下：未被羁押的被告人，在被判决管制、缓刑后，由人民法院作为送达主体和告知主体；被羁押的被告人，在被判决管制、缓刑后，由看守所作为送达主体和告知主体；被裁定假释的罪犯，由监狱作为送达主体和告知主体；暂予监外执行的，分别由作出决定的人民法院、提请决定的看守所、监狱作为送达主体和宣告主体。

（2）明确规定不及时、不全面送达法律文书的法律责任。“无责任则无法律”，当赋予社区矫正决定机关法律文书送达义务时，未规定相应的法律责任，将导致社区矫正决定机关的法律文书送达存在严重的随意性。[1]尤其是当社区矫正机构通知社区矫正决定机关送达或者补齐法律文书时，还可能面临不知向谁联系的问题——对社区矫正决定机关的内设部门或者人员未必能够及时联系确定，增加了社区矫正工作的难度。为此，笔者建议：将法律文书送达义务纳入社区矫正决定机关绩效考核的范畴，凡出现未及时送达、未全面送达社区矫正法律文书的，应当明确规定予以追责；因未及时送达、未全面送达社区矫正法律文书导致社区矫正人员漏管甚至在漏管期间重新犯罪的，予以行政处分直至以玩忽职守罪追究责任人员的刑事责任。

（3）健全法律文书送达补齐机制。《衔接意见》第5条规定社区矫正人员前来报到时，社区矫正机构未收到法律文书或者法律文书不齐全，可以先记录在案，并通知人民法院、监狱或者看守所在5日内送达或者补齐法律文书。存在的问题是，社区矫正机构向谁通知？如果是通知社区矫正决定机关，但联系人是谁？没有联系人，仅仅是通过邮寄的方式通知，势必在单位收发室流转甚至有可能流转失灵，“5日”的规定很可能存在落空的危险。因此，有必要通过司法解释或者其他规范性文件明确规定与社区矫正机构联系的社区矫正决定机关的具体部门。

---

〔1〕司法部预防犯罪研究所课题组：“社区矫正衔接机制建设研究报告”，载《中国司法》2016年第6期。

笔者对此提出如下建议：第一，人民法院由审管办作为联系部门。审管办的职责就包含司法流程管理和绩效考核。社区矫正机构需要通知人民法院送达或者补齐法律文书时，与作出裁判的原审人民法院审管办联系。第二，看守所由办公室作为联系部门。看守所内设机构较少，一般是办公室和不同监区，因此将办公室作为看守所作为联系部门。第三，监狱由刑罚执行科（处）作为联系部门。监狱一般包括办公室、刑罚执行科、狱政管理科以及不同监区，刑罚执行科负责刑罚执行工作，因此以刑罚执行科作为监狱联系部门。

（4）强化协同检察监督。《衔接意见》第9条规定，人民法院、公安机关、监狱未依法送达交付执行法律文书，或者未向社区服刑人员履行法定告知义务的，人民检察院应当依法提出纠正意见。这里存在的问题是：由社区矫正决定机关所在地县级人民检察院开展检察监督，还是由社区矫正机构所在地人民检察院开展检察监督？同时，检察机关如何获取法律文书未及时送达这一信息？为此，笔者建议强化协同检察监督：一是社区矫正机构在社区服刑人员报到时未收到法律文书或者收到法律文书不完整，应当及时通知社区矫正机构所在地县级人民检察院，同时发函要求人民法院、看守所、监狱在5日内送达或者补齐法律文书；[1]二是居住地人民检察院在收到社区矫正机构未收到法律文书或者收到法律文书不完整的信息后，应当及时向人民法院、看守所、监狱发出纠正意见，同时将该纠正意见发至人民法院、看守所、监狱所在地同级人民检察院；三是人民法院、看守所、监狱在收到社区矫正机构所在地人民检察

〔1〕“5日内”应当理解为人民法院、看守所、监狱在收到社区矫正机构要求补齐或者送达法律文书的通知后5日内；而不是社区矫正机构在“5日内”通知人民法院、看守所、监狱补齐或者送达法律文书。

院纠正意见后，应当及时回复，并将回复抄送人民法院、看守所、监狱所在地同级人民检察院。

2. 规范接收机制

《社区矫正实施办法》第 6 条第 1 款规定："社区矫正人员应当自人民法院判决、裁定生效之日或者离开监所之日起十日内到居住地县级司法行政机关报到。县级司法行政机关应当及时为其办理登记接收手续，并告知其三日内到指定的司法所接受社区矫正。"《衔接意见》第 5 条第 2 款规定："社区服刑人员前来报到时，居住地县级司法行政机关未收到法律文书或者法律文书不齐全，可以先记录在案，并通知人民法院、监狱或者看守所在 5 日内送达或者补齐法律文书。"第 9 条第 2 项规定，居住地县级司法行政机关依法应当接收社区服刑人员而未接收，人民检察院应当依法提出纠正意见。根据上述规定，现行接收机制似乎比较完善，但仍然存在一些悬而未决的问题：

（1）先行登记接收机制。一般而言，社区矫正机构都会为社区矫正人员办理登记接收机制，但实践中可能存在两个问题：第一是未收到法律文书或者收到法律文书不完整，社区矫正机构是否有权拒绝接收；第二是社区矫正机构认为社区矫正人员在本地缺乏居住地，是否有权拒绝接收。第一个问题是程序上的瑕疵，而第二个问题是实质上的瑕疵。现行司法解释已经解决了第一个问题，即当社区矫正机构未收到法律文书或者收到法律文书不完整时，应当先行办理登记接收手续而不得以法律文书送达瑕疵为由拒绝接收。社区矫正机构的权力是在办理登记接收手续后，通知人民法院、看守所、监狱送达或者补齐法律文书，而不是以文书瑕疵为由拒绝接收。第二个问题则尚缺乏实体规定，即当社区矫正机构认为社区矫正人员在本地缺乏居住地时，能否拒绝接收的问题。在实践中，由于社区矫正决定机关核实居住地往往缺乏社区矫正机构的参与，故可能出现核实服刑人员居住地出现错误的问题。如果服刑人员在服刑地缺乏居住地，社区矫正确实难以开展，此时出现了管辖错误，社区矫正机构能否以此为由拒绝接收呢？笔者认为，为防止出现漏管，社区矫正机构应当先行接收，并为社区矫正人员指定暂时居住地，有条件的可以指定居住于社区矫正中心，使其置于社区矫正机构的监管之下。然后再会同社区矫正机构所在地县级人民检察院与原裁判、批准机关联系，依法变更社区矫正管辖地或者依法撤销社区矫正。

（2）接收变更机制。此处所述接收变更机制，是指社区矫正机构在登记接收过程中或者登记接收后，发现社区矫正决定机关核实居住地错误、社区矫正人员在本地无居所后提请接收变更，而不是基于人口流动原因的中途管辖变更。如上文所述，社区矫正决定机关完全有可能核实居住地出现错误，此时社区矫正机构自始缺乏管辖权，也不便开展社区矫正。但为了确保社区矫正人员不漏管、脱管，社区矫正机构应当先行登记接收，然后会同社区矫正机构所在地县级人民检察院提请接收变更。此问题尚无明确的司法解释文件依据，但依照《社区矫正实施办法》和《衔接意见》，社区矫正决定机关应当核实被告人、罪犯居住地。如果居住地核实错误，即属原裁判、决定错误，依法应予变更。如何设计接收变更机制？笔者认为，可以采取如下方案：一是社区矫正机构附本地无居住地的证明材料，提请原裁判、决定机关重新审查居住地，同时抄送社区矫正机构所在地人民检察院，并由社区矫正机构所在地人民检察院抄送原裁判、决定机关所在地同级人民检察院。二是原裁判、决定机关收到社区矫正机构的文书、材料后，应当予以重新核查居住地，并区分情况处理：①如属被告人被判处管制、缓刑，经审查认为核实居住地错误的，通过审判监督程序裁定撤销原判决，重新组成合议庭予以审理，并区分情况依法追究伪证或错证的法律责任；②如属罪犯被监狱提请撤销假释，经审查认为监狱核实居住地错误的，应当通过审判监督程序撤销原裁定，重新组成合议庭予以审理，并区分情况依法追究伪证或错证的法律责任；③如属罪犯被决定暂予监外执行，经审查认为核实居住地错误的，应当撤销原决定，重新审查；④经审查认为，居住地没有错误的，依法告知社区矫正机构审查意见。三是原裁判、决定机关应当将审查意见及时告知社区矫正机构、社区矫正机构所在地县级人民检察院以及决定机关所在地同级人民检察院。

3. 建立漏管处理机制

《衔接意见》第7条规定："人民法院、公安机关、司法行政机关在社区矫正人员交付接收工作中衔接脱节，或者社区矫正人员逃避监管、未按规定时间期限报到，造成没有及时执行社区矫正的，属于漏管。"漏管的形成，有两种原因：一是交付接收脱节，造成漏管；二是社区矫正人员未及时报到。第一种情形，按照前面的意见可以处理；第二种情形下，则需要社区矫正机构组织查找并予以处理。此处主要讨论第二种情形。

（1）查找机制。《衔接意见》第7条及第8条第1款规定，居住地社区矫正机构发现社区矫正人员漏管，应当及时组织查找，并由居住地县级司法行政机关通知有关人民法院、公安机关、监狱、居住地县级人民检察院。该规定看似明确，但其实存在不少问题：一是按照该意见，查找的主体是社区矫正机构，但社区矫正机构因为缺乏必要的执法权和装备设施，查找的手段相当有限，基本上相当于走访；甚至《衔接意见》未规定其他有关机关的协助查找义务，当社区矫正机构向公安机关请求协助查找时，公安机关普遍会以缺乏法律依据为由拒绝协助查找。社区矫正机构的查找很容易沦为形式——走访其家属、村委会、居委会，一旦没有下落或者联系不上，便束手无策，最后只好给予警告直至提请撤销社区矫正。二是即便社区矫正机构查找到社区矫正人员，但社区矫正人员仍然拒绝报到，社区矫正工作者缺乏必要的手段要求其报到，最后也只好给予警告直至提请撤销社区矫正。为此，笔者建议：明确规定原决定机关和社区矫正机构所在地公安机关的协助查找义务，原决定机关应当尽可能向社区矫正机构提供社区矫正人员联系方式、居住地、近亲属联系方式，公安机关可以通过查询出行记录、开房记录等方式协助查找。

（2）处罚机制。《衔接意见》第 7 条及第 8 条第 2 款规定，社区服刑人员逃避监管、不按规定时间期限报到导致漏管的，居住地县级司法行政机关应当给予警告；符合收监执行条件的，依法提出撤销缓刑、撤销假释或者对暂予监外执行收监执行的建议。我们在此处仅讨论警告制度。

《社区矫正实施办法》第 23 条第 1 款规定，社区服刑人员未按规定时间报到的，县级司法行政机关应当给予警告，并出具书面决定；第 25 条第 2 款规定，未按规定时间报到或者接受社区矫正期间脱离监管，超过 1 个月的，应当提出撤销缓刑、假释。解读上述规定，可以得出如下结论：给予警告处分的前提，不是单纯的漏管，而是因故意逃避监管而不按规定期限报到而导致的漏管。如果社区矫正人员有正当理由未能按规定期限报到，则不给予警告处分；如果不是因为社区矫正人员自身的原因而未能按规定期限报到，也不能给予警告处分。未按规定时间报到导致漏管，也要区分情节，并非只要未按规定时间报到就一律予以警告处分，给予警告处分的前提，是必须查清未按规定时间报到的原因。所以，社区矫正机构在社区矫正人员未按规定时间报到的，应当先进行查找，不能简单化地直接予以处分，否则如果一旦处分后发现非因其本人原因导致未按规定时间报到，不利于保障人权。

（三）社区矫正监管机制的完善

社区矫正的内容较为广泛，既有监督管理又有帮困扶助，其中只有监督管理属于权力运行机制的范畴，具有强制性。《社区矫正实施办法》第 7 条第 1 款规定：“司法所接收社区矫正人员后，应当及时向社区矫正人员宣告判决书、裁定书、决定书、执行通知书等有关法律文书的主要内容；社区矫正期限；社区矫正人员应当遵守的规定、被禁止的事项以及违反规定的法律后果；社区矫正人员依法享有的权利和被限制行使的权利；矫正小组人员组成及职责等有关事项。”社区矫正人员并不清楚自身在社区矫正期间应当遵守哪些义务，因此法定义务告知机制非常重要，一方面通过宣告仪式树立社区矫正的严肃性，另一方面让社区矫正人员清楚地知晓自己应当遵守的义务，防止出现不必要的违反规定。社区矫正实践中，社区矫正机构一般会发放《社区矫正入矫宣告书》《社区矫正手册》《社区矫正行为指南》等文本来告知社区矫正人员应当遵守的义务。

1. 脱管追查机制

《衔接意见》第 10 条规定：“社区服刑人员在社区矫正期间脱离居住地社区矫正机构的监督管理下落不明，或者虽能查找到其下落但拒绝接受监督管理的，属于脱管。”《衔接意见》明确区分了漏管与脱管，漏管是交付接收期间由于衔接不畅出现的未及时报到以至于未接受社区矫正的情形；脱管是社区矫正人员报到后脱离监管下落不明或者虽有下落但拒绝接受监管的情形。按照《衔接意见》的规定，脱管追查的主体是社区矫正机构，但如上文所述，社区矫正机构的人员手段很有限，无法进行实质意义的追查，只能是电话联系，走访单位、社区及其家属亲友等。这种追查缺乏实际意义，更多是程序上的行动表述。调研中发现，社区矫正机构对于网上报道的“社区矫正期间服刑人员脱管再犯罪司法所工作人员被以玩忽职守罪起诉”的新闻感到特别担忧：他们抱怨缺乏必要的监管手段，本来社区矫正就是在社会内服刑，社区矫正机构不可能全天候监控其行动范围；当社区矫正人员出现脱管时，他们只能作好追查记录，并及时处罚或者提请撤销社区矫正。

存在疑问的是：社区矫正人员漏管时，社区矫正机构还要通知有关人民法院、公安机关、监狱、所在地人民检察院，尽管司法解释没赋予这些单位协助查找义务，但至少社区矫正机构在通知时还可以顺带请求协助。但是在社区矫正人员脱管时，司法解释没有为社区矫正机构确定任何协助追查机关。《衔接意见》第13条规定：“司法行政机关应当会同人民法院、人民检察院、公安机关健全完善联席会议制度、情况通报制度，每月通报核对社区服刑人员人数变动、漏管脱管等数据信息，及时协调解决工作中出现的问题。”但是，该项规定的仅仅是“月度通报核对”，便于信息互通和人民检察院开展检察监督，而并没有规定这些机关尤其是公安机关的协助追查义务。社区矫正工作者担心的是，在脱管追查期间社区矫正人员实施重新犯罪的，会不会追究其玩忽职守罪的刑事责任？因此，笔者建议：应当明确赋予社区矫正机构所在地公安机关的协助追查义务，防止出现个别极端案例。

2. 惩罚机制[1]

按照《社区矫正实施办法》第23条至第26条的规定，在

〔1〕 社区矫正激励机制的完善，请参见本书第四章，已有详细讨论。

监管期间违反监督管理规定包含如下三种惩罚措施：警告、提请治安管理处罚、提请撤销社区矫正（管制除外）。[1]其中，缓刑犯、假释犯受到三次警告仍不改正的，则升级为提请撤销缓刑、假释；暂予监外执行犯受到两次警告仍不改正的，则升级为提请撤销暂予监外执行。惩罚机制最大的问题，是缺乏中间制裁，在本书第四章已经做了充分讨论，在此主要讨论如下两个问题：

（1）提请治安管理处罚。治安管理处罚的权力在公安机关，社区矫正机构仅有提请处罚的权力，而撤销社区矫正某些情形，又以曾受治安管理处罚为前提。与此同时，《衔接意见》第12条第3项又规定了人民检察院对社区矫正机构未依法给予警告、提请治安管理处罚开展检察监督。因此，这里涉及社区矫正机构、公安机关、人民检察院三个机构之间巧妙的权力运行机制：社区矫正机构担心人民检察院对其未依法提请治安管理处罚提出纠正意见，可能会及时主动提请公安机关予以治安管理处罚；但《治安管理处罚法》授予了公安机关一定的自由裁量权，有些违法行为甚至可以调解结案而不予处罚，故社区矫正机构提请公安机关对社区矫正人员予以治安管理处罚的后果具有不确定性，这种不确定性反过来又会伤害社区矫正机构的权威性；但人民检察院对社区矫正机构有检察监督权，事实上对公安机关同样有检察监督权，因此公安机关在考量是否给予治安管理处罚时，也会区别于一般人员违反《治安管理处罚法》的情形。笔者建议：社区矫正机构认为社区矫正人员违反《治安管理处罚法》并认为有可能受治安管理处罚时，即应提请公安机关予以治安管理处罚，同时将建议书抄送同级人民检察院；公安机

---

〔1〕 对于管制犯，违反监督管理规定无论属于何种情节，都不能撤销管制，而只能提请给予治安管理处罚。

关作出是否给予治安管理处罚决定的，除送达社区矫正人员以外，还应当抄送社区矫正机构和同级人民检察院。

（2）警告。《社区矫正实施办法》第23条规定了应当给予警告处分的六种情形，由于使用的是“应当”，故从字面含义解释社区矫正机构似乎并没有自由裁量权。但是，任何违法行为均有情节差异，更何况是违反监督管理规定。如果仅仅是望文生义，否认社区矫正机构具有自由裁量权，不利于社区矫正机构开展工作，也不利于鼓励社区矫正人员改过自新。《衔接意见》第12条第3项又规定“居住地县级司法行政机关对违反社区矫正规定的社区服刑人员，未依法给予警告、提请治安管理处罚”的，人民检察院有权提出纠正意见，故此社区矫正机构在衡量是否给予社区矫正人员警告处分时会心存顾虑。笔者认为，社区矫正机构具体负责社区矫正，是否给予警告处分应当赋予社区矫正机构一定的自由裁量权，人民检察院检察监督不应过分介入行刑权。因此，应当对人民检察院开展检察监督予以限制解释：居住地县级司法行政机关对违反社区矫正规定的社区服刑人员，未依法给予警告、提请治安管理处罚，“造成社会不良影响的”，人民检察院应当依法提出纠正意见。

（四）社区矫正撤销机制的完善

《社区矫正实施办法》第25条、第26条、第27条规定了社区矫正的撤销；《衔接意见》第四部分规定了撤销社区矫正收监执行环节的衔接配合机制。尽管已有两部司法解释，但社区矫正撤销机制仍然存在进一步完善之处。

1. 社区矫正撤销程序的启动机制

《社区矫正实施办法》第25条规定了缓刑、假释的撤销条件，第26条规定暂予监外执行的撤销条件。《衔接意见》第22条第1项规定人民检察院对“居住地县级司法行政机关未依法向人民法院、公安机关、监狱管理机关提出撤销缓刑、撤销假释建议或者对暂予监外执行的收监执行建议”开展检察监督。社区矫正撤销程序的启动机制有如下问题需要研究：

（1）提请撤销缓刑、假释的主体。《社区矫正实施办法》第25条规定，撤销缓刑、假释，由居住地同级司法行政机关向原裁判人民法院提出撤销缓刑、假释建议书。解读该款，可以看出撤销缓刑、假释的提出机关并非一定是具体负责的社区矫正机构，而是与原裁判人民法院“同级”的司法行政机关，即：如果原裁判人民法院为最高人民法院，则由司法部提请撤销缓刑（最高人民法院不负责裁定假释，但极其罕见的可能存在缓刑判决——当然，只是理论上成立）；如果原裁判人民法院为高级人民法院，则由省司法厅（直辖市司法局）提请撤销缓刑、假释；如果原裁判人民法院为中级人民法院，则由设区的市司法局向中级人民法院提请撤销缓刑、假释；如果原判决人民法院为基层人民法院，则由区县司法局向基层人民法院提请撤销缓刑。

这种提请机制过于复杂，尤其是部分案件需要由基层司法局逐级上报至省司法厅，程序繁琐冗长。而根据《社区矫正实施办法》第26条的规定，撤销暂予监外执行，由居住地县级司法行政机关向批准、决定机关提出收监执行的建议书。也即：撤销暂予监外执行，由区县司法局向原批准、决定机关提出，那如果是最高人民法院（当然只是理论上）批准暂予监外执行，也由区县司法局向最高人民法院提出？例如司法部直属监狱决定暂予监外执行，需要撤销暂予监外执行的，由区县司法局提请司法部监狱管理局撤销暂予监外执行？因此，笔者认为，要解决上述疑问，最终还是需要回到本书第四章，由居住地人民法院或者居住地省级以上监狱管理局管辖。

（2）社区矫正机构对提请撤销缓刑、假释、暂予监外执行是否具有自由裁量权。《社区矫正实施办法》第 25 条规定“缓刑、假释的社区矫正人员有下列情形之一的，由居住地同级司法行政机关向原裁判人民法院提出撤销缓刑、假释建议书并附相关证明材料……”在“居住地同级司法行政机关”后面未添加“应当”或者“可以”的字样。从文字表述来看，属于祈使句，似乎社区矫正机构对于是否撤销社区矫正并没有自由裁量权。但从社区矫正的本质来看，笔者认为，应当赋予社区矫正机构自由裁量权，理由如下：第一，作为刑事执行实践的社区矫正，具有各种各样的情节。例如社区矫正人员因生活困难外出打工或者因疾病外出就医，即便没有按规定请假（部分省市请假的规定十分严格，而变更管辖地在实践中也不易操作），如果达到 1 个月，是认定为是脱管？即便认定为脱管，是否必须撤销社区矫正？笔者认为都值得考量。第二，司法解释的条文有的使用了“情节严重”的表述，如《社区矫正实施办法》第 25 条第 1 款、第 5 款都规定了“情节严重”。什么是情节严重，显然社区矫正机构具有一定的自由裁量权。第三，撤销社区矫正，社区矫正机构仅有建议权而无决定权，尤其是人民法院进行实质审理时会有监管秩序与人道双重价值的考量，有比例原则的限制。如果社区矫正机构不加区分地提请撤销社区矫正而最终裁定撤销率不高，既不利于社区矫正机构的权威性，也不利于促进社区矫正人员改过自新。笔者认为，社区矫正机构可以根据情况，采取提升管理级别的方式作为撤销社区矫正的替代机制，培育和发展中间制裁。

（3）人民检察院对社区矫正撤销程序启动的检察监督机制。《衔接意见》第 22 条第 1 项规定人民检察院对社区矫正撤销程序启动的检察监督。基于同样的认识，笔者认为，人民检察院开展检察监督不应拘泥于文字，而应探求文字背后的法律真意。社区矫正机构如果对具有可以提请撤销社区矫正情形的无所作为，则人民检察院依法应提出纠正意见；如果社区矫正机构采取提升监管级别等合理对应措施作为替代提出撤销社区矫正建议的，人民检察院不应机械地要求社区矫正机构必须提出撤销社区矫正的建议，否则法律监督权就侵蚀了行刑权，两者之间应有合理的界限。

2. 社区矫正撤销案件的审理机制

按照《社区矫正实施办法》等相关司法解释的规定，社区矫正撤销案件的审理机关是作出社区矫正决定的原裁判人民法院、公安机关、监狱管理机关。现行司法解释确立的审理机关是不妥当的，因为这种省际、市际的管辖会带来一系列问题，笔者主要讨论如下几个问题：

（1）缓刑、假释撤销案件审理是否实行完全书面审理。早期人民法院审理减刑、假释案件都是完全的书面审理，但2014年最高人民法院出台《关于减刑、假释案件审理程序的规定》对此进行了大幅度改革：一是规定了六类案件应当开庭审理；二是书面审理的减刑案件可以提讯被报请减刑罪犯，书面审理假释案件，应当提讯被报请假释罪犯。在司法实践中，减刑、假释案件的审理已经摒弃了过去的完全书面审理，而是开庭审理和书面审理加听证会（或提讯罪犯）的方式进行。减刑、假释是给予罪犯提前出狱的机会，是对罪犯服刑积极性的激励；撤销缓刑、假释是对服刑人员自由的重大剥夺，如果实行完全的书面审理，很可能导致对服刑人员合法权益的剥夺——社区矫正机构提交的书面材料一般是真实的，但也可能不完整或者表述不准确，绝对的书面审理不利于查清案件事实，也不利于人权保障。所以，笔者认为：缓刑、假释撤销案件应当开庭审理，防止出现错误撤销的案件。在本章前述援引的四川省屏山县人民法院［2017］川1529刑更2号刑事裁定书，程序就相对审慎。

开庭审理与召开听证会至少都应有社区矫正人员到场参加，并听取其辩解意见。但存在两个难题：一是因社区矫正人员脱管的案件，如何听取其辩解意见？如果不听取其辩解，万一社区矫正人员已经意外死亡或者因其他合理原因才“脱管”呢？二是社区矫正人员未脱管，但跨省撤销、路途遥远而社区矫正人员因经济困难无法正常到庭的情况。所以，最终要解决上述问题，都必须对缓刑、假释撤销案件的管辖法院予以改革，即本书提出由社区矫正机构所在地人民法院管辖——缓刑撤销由基层人民法院管辖，假释撤销由中级人民法院管辖，以对应刑事诉讼法的规定。

（2）审理缓刑、假释撤销案件的检察监督。《社区矫正实施办法》第25条第2款规定：“司法行政机关撤销缓刑、假释的建议书和人民法院的裁定书同时抄送社区矫正人员居住地同级人民检察院和公安机关。”解读该款，可以看出司法解释的本意是由社区矫正机构所在地同级人民检察院开展检察监督。所谓同级，即为对应前文讨论的提请撤销缓刑、假释、暂予监外执行的启动主体。这里存在较大的问题：

跨省市提请撤销缓刑、假释时，如何有效开展检察监督？例如西藏自治区某县人民检察院如何有效对黑龙江省某县人民法院开展检察监督？当然，或许有人回答，此时的“抄送社区矫正人员居住地同级人民检察院”仅仅是加强对社区矫正撤销案件启动程序的监督，而非对原裁判人民法院的监督。但是，《社区矫正实施办法》与《衔接意见》均未规定要抄送原裁判人民法院所在地同级人民检察院，也未规定原裁判人民法院收到撤销缓刑、假释建议书后要抄送同级人民检察院，且《衔接意见》第16条规定原裁判人民法院依法作出裁定后，并“将法律文书送达居住地县级司法行政机关，同时抄送居住地县级人民检察院、公安机关”。从制度设计来看，缓刑、假释的撤销启动需要社区矫正机构所在地人民检察院开展检察监督；但缓刑、假设撤销案件的审理也需要裁判人民法院所在地同级人民检察院开展检察监督。根据2014年最高人民法院《关于减刑、假释案件审理程序的规定》，人民法院开庭审理减刑、假释案件，应当通知人民检察院、执行机关及被报请减刑、假释罪犯参加庭审；人民法院作出减刑、假释裁定后，应当送达同级人民检察院；人民检察院认为人民法院减刑、假释裁定不当，在法定期限内提出书面纠正意见的，人民法院应当在收到纠正意见后另行组成合议庭审理，并在1个月内作出裁定。可以看出，人民检察院全程开展减刑、假释案件的监督。与此相同，人民法院审理缓刑、假释撤销案件涉及服刑人员的重大权益，人民检察院没有理由不开展检察监督。

因此，笔者认为：一方面，要强化人民检察院的检察监督，必须改变缓刑、假释撤销案件的管辖法院，改由社区矫正机构所在地人民法院审理。另一方面，如果必须维持现有的管辖体制，则：第一，居住地同级司法行政机关向原裁判人民法院提出撤销缓刑、假释建议书时，应将撤销缓刑、假释建议书抄送社区矫正人员居住地同级人民检察院；第二，社区矫正人员居住地同级人民检察院应当将撤销缓刑、假释建议书抄送原裁判人民法院所在地同级人民检察院；或者在原裁判人民法院收到撤销缓刑、假释建议书后，抄送同级人民检察院，通知其开展检察监督。

跨省市提请撤销暂予监外执行时，人民检察院如何开展检察监督？根据《社区矫正实施办法》第26条的规定，提请撤销暂予监外执行时，居住地县级司法行政机关向批准、决定机关提出收监执行的建议书，同时抄送居住地同级（县级司法行政机关的“同级”自然就是县级）人民检察院。根据《刑事诉讼法》第266条、第267条的规定，报请、决定或者批准暂予监外执行的机关应当将暂予监外执行书面意见或决定抄送人民检察院；人民检察院认为暂予监外执行不当的，应当将书面意见送交决定或者批准暂予监外执行的机关，决定或者批准暂予监外执行的机关接到人民检察院的书面意见后，应当立即对该决定进行重新核查。可见，报请、决定或者批准暂予监外执行，人民检察院全程开展检察监督。那么，撤销暂予监外执行的决定，涉及服刑人员重大权益，自然也应当由人民检察院开展检察监督。

问题在于：人民检察院如何开展检察监督？现有司法解释仅对提请撤销暂予监外执行规定了监督，未规定对撤销暂予监外执行的批准、决定过程开展监督。如果说由社区矫正机构所在地县级人民检察院开展监督，将面临比撤销缓刑、假释更大的难度——县级人民检察院如何跨省市对省级以上监狱管理局开展检察监督？因此，最终的解决途径还是如前文所述，改变撤销暂予监外执行的管辖地。

3. 社区矫正撤销程序中的收监、追捕、羁押机制

现行司法解释仅规定了收监、追捕机制，羁押不能由司法解释规定，而应由刑事诉讼法增加规定。收监机制较为复杂，也是现在社区矫正实践中的难点，尚未很好解决，试讨论如下：

（1）收监、追捕机制。《社区矫正实施办法》第27条规定了不同的收监主体：一是社区矫正机构为收监主体，公安机关予以协助，这适用于人民法院裁定撤销缓刑、假释或者对暂予监外执行罪犯决定收监执行的情形；二是监狱为收监主体，这

适用于监狱管理机关对暂予监外执行罪犯决定收监执行的情形；三是看守所为收监主体，这适用于公安机关对暂予监外执行罪犯决定收监执行的情形。

《社区矫正实施办法》留下了诸多悬而未决的问题或者难题，这主要表现在如下几个方面：第一，送交哪个监狱服刑的问题。如果社区矫正机构所在地与原裁判、决定机关跨市甚至跨省，是送社区矫正机构所在地分类关押的监狱，还是原裁判、决定机关所在地的监狱？如果是原裁判、决定机关所在地的监狱，路途遥远，多有不便，且存在安全风险。第二，社区矫正人员一旦获知将被收监执行，潜逃怎么办？由谁实施抓捕？社区矫正机构、监狱显然都缺乏这个能力，但《社区矫正实施办法》又没有规定。上述两个问题在《衔接意见》中得到了解决。《衔接意见》第17条的规定，社区矫正人员被裁定、决定收监执行的，应当本着就近、便利、安全的原则，送交其居住地所属省（区、市）的看守所、监狱执行刑罚；第20条的规定，被裁定、决定收监执行的社区矫正人员在逃的，由居住地县级公安机关负责实施追捕，裁定或决定可以作为实施网上追逃的依据。

收监、追捕机制在司法实践中，存在的一个难题在于：社区矫正人员在得知被决定、裁定收监执行时，老老实实等着进监狱的人不是没有，但潜逃的必然也不在少数。追捕甚至网上追逃的成本较大，有没有可能考虑在提请撤销社区矫正之时，即提前予以羁押？

（2）羁押机制。一般来说，社区矫正机构提请撤销缓刑、假释、暂予监外执行被驳回的概率比较低，绝大多数情况下人民法院等决定机关都会采纳社区矫正机构的建议：毕竟，社区矫正机构提请撤销是因为社区矫正人员存在较大人身危险性，如果不予撤销，谁来承担再犯罪的风险？

笔者认为，有必要建立社区矫正撤销程序中的羁押机制：首先，便于社区矫正撤销案件审理的公正性。社区矫正机构启动撤销程序之后，社区矫正人员面临丧失自由的重大可能性，其自动到人民法院接受聆讯的可能性并不太高。如果在社区矫正机构启动撤销程序之时立即启动羁押程序，则可以保证社区矫正人员到庭参加案件审理或者至少可以接受人民法院的讯问。同时，也避免脱管的社区矫正人员事实上已经死亡的可能性。其次，便于收监执行。人民法院或者其他机关裁定、决定撤销缓刑、假释、暂予监外执行的，社区矫正人员潜逃的可能性相当大，此时通过公安机关追捕甚至网上追逃，成本高、风险大。如果提前已经羁押，则可以实现无缝对接。再次，符合刑事诉讼逻辑。社区矫正人员也是服刑人员，并不是无罪人员，此时将其现行羁押，并不存在侵犯无辜者人权的顾虑；同时也能保证刑事诉讼活动的顺利进行。

值得研究的是，现行刑事诉讼法难以将这种羁押机制直接包含在内：刑事拘留、逮捕等措施针对的都是犯罪嫌疑人、被告人，而并不针对已决犯。那么，能不能将社区矫正撤销案件审理中的社区矫正人员解释为被告人呢？从字面上来讲，似乎难以实现此解释逻辑，因为人民法院审理减刑、假释案件中都明确表述的是“罪犯”而非“被告人”；但是，将人民法院审理的缓刑、假释撤销案件中的社区矫正人员解释为“被告人”符合社会公众认知——既然是案件审理，社区矫正人员此时作为审理对象，将其界定为被告人完全符合语义。暂予监外执行则相对简单，因为这是通过行政程序直接变更服刑场地，决定收监执行也并不是刑事诉讼程序，而是执行变更。

因此，笔者认为，建立社区矫正撤销程序中的提前羁押机制，可以采取如下思路：第一，直接修改《刑事诉讼法》，在

《刑事诉讼法》中增设社区矫正撤销程序的“特别逮捕”制度，争议最小。第二，通过司法解释，将缓刑、假释撤销案件中的社区矫正人员解释为“被告人”，可以对其实施逮捕；将撤销暂予监外执行决定程序中的社区矫正人员直接变更服刑场所，临时关押在当地看守所服刑。

Main bibliography

主要参考书目

一、著作

1. 习近平:《习近平谈治国理政》，外文出版社2014年版。
2. 吴宗宪:《社区矫正比较研究》（上、下），中国人民大学出版社2011年版。
3. 姚建龙等:《矫正学导论：监狱学的发展与矫正制度的重构》，北京大学出版社2016年版。
4. 王平主编:《社区矫正制度研究》，中国政法大学出版社2014年版。
5. 张荆主编:《海峡两岸社区矫正制度建设研究》，法律出版社2016年版。
6. 邓中文主编:《社区矫正理论与实务研究》，中国政法大学出版社2015年版。
7. 王平、何显兵、郝方昉:《理想主义的〈社区矫正法〉——学者建议稿及说明》，中国政法大学出版社2012年版。
8. 周国强:《社区矫正公民参与机制研究》，江苏大学出版社2016年版。
9. 唐文娟:《社区矫正在彝族聚居区的探索与实践》，中央编译出版社2015年版。
10. 贾宇:《社区矫正导论》，知识产权出版社2010年版。
11. 梅义征:《社区矫正制度的移植、嵌入与重构：中国特色社区矫正制度研究》，中国民主法制出版社2015年版。
12. 廖斌主编:《废除劳教制度后违法行为矫治体系研究》，中国政法大学出版社2014年版。
13. 廖斌、何显兵主编:《监狱行刑制度改革研究》，中国政法大学出版社

2014 年版。
14. 廖斌:《监禁刑现代化研究》，法律出版社 2008 年版。
15. 廖斌、何显兵:《社区建设与犯罪防控》，人民法院出版社 2003 年版。
16. 鲁兰:《中日矫正理念与实务比较研究》，北京大学出版社 2005 年版。
17. 贡太雷:《惩戒与人权——中国社区矫正制度的法治理论》，法律出版社 2015 年版。
18. 高贞主编:《社区矫正执行体系研究》，法律出版社 2017 年版。
19. 田兴洪:《社区矫正中的社区参与模式研究》，法律出版社 2017 年版。
20. 刘志伟等:《中国社区矫正立法专题研究》，中国人民公安大学出版社 2017 年版。
21. 刘强等:《社区矫正制度惩罚机制完善研究》，中国人民公安大学出版社 2016 年版。
22. 杨继慧:《突破与完善——我国社区矫正的制度重构与立法选择》，团结出版社 2018 年版。
23. 蔡德辉、杨士隆:《犯罪学》，五南出版公司 2004 年版。
24. 何显兵:《社区刑罚研究》，群众出版社 2005 年版。
25. 吴宗宪:《当代西方监狱学》，法律出版社 2005 年版。
26. 刘强编著:《美国刑事执法的理论与实践》，法律出版社 2000 年版。
27. 刘强编著:《美国社区矫正的理论与实务》，中国人民公安大学出版社 2003 年版。
28. 邱兴隆:《关于惩罚的哲学——刑罚根据论》，法律出版社 2000 年版。
29. 吴宗宪:《西方犯罪学》，法律出版社 1999 年版。
30. 刘强:《美国社区矫正演变史研究——以犯罪刑罚控制为视角》，法律出版社 2009 年版。
31. 曲新久:《刑法的精神与范畴》，中国政法大学出版社 2000 年版。
32. 陈兴良主编:《刑事法评论》（第 39 卷），北京大学出版社 2017 年版。
33. 王平主编:《恢复性司法论坛》（2005 年卷），群众出版社 2005 年版。
34. [美] 弗雷达·阿德勒、杰哈德·穆勒、威廉·拉斐尔:《遏制犯罪——当代美国的犯罪问题及犯罪学研究》，廖斌等译，中国民主法制出版社 2006 年版。

35. ［法］米歇尔·福柯:《规训与惩罚》，刘北成、杨远婴译，生活·读书·新知三联书店 2007 年版。

36. ［德］米夏埃尔·帕夫利克:《人格体　主体　公民：刑罚的合法性研究》，谭淦译，中国人民大学出版社 2011 年版

37. ［意］切萨雷·贝卡里亚:《论犯罪与刑罚》，黄风译，中国法制出版社 2002 年版。

38. ［日］森下忠:《犯罪者处遇》，白绿铉、吴平、车红花译，中国纺织出版社 1994 年版。

39. ［美］克莱门斯·巴特勒斯:《矫正导论》，孙晓雳等译，中国人民公安大学出版社 1991 年版。

40. ［日］大谷实:《刑事政策学》，黎宏译，法律出版社 2000 年版。

41. ［英］皮特·雷诺、莫里斯·范斯顿:《解读社区刑罚——缓刑、政策和社会变化》，刘强、王贵芳译，中国人民公安大学出版社 2009 年版。

42. ［美］D. 斯坦利·艾兹恩、杜格·A. 蒂默:《犯罪学》，谢正权等译，群众出版社 1989 年版。

43. ［英］戈登·休斯:《解读犯罪预防——社会控制、风险与后现代》，刘晓梅、刘志松译，中国人民公安大学出版社 2009 年版。

44. ［英］海泽尔·肯绍尔:《解读刑事司法中的风险》，李明琪等译，中国人民公安大学出版社 2009 年版。

45.《德国刑法典》，徐久生、庄敬华译，中国法制出版社 2000 年版。

46. ［德］汉斯·海因里希·耶塞克、托马斯·魏根特:《德国刑法教科书（总论）》，徐久生译，中国法制出版社 2001 年版。

47. ［法］雅克·博里康、朱琳编著:《法国当代刑事政策研究及借鉴》，中国人民公安大学出版社 2011 年版。

48.《法国新刑法典》，罗结珍译，中国法制出版社 2003 年版。

49. ［美］F. S. 萨瓦斯:《民营化与公私部门的伙伴关系》，周志忍等译，中国人民大学出版社 2002 年版。

50. ［美］罗纳德·J. 博格等:《犯罪学导论——犯罪、司法与社会》（第 2 版），刘仁文等译，清华大学出版社 2009 年版。

51. ［英］詹姆斯·马吉尔:《解读心理学与犯罪——透视理论与实践》，

张广宇等译，中国人民公安大学出版社 2009 年版。
52. ［英］格里・约翰斯通:《恢复性司法：理念、价值与争议》，郝方昉译，中国人民公安大学出版社 2011 年版。
53. ［美］安德鲁・卡曼:《犯罪被害人学导论》（第 6 版），李伟等译，北京大学出版社 2010 年版。
54. ［德］汉斯・约阿希姆・施奈德:《国际范围内的被害人》，许章润等译，中国人民公安大学出版社 1992 年版，第 28 页。

三、论文

1. 何显兵、王平:“社区矫正概念的反思与重构”，载《犯罪与改造研究》2010 年第 2 期。
2. 武玉红:“社区矫正的惩罚性不容忽视”，载《探索与争鸣》2009 年第 7 期。
3. 程应需:“社区矫正的概念及其性质新论”，载《郑州大学学报（哲学社会科学版）》2006 年第 4 期。
4. 刘强:“论社区矫正的社区刑罚执行性质”，载《社会科学战线》2015 年第 8 期。
5. 王顺安:“社区矫正的法律问题”，载《政法论坛》2004 年第 3 期。
6. 康树华:“社区矫正的历史、现状与重大理论价值”，载《法学杂志》2003 年第 5 期。
7. 吴宗宪:“我国社区矫正基层执法机构的问题及改革建议”，载《甘肃社会科学》2016 年第 6 期。
8. 洪佩、费梅苹:“本土社会工作实践中的社区服刑人员的身份构建机制”，载《中国青年研究》2018 年第 4 期。
9. 何显兵、廖斌:“论社区矫正分级处遇机制的完善”，载《法学杂志》2018 年第 5 期。
10. 但未丽:“社区矫正立法若干问题研究——以《社区矫正法（征求意见稿）》为分析对象”，载《首都师范大学学报（社会科学版）》2018 年第 2 期。
11. 张荆:“北京社区矫正模式特色与问题点分析”，载《中国人民公安大学学报（社会科学版）》2013 年第 3 期。

12. 刘政："惩罚性与恢复性并重的社区矫正制度重塑"，载《江西社会科学》2017 年第 12 期。
13. 陈伟："社区矫正检察监督机制的改革与完善"，载《湖北社会科学》2017 年第 3 期。
14. 任文启："完善我国社区矫正审前调查评估制度的思考——基于文本和现实的比较分析"，载《甘肃政法学院学报》2016 年第 2 期。
15. 井世洁："断裂与重构：社区矫正青少年的社会支持——以上海市 J 区为例"，载《社会科学》2012 年第 9 期。
16. 杭州市司法局课题组："困境与出路：依法开展社区矫正情境下社区服务的执行现状及其重构——以杭州市的实践调查为基础"，载《中国司法》2014 年第 2 期。
17. 刘强："社区矫正的定位及社区矫正工作者的基本素质要求"，载《法治论丛》2003 年第 2 期。
18. 王利荣："从司法预防视角谈社区矫正制度的发展思路"，载《法治论丛》2004 年第 2 期。
19. 刘强："上海社区矫正的发展与评价"，载《法治论丛》2002 年第 6 期。
20. 李明："国外主要社区矫正模式比较考察及其借鉴"，载《中国司法》2008 年第 1 期。
21. 姜爱东等："德国社区矫正概览"，载《中国司法》2005 年第 11 期。
22. 何显兵："建立社区犯罪防控系统的基本构想"，载《福建公安高等专科学校学报》2006 年第 1 期。
23. 王珏、鲁兰："日本更生保护制度"，载《中国司法》2007 年第 11 期。
24. 但未丽："社区矫正的'北京模式'与'上海模式'比较分析"，载《中国人民公安大学学报（社会科学版）》2011 年第 4 期。
25. 罗玲、范燕玲："试论社区矫正社会工作的本土发展"，载《社会工作》2015 年第 5 期。
26. 成都市社区矫正执法工作实证研究课题组："社区矫正执法工作中的经验、问题及对策研究——以成都市社区矫正工作为样本"，载《中国司法》2015 年第 9 期。

27. 北京市司法局课题组："关于进一步完善社区矫正工作的思考"，载《中国司法》2015 年第 9 期。
28. 刘强："我国社区矫正试点中的管理体制弊大于利"，载《法学》2005 年第 9 期。
29. 但未丽："当前中国社区矫正发展的困境及应对"，载《中国人民公安大学学报（社会科学版）》2015 年第 5 期。
30. 费梅苹："政府购买社会工作服务中的基层政社关系研究"，载《社会科学》2014 年第 6 期。
31. 林闽钢、周正："政府购买社会服务：何以可能与何以可为?"，载《江苏社会科学》2014 年第 3 期。
32. 张绍彦："社区矫正的现实问题与发展路向"，载《政法论丛》2014 年第 1 期。
33. 王瑞君："赔偿在刑事诉讼不同阶段地位的失衡与解决对策"，载《社会科学研究》2010 年第 6 期。
34. 王亚妮："藏族习惯法与西藏社区矫正的理念构建——以藏族刑事习惯法'罚赔'为视角"，载《西藏民族学院学报（哲学社会科学版）》2015 年第 1 期。
35. 王利荣："行刑一体化视野下的矫正体制架构——写在《社区矫正法》征求意见之际"，载《当代法学》2017 年第 6 期。
36. 翟中东："社区性刑罚的立法与短期监禁刑问题的解决"，载《法学家》2018 年第 2 期。
37. 但未丽："社区矫正的犯罪学依据"，载《中国人民公安大学学报（社会科学版）》2012 年第 5 期。
38. 田兴洪、吴占英："从《刑法修正案（八）》看我国社区矫正立法化及完善路径"，载《甘肃社会科学》2011 年第 3 期。
39. 袁彬："刑法制裁措施多元化的功能审视与结构完善"，载《法学评论》2018 年第 4 期。
40. 张绍彦："社区矫正的基础、目标和发展方向"，载《政法论坛》2015 年第 6 期。
41. 汪蓓："社会工作对犯罪社区矫正的介入模式创新"，载《中南民族大

学学报（人文社会科学版）》2015 年第 6 期

42. 陈庆："社区矫正判前调查评估制度探析"，载《中北大学学报（社会科学版）》2013 年第 2 期。
43. 张德军："短期自由刑执行机制改革研究——以社区矫正制度的完善为视角"，载《法学论坛》2014 年第 4 期。
44. 连春亮："社区矫正的属性及其契约化规制"，载《山东警察学院学报》2016 年第 2 期。
45. 王志远、杜磊："我国基层社区矫正：问题、根源与本质回归"，载《甘肃社会科学》2016 年第 6 期。
46. 林子坚："域外社区矫正制度辨析及对我国的启示"，载《法学论坛》2015 年第 4 期。
47. 孙文红："我国社区矫正效果评估体系的评价与重构"，载《社会科学辑刊》2015 年第 5 期。
48. 申心刚："我国社区矫正制度的确立与完善"，载《天津师范大学学报（社会科学版）》2015 年第 3 期。
49. 但未丽："社区矫正立法宜缓不宜急"，载《人民检察》2016 年第 16 期。
50. 吴宗宪："论我国社区矫正的适用对象"，载《北京师范大学学报（社会科学版）》2017 年第 3 期。
51. 吴宗宪、张雍锭："未成年缓刑犯社区矫正中强制亲职教育的制度构建"，载《江西社会科学》2018 年第 8 期。
52. 李正新："我国社区矫正的性质反思：从刑罚到刑事政策"，载《江西科技师范大学学报》2013 年第 5 期。
53. 屈学武："中国社区矫正制度设计及其践行思考"，载《中国刑事法杂志》2013 年第 10 期。
54. 顾榕："应组建社区矫正官队伍"，载《人民检察》2017 年第 22 期。
55. 刘政："完善社区矫正管理体制之构想"，载《法学杂志》2018 年第 4 期。
56. 杨柳："论社区矫正地方立法的权限范围"，载《法学杂志》2018 年第 7 期。

57. 苏明月:“日本保护观察制度研究”，中国政法大学2007年博士学位论文。

58. 孙辉:“上海社区矫正中的第三部门参与研究——基于公共物品供给的视角”，同济大学2006年博士学位论文。

Postscript 后记

本书为教育部2014年批准立项的教育部人文社会科学研究规划基金项目（一般项目）："构建中国特色的社区矫正制度研究——以西部省区实践为基础的分析"（项目编号：14YJA820020）的最终成果。在研究过程中，我们团队从不同视角开展研究，为此还得到了四川省教育厅人文社科重点研究基地——四川省社区矫正研究中心"完善中国特色的社区矫正制度研究"的研究经费资助（项目编号：SQJ2017-01）、四川省教育厅人文社科重点研究基地——基层司法能力研究中心"中国特色社区矫正制度研究"（项目编号：JCSF2013-09）的资助。由于对此课题的研究需要花费巨大的人力和物力开展调研，研究视角也不同，因此只靠教育部有限的科研经费来完成此项目是无法达到预期效果的，上述两个研究中心为我们课题在更广泛的区域开展调研提供了一定的经费支持，在一定程度上缓解了我们研究经费的压力。在此将教育部和四川省教育厅各基地的项目研究一并汇聚成最终研究成果，以图对国家和地方的社区矫正立法与执法实践都有所帮助。

社区矫正制度在中国发展迅速，立法争议还很多，课题在获得教育部立项后，我们中期也在国内核心期刊上发表了一些文章，但是随着《中华人民共和国社区矫正法（征求意见稿）》的出台，我们对前期所做的很多研究又有针对性地进行了调整，力求使研究成果与国家立法步调一致，虽然西部地区的社区矫正工作经验与问题不具有影响全国立法的作用，但国家立法不能不考虑西部省区市的现状，以实现全国一盘棋，经济基础的薄弱与社会关系的多元化和复杂化，就需要我们在制度和运行机制上要体现东西部的差异，《社区矫正法》做到全国一盘棋以体现国家法治的统一性和权威性，但实践运行机制却需要有各地甚至不同人群的区别化甚至特别化要求，这就是构建中国特色社区矫正制度的必然要求。本书也试图从制度框架和运行机制进行更深入地研究，在本课题研究中，我们注重总结了西部省（市、自治区）的社区矫正实践经验，并对西部省（市、自治区）社区矫正中存在的共性问题进行分析，力图通过制度设计完善、执法思维与方式的转变来解决实践操作中存在的问题。我们在研究中也随时关注着国内当前最新的研究成果和国家的立法动态，通过比较研究的方法，批判性地继承了国内的先进研究成果，提出自己对我国社区矫正工作的理论观点和制度、机制建设意见。对社区矫正制度与机制建设的方案力图体现可操作性。由于时间不等人，我们的课题从立项到今天最终完成也是几经周折拖了多年，一是国家在社区矫正立法上存在颇多理论与实践难题，学者们讨论也是众说纷纭，在《社区矫正法（征求意见稿）》公布后，我们的许多研究问题也跟着反复重来；二是笔者承担的其他项目也是占用了大量时间，直到结题最后时间临近，本研究也仅仅是触及了社区矫正制度建设的部分皮毛，这是需要我们今后还要进一步总结和探索的任务，可以说是研究尚未成功，我们仍需努力。

在此我要衷心地感谢为我们开展课题研究提供学术资料、地方实践资料和研究甚至经费支持的北京师范大学吴宗宪教授和苏明月副教授、西南政法大学袁林教授、司法部预防犯罪研究所鲁兰研究员、贵州师范大学潘弘教授、昆明理工大学周建军教授、西北政法大学俞贵英教授、甘肃政法学院屈耀伦教授、宜宾学院邓中文教授和肖乾利教授、四川轻化工业大学吴斌教授、四川省司法厅社区矫正处朱晓科女士、青海省司法厅社区矫正处姚兰女士。正是有诸多理论界与实务界朋友的帮助，才使得本课题研究能始终以结合国家社区矫正的实际问题开展研究，并使我们在写作中自身在理论研究上有所收获。本课题在研究过程中，得到了西南科技大学社科处、法学院、四川省犯罪防控研究中心的领导和同事们的支持和帮助，也获得了西南科技大学“龙山人才计划项目”经费的支持。我也要感谢中国政法大学出版社丁春晖编辑的辛勤编辑工作，使得本书能得以顺利出版。

本书由我与何显兵教授共同完成，全书由我统稿。各章具体初稿分工如下：

廖　斌：第一章、第四章、第五章、第七章；

何显兵：第二章、第三章、第六章、第八章。

不足之处，敬请同仁批评指正。

廖　斌

2018年12月29日于西南科技大学法学院